"品读南京"丛书

南京历代运河

卢海鸣 编著

南京出版传媒集团
南京出版社

图书在版编目（CIP）数据

南京历代运河 / 卢海鸣编著. -- 南京：南京出版社

（品读南京）

ISBN 978-7-5533-2439-5

Ⅰ.①南…　Ⅱ.①卢…　Ⅲ.①运河—概况—南京　Ⅳ.①K928.42

中国版本图书馆CIP数据核字（2018）第246335号

丛 书 名：品读南京
书　　名：南京历代运河
本书作者：卢海鸣
出版发行：南京出版传媒集团
　　　　　南 京 出 版 社
　　社址：南京市太平门街53号　　　邮编：210016
　　网址：http://www.njcbs.cn　　　电子信箱：njcbs1988@163.com
　　联系电话：025-83283893、83283864（营销）　025-83112257（编务）

出 版 人：项晓宁
出 品 人：卢海鸣
责任编辑：徐　智
装帧设计：潘焰荣
责任印制：杨福彬

排　　版：南京新华丰制版有限公司
印　　刷：南京工大印务有限公司
开　　本：787毫米×1092毫米　1/16
印　　张：19.75
字　　数：300千
版　　次：2019年1月第1版
印　　次：2020年5月第2次印刷
书　　号：ISBN 978-7-5533-2439-5
定　　价：78.00元

南京出版社
图书专营店

目　录

清代：衰落期

历代运河的类型

历代运河的作用

历代运河的遗产价值与活化利用

南京与大运河的关系

当代运河

附录

前 言

　　何谓运河，历来说法不一。从字面上来看，"运"是运送、运输的意思，"河"是河流的意思。狭义上讲，运河是人工开凿的通航河道；广义上讲，运河是用以沟通地区或水域间水运的人工水道，通常与自然水道或其他运河相连。除航运外，运河还可用于灌溉、分洪、排涝、给水以及军事防御等。

　　我国的运河历史悠久。自公元前506年（周敬王十四年）吴王阖闾在江南开凿胥河和公元前487年（周敬王三十三年）吴王夫差在江北开辟邗沟以来，迄今已有2500余年的历史。除了世界上最长的运河——始凿于隋朝的大运河之外，我国历代著名运河有：春秋时代吴国的胥河、邗沟、江南河，楚国的扬水；战国时代魏国的鸿沟；秦朝的灵渠；汉朝的鸿沟、狼汤渠、汴渠和关中漕渠；三国曹魏开凿的白沟、利漕渠、平虏渠、泉州渠、新河，孙吴开凿的破岗渎、上容渎、丹徒水道；隋朝的广通渠、山阳渎、永济渠、通济渠、江南运河；唐朝的广济渠；宋朝的汴河、惠民河、金水河、五丈河、楚州运河；元朝的广济渠、金口河、通惠河、御河、阴山河（南河）、济州河、会通河；明朝的胭脂河（天生桥河）、上新河；清朝的大通河、淮安运河、高宝运河、丹阳运河，等等。在国外，著名的运河有苏伊士运河、巴拿马运河、基尔运河、科林斯运河等。

南京地处长江下游宁镇扬低山丘陵岗地地带，属于亚热带季风气候区，降水丰沛，四季变化分明，拥有丰富的水资源。据 2014 年南京市第一次全国水利普查成果，全市共有河流 613 条（2017 年，南京市实施河长制，统计出的大小河道共 821 条）。按照全省水系划分，南京市的河流分属于长江水系和淮河水系。在次一级水系划分上，南京市的河流在江北和江南分属于六大水系——沿江水系、秦淮河水系、石臼湖—固城湖水系（属于水阳江水系的一部分）、西太湖水系、滁河水系、淮河水系。其中，长江和自然河流对于南京城的形成和发展，起到了至关重要的作用。

"江南佳丽地，金陵帝王州。"在南京历史上，先后有孙吴，东晋，南朝的宋、齐、梁、陈，南唐，明初，太平天国，中华民国在南京定都，所以，南京享有"六朝都城"和"十朝都会"的美誉。其中六朝、杨吴—南唐、明朝初年，是对南京河道水系影响最大的时期。宋朝周应合《景定建康志》卷一九引《东南利便书》云："古城向北，秦淮既远，其漕运必资舟楫，而濠堑必须水灌注，故孙权时引秦淮，名运渎，以入仓城。开潮沟以引江水，又开渎以引后湖，又凿东渠，名青溪，皆入城中，由城北堑而入后湖，此其大略也。"明朝陈沂《金陵古今图考·境内诸水图考》写道："金陵在大江东南，自慈姥山至下蜀渡，古称天堑巨浸，此江之境也。秦凿淮，吴凿青溪、运渎，杨吴凿城濠，宋凿护龙河，宋元凿新河，国朝开御河、城濠。今诸水交错互流，支脉靡辨。"清朝莫祥芝、甘绍盘合纂《同治上江两县志》卷四《考水》也云："上元、江宁之水众矣！淮水、青溪水、运渎水、城壕水，支干脉络各有统宗……水道多湮塞矣。"

关于南京运河的史料，散见于正史、实录、方志、野史笔记之中，如晋朝陈寿《三国志》，唐朝许嵩《建康实录》，宋朝单锷《吴中水利书》、周应合《景定建康志》，元朝张铉《至正金陵新志》，明朝顾起元《客座赘语》，清朝张廷玉等《明史·河渠志》、顾祖禹《读史方舆纪要》，以及明清时期的《江宁府志》和上元、江宁、江浦、六合、溧水、高淳、句容等县志。当代运河的记载，主要见于南京市地方志编纂委员会编

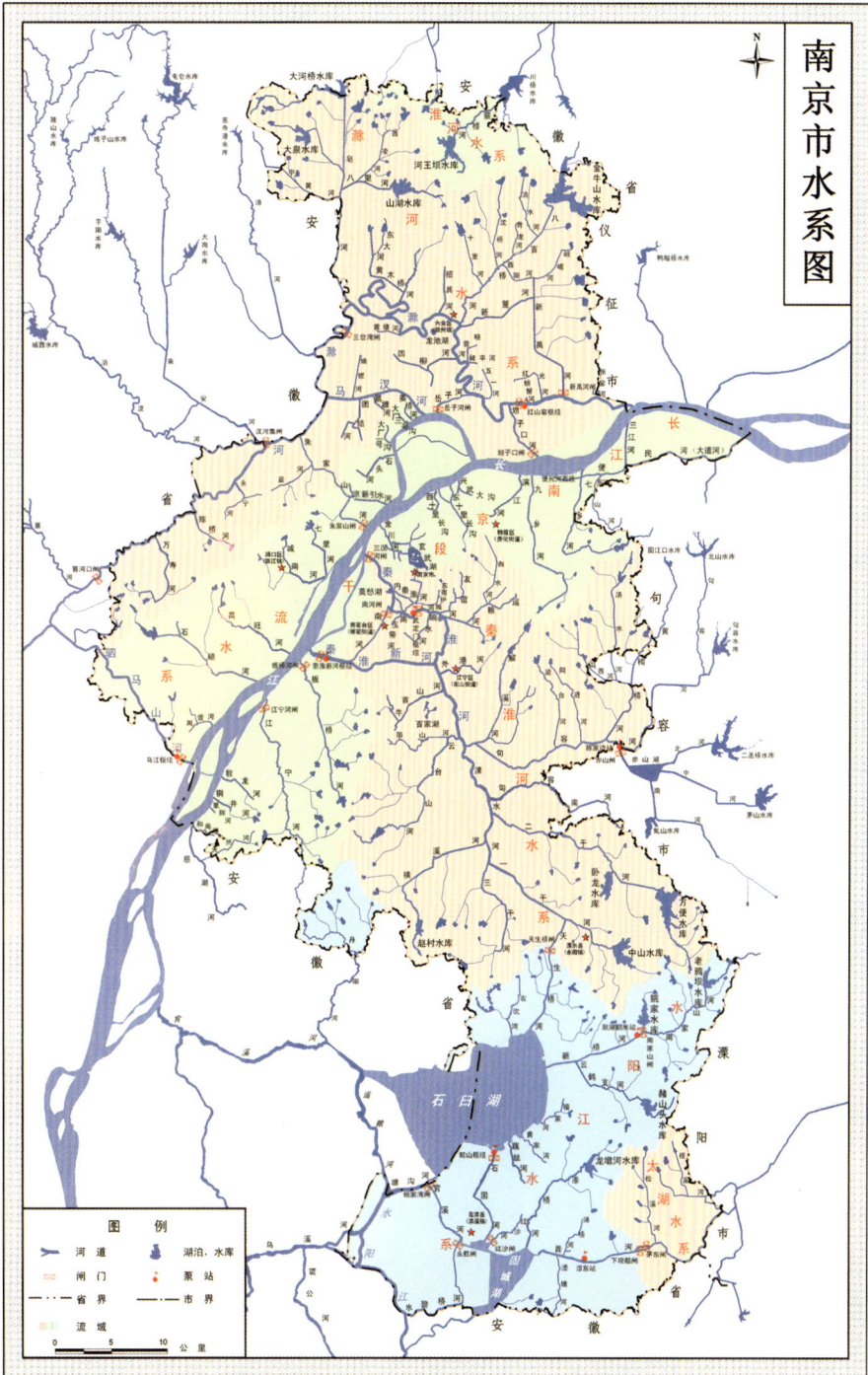

南京市水系图（《南京水利志》）

写的"南京市志丛书"中的《南京水利志》《南京市政建设志》等书中。

对于南京运河的研究，长期以来并未得到足够的重视，成果主要集中在胥河、破岗渎、胭脂河（天生桥河）以及南京城内运河，既不够系统，也不够全面，更不够平衡和充分。到目前为止，零零星星的作品有：明朝嘉靖年间韩邦宪《广通镇坝考》；清朝末年陈作霖《续开朱家山河工议》；民国丁文江《扬子江下游地质》，胡焕庸、任美锷、李旭旦《东坝考察记》；当代魏嵩山《胥溪运河形成的历史过程》《破岗渎与上容的兴废及其原因》，石尚群、潘凤英、缪本正《古代南京河道的变迁》，王引《六朝时期的方山埭与"破岗渎"》，卢海鸣《六朝都城·六朝建康的市政建设》，张学锋《六朝建康都城圈的东方——以破冈渎的探讨为中心》，南京市考古研究所、南京市溧水区博物馆《南京溧水胭脂河考古调查报告》，卢海鸣等《关于进香河历史文化的研究报告》等。

由此可见，南京的运河作为流动的人类文化遗产，其历史价值、文化艺术价值和科技价值尚未得到充分的挖掘、整理和弘扬，更遑论其在南京城市发展史上的作用，以及在中国运河史上所占有的地位了。

2014年，京杭大运河"申遗"成功，成为全人类的共同遗产。2017年2月，习近平总书记在视察北京大运河森林公园时强调，要深入挖掘以大运河为核心的历史文化资源，保护大运河是运河沿线所有地区的共同责任。在此背景下，有必要对南京运河史进行系统、全面和深入的研究，以便更好地彰显南京运河这一独特的文化遗产，全面客观地评价运河对南京城市、经济和文化的影响，厘清南京与大运河之间的关系。

2018年3月，我有幸承担"南京运河史研究"这一课题后，立即成立课题组。首先，从文献层面对先秦至1949年中华人民共和国成立期间的南京历代运河进行全面的梳理，共梳理出历代运河35条，其中古代运河26条，当代运河9条；接着，对每一条运河几乎都进行了实地调查考察，拍摄图片资料。在篇章结构上，按时代顺序，对历代运河的演变、类型、作用、遗产价值和活化利用，以及南京与大运河的关系，进行系统论述；在撰写体例上，对于历代运河，采用历史沿革、河流现状、遗产资源、文献史料、碑刻、诗词歌赋和故事传说等相结合的方式，辅以新旧图片和图表资料；同时，将“南京历代运河一览表”作为附录。

经过三个多月的努力，“南京运河史研究”课题按时结项；又经过将近半年的修改完善，《南京历代运河》一书终于定稿付梓。

我们衷心希望这部作品能够有助于统筹保护好、传承好、利用好南京历代运河资源，进而为大运河文化带江苏段的建设做出应有的贡献。

概述

中国是一个运河大国，开凿运河的历史悠久，历朝历代都有一些著名的运河，有的直到今天仍在发挥作用。两千多年来，运河以其功能的多样性，在中华文明和统一国家的发展进程中起到了举足轻重的作用。

中国历代统治者最为重视的是运河在经济方面（或特指航运）所发挥的作用。但凡在政治中心（首都）与基本经济区（经济中心）相分离的时代，前者如果要维系自身的发展，必须依赖于运河作为其生命线，方能源源不断地从基本经济区获取各类财富和物资的补给（冀朝鼎：《中国历史上的基本经济区与水利事业的发展》，中国社会科学出版社1981年版）。除此以外，运河在政治、军事、农业生产、水利等方面，也都发挥着十分重要的作用。

南京地处长江下游的江南丘陵，西北有长江绕城而过，东有钟山龙蟠，西有石城虎踞，北有玄武湖作为屏障，南有秦淮河穿城而过，地理位置优越，气候温和，土地肥沃，物产丰富，雨量充沛，水运便利。不仅有长江、秦淮河、滁河、金川河等天然河流，而且历代开凿的运河甚多。明朝陈沂《金陵古今图考·境内诸水图考》云："秦凿淮，吴凿青溪、运渎，杨吴凿城濠，宋凿护龙河，宋元凿新河，国朝开御河、城濠。"这些天然河流与人工河道构成了一张巨大的交通运输网，在为城市提供物资和便利交通的同时，也塑造了城市的空间形态和发展格局。

南京是我国著名的历史文化名城，享有"六朝古都""十朝都会"的美誉。在将近2500年的建城史和450年的建都史中，南京城市的发展与运河的开凿和利用息息相关。在南京成为地区性政权的都城或全国性政权的首都之时，生活在南京的封建统治者，对于都城内外运河的建设和维护极为重视，因此，南京定都的450年，往往也是南京运河发展的兴盛期。而当南京一旦失去了都城的地位，运河的修建和维护便会呈现缓慢发展乃至停滞的态势。从某种程度上来说，南京的运河发展史，也就是南京城市发展的历史。

先秦—两汉时期

先秦—两汉时期，南京由于远离政治中心咸阳、西安和洛阳，大片土地仍被茂密的原始植被覆盖着，尚未得到开发。我国著名的史学家司马迁在《史记》这部不朽的历史名著中描述秦汉时期南京地区的经济状况时写道：

楚越之地，地广人稀，饭稻羹鱼，或火耕而水耨，果隋蠃蛤，不待贾而足，地势饶食，无饥馑之患，以故呰窳偷生，无积聚而多贫。是故江淮以南，无冻饿之人，亦无千金之家。

由此可见，这一时期，南京乃至整个江南地区地广人稀，劳动力缺乏，火耕而水耨，生产力低下，经济活动仍旧停留在自给自足的纯粹自然经济阶段。

先秦时期，南京地处"吴头楚尾"之地，吴国、越国、楚国三国争战不休。公元前506年，吴国大夫伍子胥为报杀父杀兄之仇，说服吴王阖闾，讨伐楚国。伍子胥出于军事攻伐的目的，凿通胥河，以便吴国军队和物资可以从太湖流域直接到达芜湖段长江，进而快速地攻打楚国。

胥河的开凿，沟通了南京地区与太湖流域的联系，该河也成为中国

胥河

乃至世界上有史记载的最早的运河之一。据北宋水利学家单锷《吴中水利书》记载："公辅以为伍堰者，自春秋时，吴王阖闾用伍子胥之谋伐楚，始创此河，以为漕运，春冬载二百石舟而东，则通太湖，西则入长江，自后相传，未始有废。"胥河的开凿，主观上是出于军事需要，客观上却对南京城的形成和发展产生了深远的影响，同时，也奠定了南京与不久后开凿的江南运河（京杭大运河中的一段）相互联系的基础。

六朝时期

公元 229 年,孙权定都建业(今南京),此后,东晋和南朝的宋、齐、梁、陈相继定都建康(今南京),南京成为区域性的政治中心,运河的建设和维护也迎来了一个大发展的阶段。

在六朝定都南京的三百余年时间里,统治者通过充分利用天然河道长江、秦淮河,有计划地在南京城内大力改造天然河道青溪,以及开凿人工河道运渎、潮沟、城北渠(珍珠河)等,构建起了建康城内外相互连通的水上交通网络,在城市交通运输、军事防御、给水排水、农田灌溉等方面发挥了积极作用,对六朝建康城的政治、军事、经济、文化的发展产生了重大影响。其中,破岗渎和上容渎将建康城(今南京)与江南运河(京杭大运河的一段)紧密地联系在一起。

淮清桥和青溪

潮沟

城北渠(珍珠河)

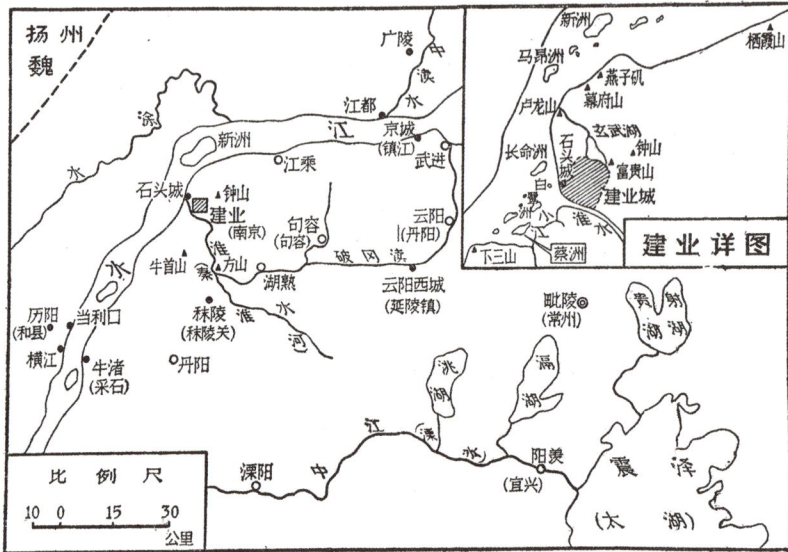

建业附近形势图（郭黎安《试论六朝时期的建业》）

破岗渎开凿于孙吴时期。在孙权开凿破岗渎之前，三吴地区（吴郡、吴兴和会稽）的物资，特别是会稽郡的物资，都是用船经过江南运河运抵京口（今镇江），然后离开京口进入长江，逆流数百里运到建业。六朝时期长江的入海口在京口一带，长江风大浪急，小船进入长江常常要冒船毁人亡的风险，同时，水运绕道京口，路途遥远。破岗渎的开凿，沟通了秦淮河与太湖流域，成为六朝都城建康（今南京）与三吴地区水上交通的生命线。

句容春城破岗渎遗址

南朝梁武帝萧衍在位期间（502—549），为避太子萧纲名讳，将破岗渎改名为破墩渎，予以废弃，同时，为了满足都城建康（今南京）对三吴地区大量物资的需求，开凿上容渎取代破岗渎。

隋唐—宋元时期

南京在隋唐—宋元时期相对衰落，政治地位时有起伏。

隋唐时期，随着隋朝对六朝建康城的"平荡耕垦"，昔日繁华的南京城化为一片农田。这一时期，南京地位衰微，运河亦无发展。

五代十国时期，金陵成为杨吴西都和南唐都城，统治者集中开凿了杨吴城濠（包括外秦淮河）、护龙河，构建了城内外新的河道水系，为后世南京城市形态的形成和发展奠定了基础。

北宋时期，政治中心北移汴京（今河南开封），江南漕船由南京到扬州段大运河，在长江上的航程长达150里，常常要冒风高浪急之险，翻船的事故发生率居高不下。为此，北宋政权先后于天禧、宣和年间，在长江两岸凿通长芦河和靖安河，以利漕运。

南宋时期，宋高宗定都临安（今浙江杭州）。南宋政权在建立之初不断受到金朝军队的侵扰。南京地处江南，成为抗金的前沿阵地。这一时期开凿的便民河（又名新开河）、芦门河和岳子河，其出发点

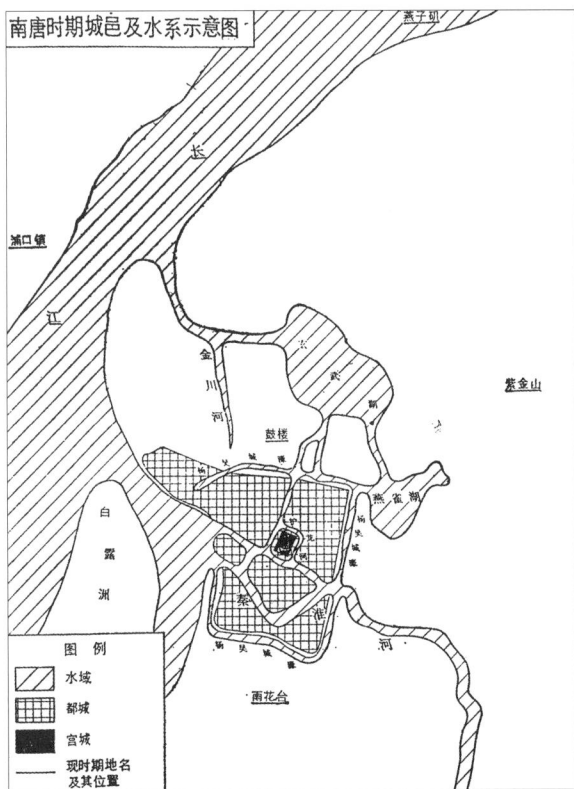

南唐时期城邑及水系示意图（石尚群等《古代南京河道的变迁》）

杨吴城濠北段（从浮桥向西拍摄）

杨吴城濠东段（从大中桥向北拍摄）

护龙河南段（内桥附近）

靖安河（从宣闸村湾子桥上拍摄）

都是军事需要。尤其是前两条河，相传皆为金国四太子完颜宗弼（金兀术）所开，"详其事势，当自金山脱走之后，沿江南岸引行，先于黄天荡南芦场凿渠出江口，以通建康，而后又于冶城西南凿渠出江，故芦门、新开二河皆名蕃人河"（《至正金陵新志》卷五《山川志·河港》）。

元代，为避长江漕运之险，自大胜关至赛虹桥开凿阴山河（今名南河），长江上游物资可沿着这条河道进入外秦淮河再转运入城。

岳子河

便民河（从摄山桥上拍摄）

南河（从毛公渡桥上拍摄）

总体而言，这一时期，南京城内外的运河网进一步完善。随着大运河的开通，江南的物资源源不断地输送到北方，南京扮演了物资集聚地和转运地的角色。

明代

　　1368 年，朱元璋在应天（今南京）称帝建都，南京第一次成为统一王朝的都城，我国历史上漕运方向发生重大改变，由过去的以北京或洛阳为中心，转变为以南京为中心，南京的运河迎来了又一个黄金时代。

　　根据史料记载，明朝政府分别在城内开凿了御河和进香河，在城外疏浚拓宽了护城河（包括原来杨吴城濠的南段），还开凿了惠民河、上新河、中新河、下新河等多条入江通道。

明御河（五马桥，原乌蛮桥西）

惠民河入江口

在重新构建城市河道水网的同时，朱元璋为将太湖流域的物资源源不断地运到南京，征调大批民工，于洪武二十五年（1392）首先疏浚胥河，漕船经过水路可以由太湖、胥河、固城湖直接到石臼湖，

胭脂河

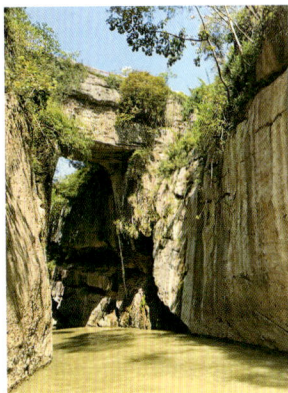

天生桥

仅余秦淮河与石臼湖之间的水路未通。洪武二十六年（1393），朱元璋又命李新开凿胭脂河（今名天生桥河），沟通石臼湖与秦淮河水路，从此江浙漕粮经太湖—荆溪—胥河—固城湖—石臼湖—胭脂河—秦淮河至南京的漕运水路全线贯通，避免了由镇江溯长江而上遭遇覆舟之险。

明成祖朱棣迁都北京后，南京成为留都，政治地位有所下降。我国漕运方向再次发生重大改变，由以南京为中心转变为以北京为中心，南京的运河成为地方性的河流，京杭大运河再次勃兴。

清代

　　到了清代，南京由明代的南都（留都）降为江宁府城，虽然地位有所下降，但仍然是江南的政治、经济和文化重镇。有清一代，统治者继承了南京历代运河遗产，加以疏浚维护，新开的运河数量寥寥可数，仅有朱家山河、会通河等。

运粮河大桥及运粮河

朱家山河

中华人民共和国成立后

中华人民共和国成立后，人民政府先后在南京境内开凿了秦淮河部分河道、金川河部分河道、秦淮新河、横溪河、马汊河、七乡河、新禹河、驷马山河和八卦洲河流等十余条运河，大多分布在栖霞区、雨花台区、江宁区、六合区、浦口区。这些运河主要承担引水、行洪排涝、农田灌溉以及航运等功能，同时兼具生态、景观、文化和活力等功能，这是当代运河一个比较鲜明的特点。

南京邮电大学内的金川河

以秦淮河为例。公元前222年（始皇二十五年），秦楚交战，楚军战败，楚国灭亡，南京地区归于秦国的统治之下。前210年（始皇三十七年），秦始皇东巡会稽（今浙江绍兴），从江乘（今南京栖霞山附近）渡江。风水先生对他说"金陵有王气"。秦始皇听后，极为不安。他采纳风水先生的建议，命人凿开钟阜，挖断金陵"龙脉"，泄掉金陵的王气。秦淮河原名龙藏浦、淮水、小江，相传因系秦始皇开凿，故名秦淮。实际上，经过地质专家的勘探证明，秦淮河是一条天然河流。

秦淮河在历史上是重要的交通运输线，同时兼具军事防御、农业

节制闸西秦淮河

节制闸东秦淮河

秦淮新河

生产等功能。1959年，以流域性抗旱和城区防汛排涝为主，人民政府对秦淮河下游的主流进行改道。主流改道工程从中和桥下游的象房村附近开始，到武定门止。新挖河道长1公里，原来经过通济门的旧河道仍然保留。在新开的河道上，建钢筋混凝土的节制闸（武定门节制闸）1座，设计行洪流量每秒450万立方米（《南京市政建设志》第三章"城市排水与防汛"）。1969年5月，疏浚三山桥至武定门段外秦淮河，在武定门附近的护城河（外秦淮河）上，建成排灌两用泵站1座；同时，在泵站上游通济门附近，建成九龙桥三孔闸1座，改建东水关九孔涵闸（《南京市政建设志》第三章"城市排水与防汛"）。武定门涵闸建成后，在引入长江水补给秦淮河上游的溧水、江宁等地农田灌溉水源的同时，也为南京城区防汛排涝及引水换水发挥了巨大作用；但是，武定门泵站的建成，切断了原来的外秦淮河航道，使秦淮河成为一条"流而不动"的河，秦淮河的功能由过去的以航运为主，转变为以引水、行洪排涝、农田灌溉为主，同时变为一条生态的河、景观的河、文化的河和活力的河。

先秦——两汉：发轫期

先秦时期，南京地处"吴头楚尾"之地，先后成为楚国、吴国和越国的领地。立国江南的吴国，充分利用水乡环境，以苏州为中心，发挥"南船"的优势。为称霸江南，逐鹿中原，先后开凿了胥河、邗沟（山阳渎）、江南河（江南运河），将太湖与水阳江、淮河与长江、钱塘江与长江连接起来，其中邗沟、江南河成为隋唐大运河和京杭大运河的一个组成部分，胥河成为沟通长江中下游与太湖腹地以及大运河的重要水上交通运输线。

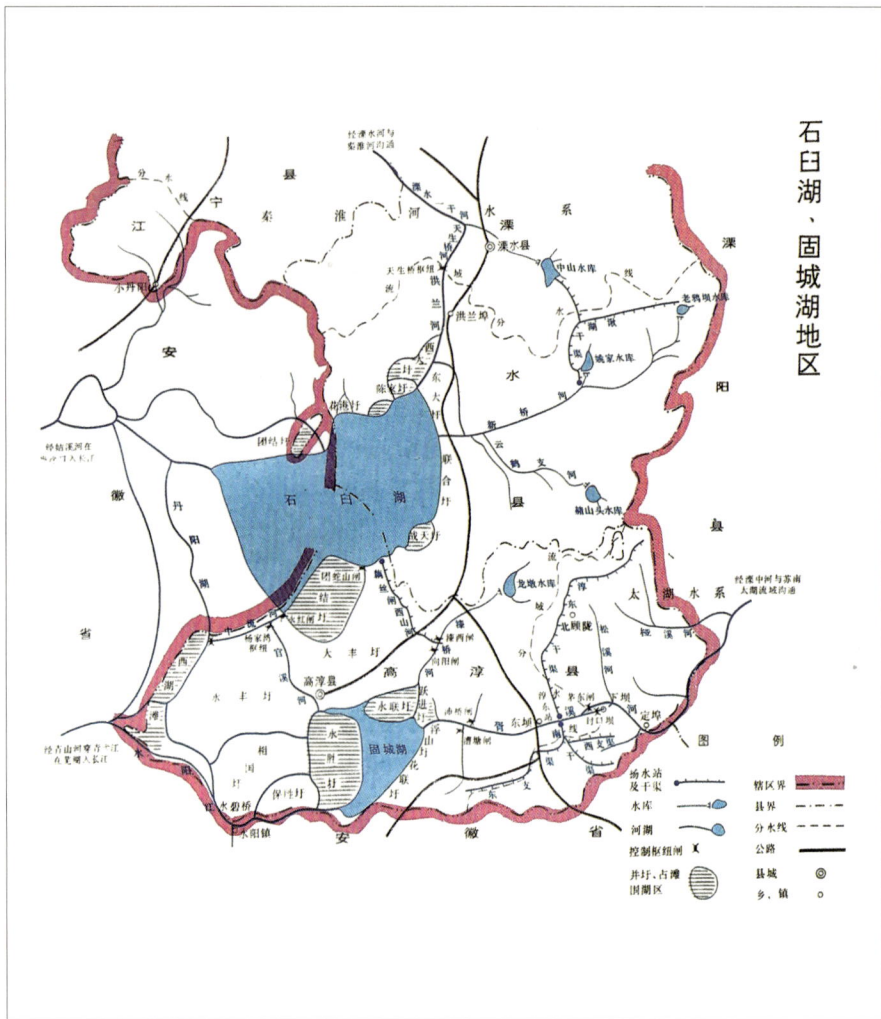

石臼湖、固城湖地区（《南京水利志》）

胥河

　　胥河，又名胥溪河、胥溪、五堰河、伍堰河、鲁阳五堰、胥溪运河、淳溧运河、中河。地处太湖之西，横贯高淳区境，西通固城湖，东连荆溪河，全长30.6公里。相传是春秋时伍子胥（伍员）所开。

一、历史沿革

　　据《南京水利志》记载："胥溪河，在高淳县固城镇与定埠镇之间，全长30.6公里，分上、中、下3个河段，上河在东坝以西至固城湖口，长9.7公里；中河在东坝至下坝间，长5公里，为穿越岗丘地段；下河在下坝以东至朱家桥，长15.3公里。上河连通水阳江水系，下河连通太湖水系，中河原为两个水系的分水岭，在这里切岭（中河河段）就把两个水系连通起来。"

胥河从东坝镇穿过（从东坝红卫桥上拍摄）

　　关于胥河是人工运河的记载，出自北宋元祐四年（1089）著名水利专家、宜兴人单锷的《吴中水利书》。他在该书中记载钱公辅与他谈论"伍堰"对于防守金陵的作用时写道："公辅以为伍堰者，自春秋时，吴王阖闾用伍子胥之谋伐楚，始创

胥河（从安徽郎溪县定埠村与江苏南京高淳区胥河村之间的桥上拍摄）

023

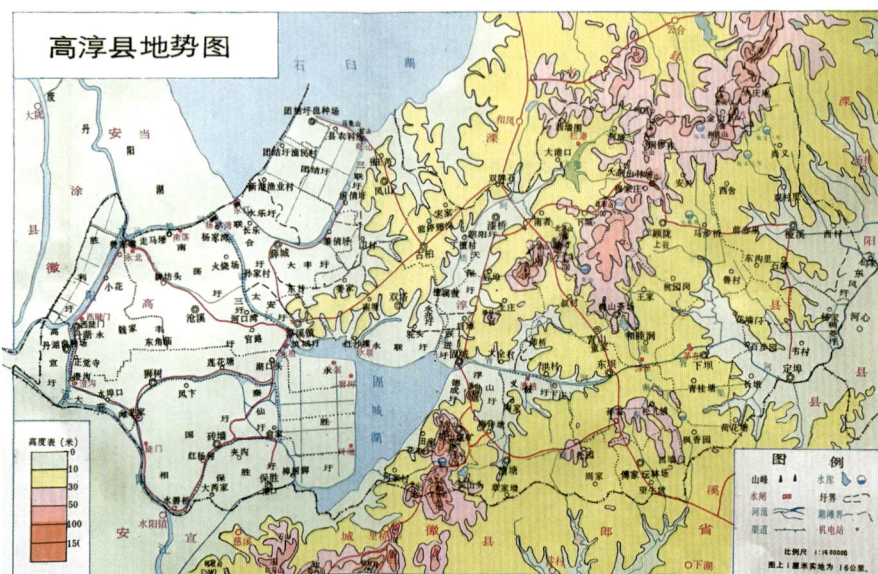

高淳县地势图（《高淳县志》）

此河，以为漕运，春冬载二百石舟而东，则通太湖，西则入长江，自后相传，未始有废。至李氏时，亦常通运。而置牛于堰上，挽拽船筏于固城湖之侧。又尝设监官，置廨宇，以收往来之税。自是河道淀塞，堰埭低狭。"

在《吴中水利书》中，明确记载伍堰（即胥河）是春秋时期伍子胥开挖。

伍子胥（前559—前484），名员，字子胥，楚国人。春秋末期吴国大夫、军事家。因为封于申，也称申胥。

伍子胥之父伍奢为楚平王子建的太傅，因受费无极谗害，和其长子伍尚一同被楚平王杀害。伍子胥从楚国逃到吴国，成为吴王阖闾重臣。吴国倚重伍子胥、孙武等人，西破强楚，北败徐、鲁、齐，成就霸业。公元前506年，伍子胥借吴王之力，带兵攻入楚都，掘楚平王墓，报了父兄之仇。伍子胥后来被听信谗言的吴王夫差杀害。在伍子胥死后九年，吴国为越国偷袭所灭。吴国领地在太湖流域，前期的都城位于梅里，后期位于吴（今苏州）。

伍子胥在吴中之地"相土尝水，象天法地"，根据自然地理条件，修建了姑苏城。同时，在水利建设上也做出了巨大贡献。胥河开掘既便利了漕运和灌溉，也避免了吴中地区的水患。

据说，胥河开通后，吴国六万水军由太湖出发，沿着胥河悄悄西进，最后突然出现在巢湖楚军面前，结果五战五捷，攻破楚都郢。

唐末景福二年（893），杨行密在宣州被孙儒围困，其部将台濛在胥河上修筑五堰控制水流，运输粮食，最后击败孙儒，解了杨行密之围。

五堰使胥河的水位差分散在各个河段，有利于船只顺利通过。关于五堰的名称，据《光绪高淳县志》卷一五《古迹志》载："五堰，一曰银林堰，长二十里；少东曰分水堰，长十五里；又东五里曰苦李堰，长八里；又五里曰何家堰，长九里；又五里曰余家堰，长十里，所谓鲁阳五堰也。"

宋时五堰渐废，改建东西二坝，因为坝低，蓄水易泄，故高淳无水患，而苏、常、湖三州，当太湖水大外溢时，深受其害。宜兴进士单锷建议复筑五堰，未能得到采纳。

元时，河流渐塞。

明初，朱元璋定都南京，太湖流域和浙东的粮食等物资由荆溪至胥河，经过东坝，再西行，通过水阳江到芜湖，然后顺长江而下转运至南京，可避免由江南运河到京口后，再经过长江逆流而上到南京的风涛之险（《南枢志》卷五一《形胜部·东南武备杂议考·诸险扼要》）。

洪武二十五年（1392），重新疏浚胥河，在分水堰附近建石闸，启闭以通船只，命名曰广通镇（今东坝镇）闸。闸厢长 10 米，单孔净宽 5 米，条石砌筑，闸板厚 20 厘米。工程竣工后，朱元璋赐应天府溧阳银墅东坝开河石匠四千九百余人钞一万四千七百余锭（《明太祖实录》卷二三三"洪武

备流氛衝突在他日則可防掘壩通舟者蓋宣歙之水自東壩而通江江南之漕縣宜與溧陽而東壩又百八十里繞出蕪湖故國初之漕不必自京口溯江而至留都甚便也後改天生橋使宜歙之水環繞留都故始築東壩以遏其流今上江之貨每縣艫舳巨艦直抵東壩搬壩而達蘇杭萬一上流有大寇艫舳巨艦直抵東壩鑿開東壩口直達吳會故不可不築城聚兵為防守築城設兵二者之費取辨于應浙二撫加派于

东坝的重要性（明朝《南枢志》卷五一《形胜部·东南武备杂议考·诸险扼要》）

二十七年五月"条）。

洪武二十六年（1393），朱元璋下令开凿胭脂河，沟通石臼湖与秦淮河之间的水路，从此江浙漕粮经太湖—荆溪—胥河—固城湖—石臼湖—胭脂河—秦淮河，最后至南京的漕运水路全线贯通。

明朝永乐初年，因水阳江水系的洪水通过胥河东流下泄，造成苏州、松江发生特大水灾，于是将原来的广通镇闸改建为东坝，高厚至数十丈，严禁决泄，以缓解下游水患。

东坝在明代被认为关乎金陵王气。明朝《南枢志》卷五一《形胜部·东南武备杂议考·金陵地势》称："金陵一大都会，长江天堑，财用易输，持护不少。世谓江左不得于宅中，偏安不可以图大，是安于建康之说，不能用建康于天下。夫安于建康，乃河大势不拱，东坝未立；秦淮河不涌，邗沟尚微，故建康俗狃于自便。"

永乐十九年（1421），都城北迁北京，江浙漕船改由镇江渡江北上，胥河失去原来的地位，逐渐萧条。正统六年（1441），江水泛涨，东坝大决，苏、常沦为水乡泽国，导致"国税无所出"。后来周文襄（周忱）重筑东坝。嘉靖三十五年（1556），又在坝东十里许的何家堰旧址，增筑一坝（下坝），两坝相隔，从此水阳江流域的水再也不能东流至太湖流域。嘉靖年间的衢州知府、高淳凤山韩村人韩邦宪（1541—1575）针对高淳东坝修建后，十多万亩良田被淹，而受灾百姓赋税不减的情况，除了具文向上级汇报外，还专门撰写了《广通镇坝考》一文，对东坝的修建提出自己的看法，呼吁社会各界对东坝上游灾民予以同情和支持帮助。

清道光二十九年（1849）发生大水灾害，高淳圩民为了自保，掘开上、下两坝放水泄洪，造苏、湖、常、秀等州特大水灾。当年冬天，重新修筑上、下两坝，次年加筑石坝。据《南京水利志》记载："据实测，上坝长38米，高11.19米，底宽40米，下坝长40米，高10.12米，底宽35米。两坝均为重力式破壳坝，全用2米长、0.5米宽、20厘米厚的花岗条石铺面，腹里用黄土砂、石灰、糯米汁浇筑。上坝南北两端各有向内渐低的石阶4层，凹顶纵阔8米多，大水年份，上河水位超过11.19米，即可从坝顶凹陷处滚流东泄。下坝西约60米的南岸，有分水堰闸1座，调节中河水位。迄1949年中华人民共和国成立以前，中河水漕狭窄如线，唯上下两坝犹

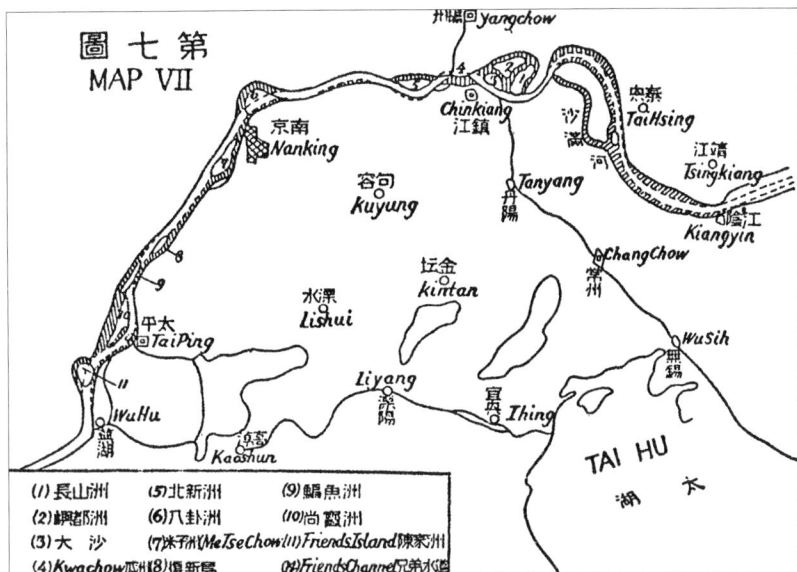

孙中山《实业计划》中的胥河成为连通芜湖段长江与太湖的重要通道

存。"

　　孙中山先生在 1918—1920 年间撰写的《实业计划》"第四部改良扬子江之现存水路及运河·江南水路系统"中，对胥河曾经有过疏浚利用的设想："此项系统包括南运河与黄浦江、与太湖、及其与为联络之水路而言。此中吾所欲为最重要之改良，乃在浚广浚深芜湖、宜兴间之水路，以联长江与太湖，而又贯通太湖浚一深水道，以达南运河苏州、嘉兴间之一点。"他的这一设想，直到 20 世纪 80 年代末才得以实现。

　　胥河西接固城、丹阳诸湖，与石臼湖、胭脂河、秦淮河、青弋江、水阳江相连；东接荆溪，至江苏宜兴入太湖，对苏皖二省之间的航运和该地区的农田水利有着重大作用，在我国水利史上也占有重要的地位。

　　朱偰先生在《中国运河史料选辑》（江苏人民出版社 2017 年 11 月版）中评价胥河：

　　明初建都南京，两浙和太湖一带漕运，都由东坝溯胥河而上，经固城湖、石臼湖，再由天生桥河出溧水，下秦淮河，直达南京。所以当时东坝上下这条运河和天生桥河，沟通太湖和秦淮河，西出芜湖，直达大江，在运输上曾起重要作用。

关于胥河的形成，历来说法不一。

第一种说法认为，胥河即《禹贡》三江之一的中江，是自然河流。东汉班固《汉书·地理志》"丹扬郡芜湖下"云："中江出西南，东至阳羡入海。"《水经·禹贡山水泽地所在》亦云："中江在丹阳芜湖县南，东至会稽阳羡县，入于海。"汉魏时期的芜湖县在今芜湖市东，阳羡县在今宜兴县南，恰与今胥河的流经位置大致相符。

第二种说法认为，胥河是春秋时伍子胥所开凿。最早提出这种看法的是北宋钱公辅。北宋单锷所撰的《吴中水利书》中云："公辅以为伍堰者，自春秋时，吴王阖闾用伍子胥之谋伐楚，始创此河，以为漕运，春冬载二百石舟而东，则通太湖，西则入长江。"自宋以后，各界多引用此书及北宋《祥符图经》。北宋文学家苏轼就提出了三江不可能流经丹阳和会稽（今浙江绍兴）等地，认为《禹贡》中所谓"中江"乃指岷江以下长江干流，北会汉水为北江，南合豫章水为南江，自北而下同为一道"以入于海"，而会稽、丹阳诸河"皆是东南枝流小水，自相派别而入海者"，不应在"三江之数"（南宋毛晃《禹贡指南》卷一引）。北宋科技专家沈括《梦溪笔谈》卷四《辩证》中也指出，西汉孔安国所谓"自彭蠡，江分为三，入于震泽（按：今太湖），后为北江而入于海"乃是"未尝详考地理"。明朝韩邦宪《广通镇坝考》云："春秋时吴王阖闾伐楚，用伍员计，开河以运粮，今尚名胥溪，及傍有伍牙山云。左氏襄公三年，楚伐吴，克鸠兹，至于衡山；哀公十五年，楚子胥子期伐吴王桐汭，盖繇此道。镇西有固城邑遗址，则吴所筑以拒楚者也。自是湖流相通，东南连两浙，西入大江，舟行无阻矣。"由上可见，胥河为伍子胥所开凿一说流传甚广。民国六年（1917），著名地质学家丁文江曾到胥河实地考察，他在《扬子江下游地质》一文中写道："余意中河乃人工开凿之河道，盖就此河川谷之狭隘，河身之平直，及两岸之黄壤高崖，均可证明此说之正确。苟江水曾经流行其间，则无论江水如何微细，亦必留有若干之志认，凡熟谙此处地形之中国作家，亦多为此说。且两坝之建筑年代，今犹班班可考，而此河亦必属世界最古运河之一，可以无疑也。盖此河实即纪元前五百十一年，吴王用伍员计，开河运粮伐楚所凿，故史亦称此河为胥溪。"（载《太湖水利季刊》1917 年 1 卷 3 期）

1933年，地理学家胡焕庸等人也曾经至该地进行调查考察，并对胥溪运河的形成做出三种假定，但基本观点仍然认为该河为伍子胥开凿（胡焕庸、任美锷、李旭旦：《东坝考察记》，载《方志月刊》1933年第6卷2期）。

第三种说法认为，胥河原是一条自然河流，后经过历代大规模整治，成为人工运河。持这一观点的是复旦大学魏嵩山教授。1980年魏嵩山发表了《胥溪运河形成的历史过程》［《复旦学报》（社会科学版）1980年《历史地理专辑》增刊］一文，从历史地理角度对胥河加以考证。除对《汉书·地理志》《水经》的旧说予以否定外，还着重对明朝韩邦宪《广通镇坝考》关于胥溪的记载进行了逐条驳斥，认为伍子胥根本没有开凿过胥河，胥河原是一条自然河流，它不是《禹贡》记载的中江，但在很早即被利用于航行，至五代以后，经过历代大规模整治，终于被改造成为运河。

二、河流现状

胥河横穿茅山山脉西南丘陵地带，自春秋时期开凿后，自固城湖往东，经东坝镇、定埠镇，进入溧阳市境内。胥河的岭脊在今高淳上坝附近，高程为海拔20米左右。河道分别向东西倾斜，而水位则西高东低，一般相差5—6米。汛期西水东注，增加太湖地区洪水威胁；冬季水流干涸，不能通航。针对这一地形特征，唐朝末年在今东坝镇至定埠间河段上，修筑土堰五道，古称"五堰"，借以蓄水通舟，并节制西水东流。明初复浚胥河，改建广通镇闸。永乐初，改闸为坝，又称上坝，即东坝。嘉靖时，在坝东再筑一坝，称为下坝，自此太湖流域与水阳江流域的水道隔绝。

1949年中华人民共和国成立后，汛期东坝上下游水位差高达8—10米，严重地威胁到苏州、无锡等地的防洪安全。1958年夏，苏南地区大旱，太湖西部高亢地区旱情尤其严重，为了解决旱灾问题，经江苏省抗旱会议研究，决定拆除东坝，引固城湖水抗旱。当年的8月1日，东坝被掘开。东坝被拆时，在坝基出土重达百余斤的铁质虾爬虫镇坝物，还有重达千余斤的铁质镇坝牛。同年10月至次年4月，对胥河进行疏浚。

由于东坝被拆，而1956年重修的下坝坝顶较低，不能防御汛期洪水，

运输船队通过东坝旧址

因此，为防汛防洪，1959年在东坝旧址下游3.6公里处，修筑封口坝。坝长125米，坝顶高程14.5米。同时，建副坝、涵洞和茅东进水闸及闸上下引水干渠等。

20世纪80年代初，为了恢复太湖流域、秦淮河流域和青弋江、水阳江流域的航运，缩短绕道长江的航程，发展江苏、浙江、安徽和上海的航运，振兴南京市南部地区的经济，减轻京杭大运河江苏南段及沪宁铁路的压力，决定拆除胥河上妨碍航行的闸坝，修建集防洪、灌溉、排水、通航于一体的下坝船闸。下坝船闸由江苏省交通规划设计院按照五级航道通航标准设计，始建于1987年9月17日，1988年8月船闸水下工程通过验收，1989年10月全部竣工。它距离下坝870米，距离封口坝310米。

据《高淳文脉探幽》一书记载，在修筑下坝船闸的过程中，将河床中沉积厚度约6米的淤泥抽干后，暴露出古代胥河的河床。"古河道呈倒梯形，上河谷宽约77米，两边坡度在1：1.5之间。河坡留有平台，河床底宽35—38米不等，南部上高11米，底部规整平坦，测量处±0（吴淞水位标）高低仅相差2—5厘米左右。古河床土质坚硬，开凿痕迹清晰，系砂亚黏土和青亚黏土层。河床遗物，见陶瓶、残陶片、瓷片等分别在淤泥下层、古河床之上。其中完整器物有小陶瓶，占遗物比例的多数。陶瓶器形为尖底、鼓腹、束颈、小口，高约20厘米至30厘米。陶质火候较高，一般无釉，胎呈红褐色，为民窑烧制，鉴定为明代盛水器物。河道底部除发现少量明清古钱币外，未见早于明代的遗物。古河道坡度规整，河床底±0精确，结合河床遗物和史籍所载，说明胥河确系古代人工开凿，并不是一条天然河流，明代对胥河进行过疏浚，河底遗存物可作证明。"

在下坝船闸建成后，下坝和封口坝分别被拆除，这条延续两千余年的古老运河恢复航运功能，成为苏皖之间重要的航运通道。2014年6月16日，芜申运河南京段改造工程正式完成，标志着连接上游长江、水阳江、青弋江和下游太湖的航运正式恢复，这条从芜湖入江口至上海的水上"沪宁高速"正式通航，古老河道也再一次复兴。

2018年6月6日，我们对东坝、下坝和定埠进行了实地考察，认为胥河

货船即将进入下坝船闸

下坝船闸的货船

是一条人工开凿的重大水利工程，它沟通太湖与水阳江水系，拥有很高的历史、科学、水利、交通、经济、文化等多重价值。在胥河沿线，有东坝古镇（包括东坝戏台、上上街等）、淳溪古镇、固城遗址、神墩遗址等文化遗存的分布，有东坝马灯、定埠跳五猖、乘马圩冻煞窠、嵩里跳幡神、伍子胥传说等非物质文化遗产，是人类宝贵的文化廊道与文化景观，建议对胥河及其沿线遗产资源进行综合保护和利用。

如今的胥河，河水洁净，河岸整洁，两岸环境良好。在考察过程中，胥河中不时有巨大的货轮驶过。

三、遗产资源

固城遗址

坐落在今天高淳区固城镇，遗址分属周家庄村、新建村、限马宕村及海滩头村。南临固城湖和胥河（古丹阳河）。因建于濑水之渚（水中间的小块陆地）而得名；又因城池有内外两重，异常坚固，故名固城。

固城初名濑渚邑，又名陵平城、平陵城、子罗城、楚王城。最初是吴国所筑，后为楚国占领。周敬王十四年（前506），吴王阖闾派伍子胥领兵伐楚，吴军攻克江北棠邑（今六合）后，又占领江南的固城，一把大火烧毁固城中的楚王行宫，固城沦为废墟。

汉代，在春秋时期的固城旧址上重建城池，作为溧阳县治所在地。

固城遗址东部高地外侧低洼地（南京市考古研究院）

固城遗址中部调查发现的陶片（南京市考古研究院）

南宋绍兴年间（1131—1162），固城湖旁的固城遗址曾经出土《汉溧阳长潘乾校官碑》（现藏于南京博物院）。

1988年，考古工作者对固城遗址进行了调查发掘。考古发现表明，固城城址呈长方形，用黄土夯筑，有内外两重城垣。外城（罗城）城垣实测南北长约800米，东西长约1000米，周长3915米，有护城河环绕（现为洼地）。保存较完好的北垣基宽约40米，残高4—9米，顶宽25.5米。城中偏西为内城（子城），南北长约121米，东西宽约 196 米，周围也有护城河环绕，现护城河已经荡然无存。固城周围曾经发现过 140 余座商周时期的土墩墓，附近还有湖熟文化遗址的分布。在固城内外，发掘出土了大量西周至春秋、秦汉时期的文物，如编钟、鼎、戈、剑等青铜器，原始青瓷器，几何印纹陶、瓦当、砖以及楚国的钱币郢爰等。

固城是南京历史上在长江以南建立的最早的一座城邑，比越国的越城早 69 年，比楚国的金陵邑早 208 年。南宋周应合《景定建康志》称："此城最古，在越城、楚邑之先。"固城遗址于 1992 年被公布为市级文物保护单位；1995 年被公布为省级文物保护单位；2013 年 5 月，被国务院列为第七批全国重点文物保护单位。

《校官之碑》

南宋绍兴十三年（1143），江苏溧水县尉喻仲远在固城湖获得江南地区唯一的汉代石刻《校官之碑》，又称《汉溧阳长潘乾校官碑》。

《校官之碑》的"校官"即学舍、学校之意。碑文共 470 余字，内容记述的是溧阳长潘乾的品行和德政。潘乾，字元卓，陈国长平（今河南西华县东北）人。汉灵帝光和中为溧阳长。在任上，他兴办学校，宣扬教化，政绩卓著，泽被乡里。去世后，县丞赵勋及左、右尉董并、程阳等为其刻石竖碑，歌功颂德。此碑刻于东汉灵帝光和四年（181），文字多漫漶不清。元朝至顺四年（1333），文学掾单禧刻有《释文碑》。

《校官之碑》是江苏省现存最早的三碑之一，与孙吴《天发神谶碑》《禅国山碑》齐名，也是江苏现存唯一的汉碑。碑文为隶书，无书写者的题名。字体厚重古朴，方正雄强，多用圆笔，布局茂密，气势沉雄。书法艺术也有独到之处。近代学者康有为在所著的《广艺舟双楫》中，以"丰茂"二字概括。《校官之碑》是汉隶中不可多见的艺术珍品，在中国书法史上占有重要的地位。1949 年中华人民共和国成立后，《校官之碑》被镶嵌在溧水县中学大门内东墙上。1957 年被江苏省政府列为省级文物。次年运往苏州市的江苏省博物馆保存。现藏于南京博物院。

东坝镇

东坝镇位于苏皖交界处，地处南京市高淳区南部，距区政府所在地25公里，毗邻安徽省郎溪县，素为南京市的南大门。东坝镇是历史悠久

运输船队通过东坝镇

的江南古镇，五代时名银林，明洪武二十五年（1392），为使东坝上游之水不复东流，保太湖地区免遭洪涝之灾，在镇内胥河上建石闸启闭，名广通闸，始名广通镇。因地处固城湖东，又名东坝。至今已有600多年的建镇历史，为江苏省"百家名镇"之一。

东坝镇地理位置优越，水陆交通便利，它是古代车马驿站，旧时商贾云集，明清时就有"七省通衢"的美称。双望公路南北向穿境而过，芜太公路沿古胥河东西向穿镇而行，境内的下坝船闸是水上运输西进长江、东达太湖的必经之路，是沟通苏南、皖南的经济走廊。古戏台、太平天国遗址、胥河闻名于世，被省政府列为江苏省小城镇建设重点中心镇。

东坝戏台

东坝戏台位于东坝镇胥河北岸，原系东岳庙内酬神建筑，始建于乾隆五年（1740），光绪三十二年（1906）毁于火，民国六年（1917），由本地名匠李先春设计重建。戏台为砖木结构，单檐歇山式，坐北朝南，三面环墙，一面观戏。该戏楼分为上下

高淳东坝戏台

两层，上层戏台，下层供戏班住榻。戏楼平面呈"凸"字形，面阔三间，高 11.5 米。面积为 159 平方米。台上中间，利用立柱隔成前后台，前台演戏，顶设八角形藻井，后台化妆。天壁朝外，上悬"柱岳擎天"横匾一方，两旁有墨绿色的楹联，横匾及楹联均系晚清解元、高淳著名书法家王嘉宾所书。正台两侧，靠倚柱用木板隔出两个子台，左台供乐队演奏，右台供上宾观戏。前台柱左右枋下之"斜撑"，雕成倒置的凤凰及太狮少狮图，造型栩栩如生，精美异常，是研究高淳传统建筑技艺的珍贵遗存。戏楼前有前低后高的斜坡式广场，占地面积为一千六百余平方米，可容观众数千人。

东坝上上街

上上街位于胥河南岸，是东坝镇保存较为完整的一条古街，始建于明末清初。2013 年 8 月，东坝镇投资 500 万元，启动第一期维修工程，修复了近 40 间门面房和住户房屋，同时复建财神楼，新建牌楼、长廊、阁江亭和市民广场，一定程度上再现了当年东坝两岸的盛景。上上街街口有一副对联，上联是"胥河涌玉东坝堆金雕花梦里家家喜"，下联是"七省通衢千秋珠履石板街中步步高"。由此可以想见当年

东坝旧址南岸的上上街

东坝镇优越的地理区位和因胥河而带来的繁荣。现在的上上街游客不是很多，沿街还住有当地的一些居民，保留着淳朴的生活气息，不像其他古街那样商业化。

东坝大马灯

东坝大马灯流行于南京市高淳地区，东坝镇是它的诞生地。大马灯起源于唐朝，盛行于宋，至今已有上千年的历史，2008 年，"竹马·东坝大马灯"被列为国家级非物质文化遗产。

东坝大马灯是一项模仿真马造型的民间舞蹈，表演人员多为当地村民，年龄不等，上至六七十岁的老人，下至七八岁的孩童，都可以表演。东坝大马灯的舞蹈风格独特，表演时只见"马"，不见演员，通过演员的控制，充分展示出马的昂首、举蹄、展身、奔腾等动作，惟妙惟肖，极富观赏性。大马灯表演的阵法也富有变化，比如在表演三国故事时，七名小演员分别扮演刘备、关羽、张飞、赵云、黄忠、马超等人物，他们身披战袍，手拿刀枪剑戟，在鼓乐声中，跃马出征，令旗指处，阵法不断变化，由跑单穿、双穿、布阵列队、信马由缰，到围阵对敌，再现了三国英雄人物出征的恢宏气势。最后按"天下太平"四字笔画的走势跑阵收场。

东坝大马灯马的制作极为讲究，马头、马身、马尾都由本地传承的能工巧匠取新竹扎成骨架，然后用绒布按人物战马所需的颜色制成马皮。马头比真马高大，马颈较大，头、颈、尾的鬃饰较夸张，缀置响铃以壮声威。东坝大马灯在创作上体现了较高的艺术价值，堪称"江南一绝"。

东坝大马灯以其独具特色的表演获得了不少荣誉。1993 年，在沈阳参加第三届国际秧歌节比赛，一举夺得最高奖——金玫瑰奖。1994 年，参加了中央电视台"春兰杯"春节联欢晚会颁奖晚会的现场演出。借助央视和其他省市媒体的宣传，东坝大马灯在国内产生了较大的影响。

近年来，地方政府也加大了对东坝大马灯的保护力度，开展了一系列保护和传承措施。2007 年以来，东坝镇成立了大马灯协会及其常务理事会，组建了一支稳定的表演队。从 2008 到 2011 年，当地政府又投入 30 万元建立大马灯的展品陈列室和表演基地，对表演所用的服装、道具进行更新。高淳区政府还加强了大马灯传承人的培养工作，在国家级传承人汤裕道的带领下，逐渐实现主力演员的年轻化。通过这些保护和传承措施，东坝大马灯这项古老的表演技艺必将历久弥新，走向全国，走向世界。

淳溪镇

淳溪镇隶属于南京市高淳区，地处苏南边陲，与安徽接壤，东南临固城湖，北倚石臼湖，素有"江南圣地"之美誉，是一座具有江南水乡特色的湖滨古镇和中国历史文化名镇。

淳溪镇历史悠久，早在殷商时期就有人类活动，先人依地形地势而定居，逐步形成村落、集镇。明弘治四年（1491）置高淳县后，为县署所在地。清光绪三十四年（1908），改名浣溪镇。后几经变更，定名为淳溪镇。

淳溪镇文物古迹众多，古建筑风格独特。早在殷商时期，高淳人民就在这片神奇的土地上耕耘不息，留下了各种不同时代风格的古建筑，虽历经沧桑，至今大多仍保存完好。该镇拥有建于吴赤乌二年（239）的保圣寺塔，系孙权为其母延寿祝福而

高淳淳溪老街

建，塔为四方七级；明清建成的古镇一条街，号称"金陵第一古街"，融苏南香山派、皖南徽派风格于一体，为全省仅有，曾作为电影《黄桥决战》《将军的抉择》《固城湖之恋》和电视剧《范进中举》等外景基地；建于明隆庆六年（1572）的襟湖桥为七孔石拱桥，造就了官溪夜泊等景观。此外，还有新四军一支队司令部旧址——吴家祠堂；南京地区已知面积最大、年代最早的新石器时代文化遗址——薛城遗址，距今约6000年。

淳溪镇风光秀丽，文化源远流长。绚丽的湖光山色广为称颂，陈毅率部东征赋《东征初抵高淳》诗篇。宋明理学思想广为推崇，该镇名人所著的《理学禅说》《乐在堂诗集》《镜漪轩诗集》《巢园诗存》等颇具研究价值。地方民间歌舞艺术闻名遐迩，《采菱舞》《花扇舞》经前线歌舞团推荐，曾在维也纳"世界青年联欢节"演出中双双获银牌奖，享有"歌舞之乡"美誉。

定埠镇

定埠镇位于南京市高淳区东南部，是该市的边陲重镇，地处苏皖两省三县（市）交界处，东与常州溧阳市社渚镇相接，南与安徽省郎溪县隔河相望，西北与高淳东坝镇、桠溪镇接壤。

胥河两岸的定埠和横跨胥河之上的桥梁

定埠是一座古镇，以古运河胥河为界，分江苏高淳（区）定埠和安徽郎溪（县）定埠，俗称"南北定埠"，历史上曾同属江南省（道）。21世纪初，在一轮撤乡并镇的潮流中，"南北定埠"相继改镇为村，郎溪定埠并入梅渚镇，高淳定埠划入桠溪镇和东坝镇。定埠古为吴国疆域，后越人迁入定居，世界上第一条人工运河胥溪河从镇中心穿境而过。定埠集镇作为胥溪河的重要商埠，有着2500多年悠久历史，几千年来长期繁荣的商埠和南北往来的客商，孕育了以吴越文化为主，同时融入其他文化精粹，形成了别具特色、底蕴深厚的胥溪河文化，被誉为历史文化的活化石。

定埠镇下面的胥河村有南京市非物质文化遗产"小马灯"。定埠"小马灯"多次参加省、市、县文化演出活动，曾在中央电视台节目中亮相，并荣获县庆国庆文艺调演特等奖。小马灯主要由十来岁的孩子表演，骑着纸马，粉彩装扮，与东坝大马灯（现为国家级非物质文化遗产）一道，在内容上体现出了高淳人民崇尚"忠义"的思想和改天换地的龙马精神，生动表达了人民群众对"天下太平"和谐社会的向往，构成了具有浓郁地方色彩的古老文明象征。胥河村上还有马庙和芮氏"步步糕"，马庙里面供奉的就是"小马灯"，芮氏"步步糕"制作是定埠的传统老手工艺，"步步糕"曾作为贡品进献乾隆皇帝。

四、文献史料

宋朝陶岳《五代史补》："唐景福三年，行密方据宣州，孙儒围之，五月不解，台濛作五堰，拖轻舸以馈粮，军得不困，卒破孙儒。"

元朝张铉《至正金陵新志》卷五《山川志·江湖》："景福三年，杨行密将台濛作五堰，拖轻舸馈粮。五堰遗迹，在今溧水州界银林双河东坝之地。是时，中江置堰，江流亦既狭矣。苏东坡奏议云：溧阳县之西有五堰者，古所以节宣、歙、金陵、九阳江之众水，直趋太平州、芜湖。后之商人，贩卖籴木东入二浙，以五堰为阻，因给官中废去。五堰既废，则宣、歙、金陵、九阳江之水，或遇暴涨，皆入宜兴之荆溪，由荆溪而入震泽，时元祐六年也。是时，中江尚通，其后东坝既成，中江遂不复东，惟永阳江（注：即九阳江）水入荆溪，谩著其详以见溧阳，亦禹迹之所历云。"

明朝顾起元《客座赘语》卷二《水利》："然要而论之，唐不如宋，宋不如今之京师，而京师又不若南都。何也？京师惟有潞河与海可以挽漕耳，且河势逆而海势险。南都，则长江上下皆可以方舟而至，且北有銮江、瓜洲，东有京口，而五堰之利，或縩东坝以通苏、常，或縩西坝以通宣、歙，所谓取之左右逢其源者也。自古都会之得水利者，宜亡如金陵，惟思所以固守其险，则可与京师并巩固于万年，而唐、宋真不及万万矣。"

明朝顾起元《客座赘语》卷六《五堰》："伍余福《三吴水利论》论五堰云：古者，宣、歙、金陵、九阳江之水，皆入芜湖，以五堰为之障也，其地在今溧阳县界。自唐昭宗景福二年，有杨行密者作此，以为拖舸馈粮之计。而苏轼奏议称：五堰所以节前项诸水，其后贩卖籴木以入东西二浙者，又以五堰为阻，遂废去，而东西二坝列焉。于是前项诸水多入荆溪，间有入芜湖者，亦西北之源，而非东南之势也。其故道尚在，去溧阳八十里。宋进士单锷亦尝言之：九阳江，正溧阳之所谓颍阳江者，其源出自曹姥山，流为濑渚。昔子胥避楚，乞食于女，后投金以报。有《李太白碑》在焉。"

清朝《康熙江宁府志》（于成龙本）卷八《山川下》："胥河，县东南四十里，春秋时伍员伐楚凿河，由邓埠抵广通镇，故名。"

清朝《康熙江宁府志》（于成龙本）卷八《山川下》："固城湖，县西南五里，北通石臼、丹阳二湖，与当涂宣城分界。湖东有广通镇坝，坝外有河，筑五堰，设闸启闭，导湖水由常州宜兴入太湖，后因苏常水患，乃以石室五堰，浴铁以锢石。明洪武间复疏通之，以便苏常松浙粮运。永乐元年，苏常被水，乃筑坝设官管理，湖水遂不入太湖。旧志论曰：广通镇坝者，所以障宣、歙、金陵、姑孰、广德及大江之水，使不入震泽也，前代若苏轼、单锷及明朝吴相伍周文襄皆议筑五堰，以成苏常陆海之饶，其为坝下诸郡者善矣，第堤防一筑，水势日壅，淳之田将圮为湖者，未有纪极也。嘉靖戊戌，覆田致虚，悬米八千，夫田日沦没而赋额不减，淳民之困可不思所以苏之哉！"

清朝《康熙江宁府志》（于成龙本）卷八《山川下》："五堰，西八十里。堰即广通镇。春秋时吴王阖闾伐楚，用伍员计，开河以运粮，今尚名胥溪河，及傍有五牙山云。左氏襄三年，楚伐吴，克鸠兹（今芜湖），至于衡山（今在乌程）。哀十五年，楚子西子期伐吴，至桐汭（今建平），盖由此道。自是河流相通，东南连两浙，西入大江，后不知何时渐湮。景福三年，杨行密据宣州，孙儒围之，五月不解，密将台濛作鲁阳五堰，拖轻舸馈粮，故军得不困，卒破儒。鲁阳者，银淋、分水等五堰坝左右是也。坝西北有吴漕水，言吴王行密所漕也，至宋时不废，故高淳水易泄，民多垦湖为田者，而苏常湖三州，承此下流，水患特甚。宜兴人、进士单锷采钱公辅议，著《吴中水利书》，以为筑五堰，使宣、歙、金陵、九阳江之水不入荆溪太湖，则苏常水势十可杀其七八。元祐中，苏轼称其有水学，并其书荐于朝，时未及行。元阿剌罕败宋兵，实出此道。久之，河流亦塞。至明初，定鼎金陵，以苏浙粮运，自东坝入，可避江险，洪武二十五年，复浚胥溪河，建石闸启闭，命曰广通镇。又于湖中开河一道，凿溧水胭脂岗，引湖水会秦淮河入于江，于是苏浙经东坝直达金陵。后迁都北京，运道废，希入震泽。"

清朝顾祖禹《读史方舆纪要》卷二〇《江南二·溧阳县》："广通镇，县西百十里。西北至高淳县六十里，为分界处。俗谓之东坝。《志》云：春秋时，吴王阖闾伐楚，用伍员计，开河以运粮，东通太湖，西入长江，因名胥溪河，其后渐堙。唐景福二年，孙儒围杨行密于宣州，行密将台濛作鲁阳五堰，拖轻舸馈粮，故得不困。鲁阳盖五坝旁地名也。坝西北有吴漕水，亦以行密而名。宋时五堰渐废，改为东西二坝，坝卑薄水易泄，故高淳无水患，而苏、常、湖三州当太湖委流，被害尤甚。宜兴进士单锷因议复筑五堰，阻上流诸水，使不入荆溪下太湖，苏轼韪之。元时河流渐塞。明初定鼎金陵，以苏浙粮道自东坝入可避江险，洪武二十五年复胥溪河，建石闸启闭，始命曰广通镇。又凿溧水县胭脂冈，引丹阳诸湖之水，会秦淮河以入江。自是苏浙之漕，皆自东坝，直达金陵。永乐初，苏、松水灾特甚，是时运道亦废，于是修筑东坝，高厚至数十丈，严禁决泻，以苏下流水患。今商贾往来，多集于此。"

清朝顾祖禹《读史方舆纪要》卷二〇《江南二·高淳县》："余家堰，县东南七十五里。《金陵志》：溧水州东南百里有银林堰，亦曰银澍堰。林，本作淋，宋避讳，改曰林。稍东南曰分水堰，又东南五里曰苦李堰，又五里曰何家堰，又五里曰余家堰，所谓五堰也。杨吴时曰鲁阳五堰，今谓之东坝，界高淳、溧阳二县之境。"

清朝顾祖禹《读史方舆纪要》卷二〇《江南二·高淳县》："广通镇，县东南六十里。与溧阳县分界，即东坝也。又东十二里有下坝，旧谓之东西二坝，今总曰东坝，亦呼为银澍东坝，即杨吴五坝之地。唐景福二年，杨行密将台濛作五堰，以拽馈运轻舸是也。苏轼曰：五堰以障宣、歙、金陵、九阳江之水，使入芜湖，其后贩卖簰木入东西二浙者，以五堰为阻，遂废去。而东、西坝列焉。于是宣、歙诸水，多入荆溪，间有入芜湖者，亦西北之源，而非东南之流也。《志》云：五坝即分水、银澍、双河、东坝之地。银澍者，以石窒堰，复镕铁淋石，以固之也。苏、常承中江之流，恒病漂没，五堰筑，则中江不复东，而宣、歙诸水，皆自芜湖达大江。宋德祐初，以元兵渐迫临安，遣赵淮戍银澍东坝，既而元将阿剌罕破银澍东坝，遂克广德军四安镇。今自太湖、宜兴至东坝，不二日便径达会城，盖又为戍守重地矣。《舆程记》：东坝北至溧水县一百二十里，东北至金坛县一百六十里，西南至宁国府一百二十里，西北至太平府百六十里，南至广德州百四十里。明洪武中，尝建置石闸，以均节五堰之水。永乐初，复改筑土坝，兼设广通镇巡司，并金溧阳、溧水人夫防守，禁止盗泄。正统、弘治中，皆增筑之。嘉靖初复修治，盖东南水利所关也。"

清朝胡渭《禹贡锥指》卷六："通江于淮，即夫差所开之邗沟；通湖于江，则阖庐（即阖闾）所开之胥溪也。"

清朝《光绪高淳县志》卷三《山川下·水利》："胥河，吴王阖闾伐楚，伍员开之，以通粮运。此固城湖之尾闾也。至五代时，乃作五堰。五堰在县东五十里。傅同叔云：自宜兴航太湖，经溧阳至邓埠，凡两日水路。自邓埠登岸，上小市，名东坝。自东坝陆行十八里，至银林。复行水路百余里，乃至芜湖，入大江。银林之港，邓埠之湖，止隔陆路十有八里。此十八里中，有三五里高阜，而苦不甚高，遇暴涨则宣、歙诸水，尽由荆溪入太湖，此高阜不足以遏之，此五堰所以作也。五堰作，则湖水希入震泽；然堰可启闭，犹有泄时。至宋季五堰堙废，淳民得沿湖为田，宋时烟火最盛。明太祖都金陵，以苏浙粮道由东坝入，可避长江之险。洪武二十五年，浚胥溪，治石闸，司启闭，命曰广通镇。永乐元年，筑上坝，湖水艰于东注，而坝犹低薄，水间漏泄，舟行犹能越之。正德七年，增筑坝三丈。嘉靖三十五年，复于坝东十里许更筑一坝，名下坝。自是水不复东，湖田沉没，而淳之凋瘵日甚矣。"

《民国高淳县志》卷三《山川上·河》："胥河，县东南五十里。春秋时吴所凿，详古迹。中河，即胥河。长十余里，以其在两坝之中，故名。"

《民国高淳县志》卷三《山川下·水利》："胥河，吴王阖闾伐楚，伍员开之，以通粮运。此固城湖之尾闾也。至五代时，乃作五堰。五堰在县东五十里。傅同叔云：自宜兴航太湖，经溧阳至邓埠，凡两日水路。自邓埠登岸，上小市，名东坝。自东坝陆行十八里，至银林。复行水路百余里，乃至芜湖，入大江。银林之港，邓埠之湖，止隔陆路十有八里。此十八里中，有三五里高埠，而苦不甚高，遇暴涨则宣、歙诸水，尽由荆溪入太湖，此高阜不足以遏之，此五堰所以作也。五堰作，则湖水希入震泽；然堰可启闭，犹有泄时。至宋季五堰堙废，淳民得沿湖为田，宋时烟火最盛。明太祖都金陵，以苏浙粮道自东坝入，可避长江之险。洪武二十五年，浚胥溪，治石闸，司启闭，命曰广通镇。永乐元年，筑上坝，湖水艰于东注，而坝犹低薄，水间漏泄，舟行犹能越之。正德七年，增筑坝三丈。嘉靖三十五年，复于坝东十里许更筑一坝，名下坝。自是水不复东，湖田沉没，而淳之凋瘵日甚矣。按：中河在东坝、下坝之中，长十里，即古胥溪也。东西皆不得与上下两河通，惟有蒋家土桥一源，经王母涧注此河。今涧口复筑堤以备溉，河之两涯多垦田。下坝亦五堰之一，即旧分水堰，水东下平墅桥及邓埠下桥，入溧阳三塔荡。分水堰今名月河堰，旧筑土埂，年久滩泻，随筑随溃，岁费不赀。顺治十三年，里人魏台、魏承美等，捐赀甃石为堰，并买田浚沟减水，极其坚固。河水分注，行旅称便。中坝去东坝五里，中河之中。旧坝岁久废没。嘉靖间，里民傅相、傅际、傅梁等捐赀重筑，今复废，断址犹存。"

《民国高淳县志》卷一五《古迹志》："胥河，自广通镇至下坝，中有四五里，颇高阜。吴阖闾伐楚，使伍员为行人凿此运饷，名胥河。按哀公九年，吴城邗沟通江淮，此北运道也，胥河之疏，为南运道。北运便于淮徐诸路，南运则吴门一带无转输之劳矣。况由胥河溯固城、丹阳而达江，其运尤便。此子胥图霸妙略，而爱民利物之深衷。千载下抚其遗迹，如将遇之。"

《民国高淳县志》卷一五《古迹志》："五堰，一曰银林堰，长二十里；少东曰分水堰，长十五里；又东五里曰苦李堰，长八里；又五里曰何家堰，长九里；又五里曰余家堰，长十里。所谓鲁阳五堰也。自固城南湖受金陵、宣、歙之水，迤逦入溧阳。盖水势奋奔，春夏易溢，而涸时复无所砥，亦归驶尽。或长或消，两不利也。《五代史补》：杨行密将台濛作五堰，以拽运舸在银林、双河、东坝之地。是五堰之作，固以防下流之沉沦，实以关易涸之水，为运饷计也。五堰未作，苏常低处不能居民。自作堰锢水，则低处渐成村聚，渐启田原，而堰不容复废矣。洎商人贩木入湍，嫌堰为阻，赂当道废堰，而众水始为暴于下路卑洼之乡，苏常人所为鳃鳃过虑者，此也。宋单锷谓五堰若废，则宣歙诸水尽入震泽，其意不过谓堰以鄣水，仍旧制足耳。后遂因堰为坝，始犹卑薄，旋加高固。水不复东，而三湖佃田处率为巨浸。宋乾道元年二月，左朝散郎张维禁三湖开河，劄子：窃谓尧之时，洪水泛滥，而三湖不入于海，其始必乘虚而横流。今之五堰河，正其虚处也。以去年之水，高四尺而漫过分水堰。使尧之时，横流而过此地，当不止四尺，意水之所以不底定者，盖自于此耳。以是观之，古人开凿此河，而设为五堰者，其虑远矣。夫尧时洪水，后世决不复有也，如去年之水，间亦有之。但江与浙均有雨水，则固城虽涨，亦不能奔决。盖苏常水盛，外水亦不能入，如去年之水是也。唯是苏、常无雨水，而上江雨独多，当此之时，大江泛滥，壅遏湖流，则其势必奔五堰，而苏常始受其害矣。维窃筹度，若开此河，委非经久利便。乞从朝廷详酌而行。按：五堰，惟余家堰最东。据《续文献通考》云：余家堰，在溧水县东南一百十五里，东通太湖，西入长江。考其道里形势，当在东坝、邓步河口之间。"

五、碑刻铭文

《溧水州五堰河碑》

乾道元年二月，左朝散郎、通判建康军府事张维劄子：窃谓尧之时，洪水泛滥，而三江不入于海，其势必乘其虚处而横流。今之五堰河，正其虚处也。以去年之水，高四尺而漫过分水堰，则尧之水横流而过此地，当不止四尺。切意震泽所以不底定者，盖自于此耳。以是观之，古来不开凿此河而设为五堰者，其虑远矣。夫尧之洪水，后世决不复有也。如去年之水，间亦有之。若江与浙均有雨水，则固城湖虽涨，亦不能奔苏、常。盖苏、常水盛，则外水自不能入，如去年之水是也。惟是苏、常无雨水，而上江雨独多，当此之时，大江泛滥，壅遏湖流，则其势必奔五堰河，而苏、常始受其害矣。维窃筹度，若开此河，委非经久利便，乞从朝廷详酌施行。

——元朝张铉《至正金陵新志》卷一二《古迹志·碑碣》

《创建马头碑记》[1]

凡船只顶岸，无论城乡市镇，自有一定停泊之所，所谓马头是也。今下坝，系七省通衢，连樯接棹而来者，各帮□有马头，惟我武阳两帮蒲鞋头船，向无常所，每至停泊，拥挤受累。盈等因鸠集同帮，自装载数十担以至一百担之船，分别捐数，各出资□，创建马头。禀请广通司，详明高淳县主，给发印示，准用价买成字一百三十五号民田一丘，计丈八分三厘四毫；契券投税粮存原主魏岱户内付本生息，以□输纳。业已□浚，于今三年，泊船固有常所。□须□□从西泊起，顶梢接上，毋得恃强争夺。□□□无分之船，未捐分文，不许停泊。曾会本帮，立有议章可据，第恐世远年湮，变更滋事，终非长久之计，特倩工勒石，用垂不朽，以示后人。

---

[1] 该碑高 1.5 米，宽 0.97 米。圭角形，碑额横刻阳文楷书"创建马头碑记"六字。碑文系阴刻楷书。现存于高淳区保圣寺塔园。

计开：一、买田本价□□两；一、请示税契共银五两；一、生歇侯捐船钱八两；一、安土设酒□银十两；一、立碑共银二十两；一、存原主生息纳银□两；一、开河出价共□十五两；一、□理食用七十两；一、□捐食用三十两；一、演戏完工银十五两。

乾隆三十一年岁次丙戌八月穀旦

首事人张慎德、□□□、王舜臣同立

——引自高淳区文物保护与文博研究濮阳康京工作室编：《高淳古碑石刻选》，南京出版社 2019 年 8 月版

《重修下坝刘公桥石堰碑记》[①]

邑之上下坝为七省通津，而中河居两坝之中，为五堰之一，即古胥溪也。昔人虑水涸则舟阻客滞，水溢则田淹坝倾。里人魏台、魏承美于顺治十三年在河南买田，浚港减水，筑石为堰，以资蓄泄，名曰月河堰。康熙己未，经里人魏近思、魏廷芳请于邑宰刘公启东，甃石为桥于其上，名曰刘公桥。此桥与堰所由始也。乾隆中叶，朱公绍文来宰是邑，既修堰，复凿龙吞溪口，以杀其奔腾之势，而堰与河始相辅不为患。迨咸丰之季，上下坝为屯兵用武地，堰既被毁桥亦日倾，断石棋布，不能以时蓄泄。上年秋，下坝魏生正彝暨超俊、廷翰等，偕其族来告，以堰与桥，为魏之祖所始创，利泽垂二百年，今睹见其废不忍，请更筑堰修桥，以彰前人之绩。余嘉其志，为之规划指示，俊等各奋厥事，自十一年十月经始，至本年九月告竣，计费一千三百五十九串缗。堰之高下广阔，一如前人法。而购巨石，选良工，桥则易木柱为石垛，视旧制则益求美善，既巩且固。告成之日，农夫庆于野，商贾行旅踊跃于津梁。余于是喜俊等始终之勤事也，然非都人士好善乐施，不吝赀财，则桥与堰亦曷克藉手以告厥成。俊等请文以纪之，余既识其颠末，刻石坝堰，并录捐资姓氏于碑阴，以示后人，庶知劝焉。

同治十三年九月，会稽秦曾熙撰文。

——引自《南京水利志》"附录"

---

① 《高淳文物志》记载，1987 年 3 月 29 日，高淳县文物工作者从下坝征集到清乾隆年间石刻《创建马头碑》和同治年间《刘公桥碑记》各一通。

胥河今貌（高淳东坝胥河红卫桥）

六、诗词歌赋

胥溪

（清）韩仲孝

河流千载溯南湖，莫怨当年赐属镂。

溪上建牙图报国，至今为沼惠归吴。

胥溪送舅

（清）韩仲孝

古驿萧萧道路旁，行春何处不沾裳。

东归吊月吹吴市，北望乘流赋渭阳。

银树晴摇官阁迥，花村风落野船香。

浪游无事虚沉璧，对酒千墩许借觞。

胥河今貌（下坝船闸远调站）　胥河今貌（从下坝船闸向东拍摄）

胥河舟中

（清）胡蛟之

于役非无事，将从海上征。

入舟诸苦集，听雨积寒生。

野静何妨夜，春深不定晴。

先须经濑水，未到似悬旌。

胥河怀古

（清）胡杨祖

秋光无际碧天虚，袅袅风清一棹徐。

翠荻迢遥横海雁，丹枫萧瑟洒湖鱼。

空余寒浦流胥岸，无复荒城忆阖闾。

何事苏台悲湮废，千载凭吊总欷歔。

七、民谣传说

（一）

宜兴溧阳，终究不长；

东坝一倒，性命不保。

（二）

高淳东坝倒，北寺塔上漂稻草。

笔者按：东坝在胥河上，北寺塔在苏州。这首民谣反映了高淳与太湖流域水位的高度差距之大。

一字街

高淳民间相传，固城湖中有一条街，名曰"一字街"。

自宋时筑永丰圩后，固城湖中先后筑了大小圩堤数十个，从东到西连成一片，北边圩堤沿河道成一直线，圩民聚居两旁，水陆交通比较方便，来往商旅络绎不绝，人们利用花山开采的青灰条石，铺成"一"字形街道，店铺林立，炊烟绕绕，是当时远近闻名的集市。

明洪武年间建了东坝以后，尤其是正德年间加高东坝三丈，使江水、山洪不能东流。因此，固城湖水位猛增，大小60个圩沉没湖中，"一字街"也埋于湖底淤泥之中。坝成圩破，实有其事，而"一字街"则无考。

——高淳县地方志编纂委员会编纂，薛兴祥主编：《高淳县志》

六朝：第一个黄金时代

　　六朝三百余年，相继以建业（东晋南朝称建康，今南京）为都城。孙吴以水军立国，称霸江东。孙吴时期，为确保都城的物资供应，依托秦淮河，开凿破岗渎，沟通建业与太湖流域和浙东地区的联系；与此同时，通过开凿建业城内外的运渎、潮沟、青溪等河道，首次形成建业城内外的水上交通网。南朝梁武帝时期，曾废弃破岗渎，另开上容渎，确保建康与太湖流域的水上交通。

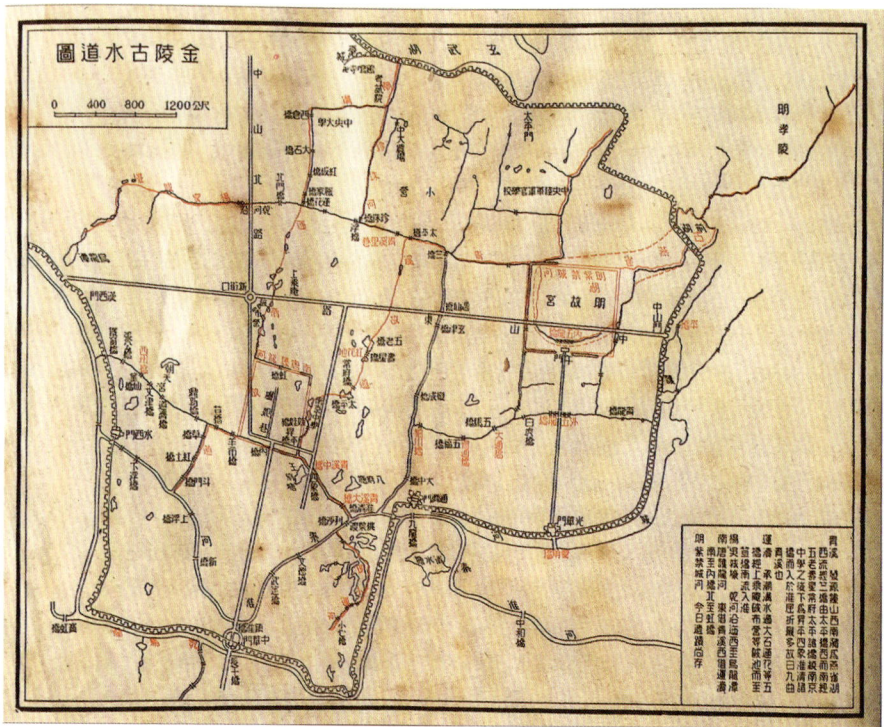

金陵古水道图（朱偰《南京的名胜古迹》，江苏人民出版社 1955 年版）

青溪

青溪又作清溪，又名东渠，俗呼为长河。它最初是一条天然河流，孙吴定都建业后，对其进行拓宽、疏浚和改造，使其成为一条人工与自然双重性质的河流。

一、历史沿革

青溪发源于钟山第三峰天堡城南坡，汇合钟山西段南侧溪水，然后蜿蜒曲折注入秦淮河。因其迂回曲折，连绵十余里，故有"九曲青溪"之名。据《建康实录》卷二注云，东晋郗僧施泛舟青溪，每一曲作诗一首，谢益寿闻之曰："青溪中曲复何穷尽也。"

孙吴定都建业后，对青溪这一天然河道进行了拓宽、疏浚和改造。《建康实录》卷二记载，吴赤乌四年（241），"冬十一月，诏凿东渠，名青溪，通城北堑潮沟"。东渠之所以称作青溪，是因为按照中国传统的"四神"说，东方属龙，其色尚青，故名。

青溪是六朝时期建康城东最大的河流，到南宋时，青溪残存的上游河道仍"阔五丈，深八尺"（《景定建康志》卷一八《山川志二·溪涧》），按吴承洛《中国度量衡史》记载，宋朝的一尺相当于今天的30.72厘米，阔五丈即15.36米，深八尺即2.488米。由此逆推，六朝时期的青溪宽度和深度应该相当可观。

六朝时期，青溪是建康城东的一道重要军事屏障，其地位仅次于秦淮河。刘宋末年，萧道成为齐王，驻扎在东府（在今天通济门外），当时卞彬前来拜见，对萧道成说："殿下即宫东府，则以青溪为鸿沟，鸿沟以东为齐，以西为宋。"（《景定建康志》卷一八《山川志二·溪涧》）南齐永元年间，始安王萧遥光举兵叛乱，齐明帝诏令曹虎屯青溪大桥（今淮清桥）以讨之。

青溪上有七座桥梁。最北的一座叫乐游苑（包含今覆舟山和北京东路、太平门街一带）东门桥；次南有尹桥；次南有鸡鸣桥；次南有募士桥；

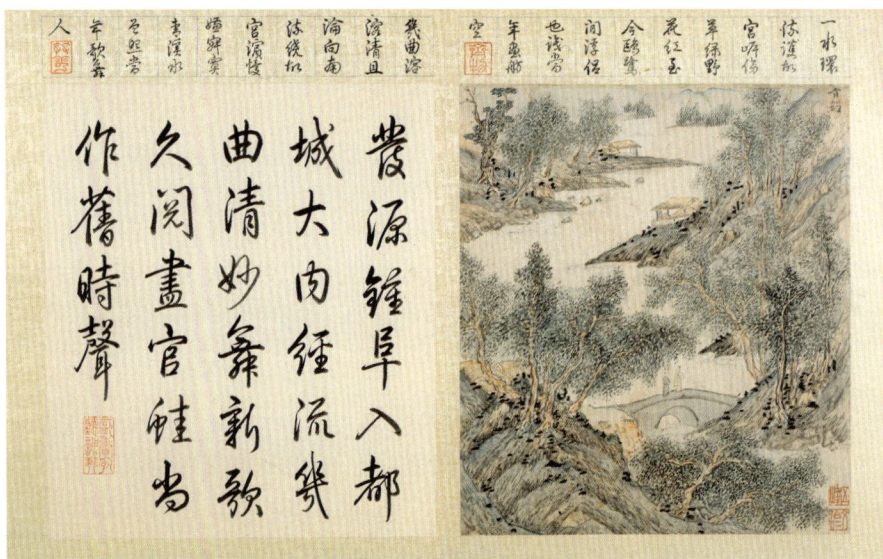

青溪（明朝文伯仁《金陵十八景图》）

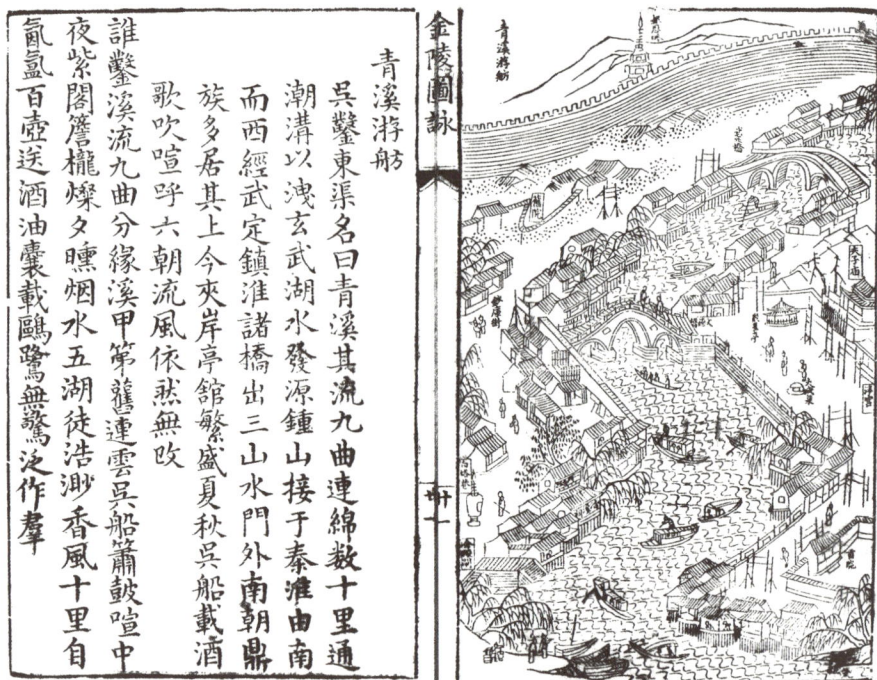

青溪游舫（明朝朱之蕃、陆寿柏编绘《金陵图咏》）

次南有菰首桥（昇平桥）；次南有青溪中桥，今四象桥；次南有青溪大桥，今淮清桥。

清朝时期，青溪留下的地名有青溪里、九曲坊、淮清桥等。甘熙《白下琐言》卷七记载："（青溪）今故道多湮，所可识者，浮桥东有青溪里，是青溪南流处也；大中桥有九曲坊，是青溪南流尽处也；坊南有淮清桥，是青溪与秦淮合流处也，其水皆在秦淮之北。"

青溪在明代最先被著名画家文伯仁列为"金陵十八景"之一，绘入他的《金陵十八景图》画册中。此后又被明代朱之蕃、陆寿柏编绘的《金陵图咏》以"青溪游舫"列为"金陵四十景"之一。清代"金陵八家"之一的高岑应江宁知府陈开虞的邀请，为《江宁府志》绘制《金陵四十景图》，青溪名列其中。此后，又以"青溪九曲"被清代徐藻和端木治（长干里客）分别绘入《金陵四十八景》之中。

二、河流现状

青溪故道的位置，因南京城内地貌变化较大，历代说法不一。

清朝陈文述《秣陵集》一书考证：青溪发源钟山，北通潮沟，南入于淮。自杨吴筑金陵城，其水遂分为二：其一自驻防城（今明故宫）内穿城西出，北转至竹桥，合于杨吴城濠之水；其一自内桥至昇平桥，与南唐护龙河合，又过四象桥至淮清桥，与淮水合。

民国朱偰《金陵古迹图考》一书考证：青溪发源于钟山，在今明故宫和前湖一带汇集成燕雀湖，然后顺着地势先向西流，到竺桥西北的太平桥转向南流，经五老、寿星、常府诸桥到达内桥之西，经昇平桥转而向东，又经四象桥、淮清桥注入秦淮河。自杨吴筑城掘濠，青溪南流水道湮塞；明朝时期又填湖建宫城，使青溪

青溪北段（庭市桥之东的青溪）

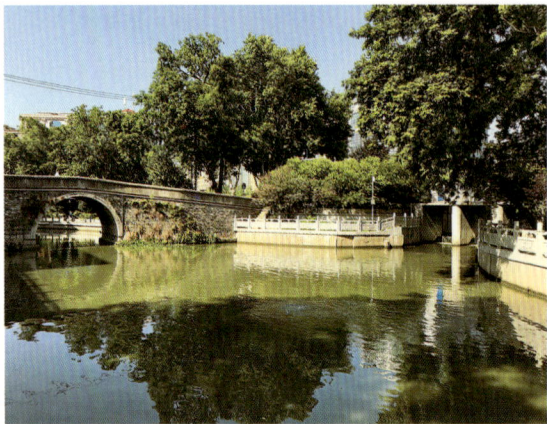

青溪北段在竺桥与杨吴城濠合流

源流中断，今仅剩下昇平桥至淮清桥一段。

经实地考察，青溪仅存上下两段。上段引前湖水，自半山园水闸（又名半山寺后水闸）入城，经后宰门往西流，合富贵山南麓之水，至竺桥入杨吴城濠；下段自白下路中华公寓（广艺街南端）与王府园小区之间的无名桥至四象桥再到淮清桥，入于秦淮河。这两段河道经过综合整治，河水清洁，河床整洁，周边环境美观。

三、文献史料

唐朝许嵩《建康实录》卷二注云："其青溪上亦有七桥：最北乐游苑东门桥。次南有尹桥，今潮沟大巷东出度此桥。次南有鸡鸣桥，即《舆地志》所谓今新安寺南，东度开圣寺路度此桥。次南有募士桥。次南有菰首桥，一名走马桥。桥东燕雀湖……次南有青溪中桥，今湘宫寺门前巷东出度溪……次南青溪大桥，今县东出向句容大路经此桥。"

唐朝许嵩《建康实录》卷二引南朝梁陶季直《京都记》："典午时，京师鼎族，多在青溪左及潮沟北。"

宋朝周应合《景定建康志》卷一六《疆域志二·桥梁》："今城东北有渠，北通元武湖，南行经散福亭桥、竹桥抵府城东北角外，西入城濠，里俗呼为长河，即古青溪。本自今竹桥西南行，五代杨淳（按：应为溥）于此截溪立城，由是青溪半在城外。其在城中者，岁久堙塞。但城东北隅迤逦至上元县治东南，上水闸以西一带，青溪遗迹或见或隐。"

宋朝周应合《景定建康志》卷一八《山川志二·溪涧》："青溪，吴大帝赤乌四年凿东渠，名青溪。通城北堑潮沟，阔五丈，深八尺，以泄元武湖水。发源钟山，而南流经京出。今青溪闸口，接于秦淮。及杨溥城金陵，青溪始分为二：在城外者自城壕合于淮，今城东竹桥西北接后湖者，青溪遗迹固在；但在城内者，悉皆堙塞，惟上元县治南，迤逦而西，循府治东南出，至府学墙下，皆青溪之旧曲。水通秦淮，而钟山水源久绝矣。旧志事迹：《舆地志》云：青溪发源钟山，入于淮，连绵十余里。溪口有埭，埭侧有神祠，曰青溪姑。今县东有渠，北接覆舟山，以近后湖，里俗相传，此青溪也。其水迤逦西出，至今上水闸相近，皆名青溪。溪旧有七桥。晋都僧施尝泛舟青溪，每溪一曲，作诗一首。谢益寿闻之，曰：'青溪中曲，复何穷尽？'盖谓此也。陶季直《京都记》云：京师鼎族在青溪埭，尚书孙场、尚书令江总宅，当时并列溪北。晋王含帅王敦余党自竹格渚济，沈充自青溪会之，至宣阳门，苏峻等出南塘横击，大破之。《桓彝别传》曰：明帝世，彝与当世英彦名德庾亮、温峤、羊曼等共集青溪之上。郭璞与焉，乃援笔属诗，以白四贤，并以自序。《世说》云：周罢临川还都，泊青溪，时夏暴雨，船舫狭小而漏，殆无坐处。丞相王导曰：'胡威之清，何以过此？'齐高帝先有宅在青溪，生武帝，及即位，以宅为青溪旧宫。永明元年，望气者言：'新林娄湖有王者气。'帝乃筑青溪旧宫，作新娄湖苑以厌之。卞彬尝于东府谒齐高帝，时高帝为齐王。彬曰：'殿下即宫东府，则以青溪为鸿沟，鸿沟以东为齐，以西为宋。'仍诵诗云：'谁谓宋远，跂予望之。'遂大忤旨。隋炀帝平陈，斩张丽华、孔贵妃二人于青溪栅下。虞部杨公备诗：'倾城倾国两妃嫔，此地闻名不见人。潜想旧时红粉面，落花风里步香尘。'□□□：'竟烦擒虎到青溪，此夜应无璧月词。迎刃春风殄尤物，岸花随雨泪烟脂。'任斯庵诗：'蛾眉流落碧流中，走马来时事已空。此日不能留妲己，他年谁敢忆高公。'又：'青溪不见丽华留，遗恨空余故国羞。璧月只应明结绮，春风吹不上迷楼。'又：'闭门忽忆东风面，步向青溪绕碧湾。淡白深红了无迹，绿杨烟外一钟山。'今建元寺东南角，度溪有桥，名募士桥，吴大帝募勇士处。其桥西南角，过沟有埭，名鸡鸣埭。齐武帝早游钟山，射雉至此，鸡始鸣，因名焉。其沟是吴郡俭所开，在苑城后。晋修苑城为建康宫，即城北堑也。王维诗：'言入黄花川，每逐青溪水。随山将万转，趣途无百里。声喧乱石中，色静深松里。漾漾汛菱荇，澄澄映葭苇。我心素已闲，清明淡如此。请留盘石上，垂钓将已矣。'张颠诗：'旅人倚征棹，薄暮起劳歌。笑揽青溪月，清辉不厌多。'节使吴公玲《游青溪有词呈野亭马公》：'岸柳可藏鸦，路转溪斜，忘机鸥鹭满汀沙。咫尺钟山迷望眼，一片云遮，临水整乌纱。鬓影苍华，酒阑却念在天涯。几日不来春便晚，开尽桃花。'野亭跋其后云：'秦淮海之词，独擅一时，字未闻。米宝晋善诗，然终不及字。若公可兼之矣。辛酉季春，承议郎充江南东路转运司主管文字马之纯谨书。'野亭诗云：'人道青溪有九曲，如今一曲仅能存。江家宅畔成花圃，东府门前作菜园。登阁尚堪观叠障，泛舟犹可醉芳樽。料应当日皆无恙，苕雪潇湘不足言。'又：'人日泛青溪，青溪曲易迷。船回波下上，帘卷日东西。景物行行见，壶觞处处携。浮航消得醉，极目水云低。'龙川陈亮论建业形势：'拥秦淮、青溪以为阻。'今青溪九曲，仅存其一。马公光祖浚而深广之，建先贤祠及诸亭馆于其上，筑堤飞桥，以便往来。游人泛舟其间，自早至暮，乐而忘归。"

明朝《洪武京城图志》："清溪，吴赤乌四年，凿东渠，名清溪，通城北堑潮沟，以泄元武湖水。旧有九曲，今上元县南，迤逦而西，循旧内府东南出，至府学墙下，皆清溪之旧曲。通秦淮。其竹桥、元津、昇平、复成、淮清、柏川、鼎新、斗门、西虹、内桥、会同等桥，皆此水所通。"

明朝《万历应天府志》卷一五《山川志》："青溪，吴赤乌中凿，自钟山麓通城北堑，以泄玄武湖水，其流九曲，达于秦淮。后杨吴筑城，断其流。今自太平门城，由潮沟南流入大内，西出竹桥，入濠而绝，又自旧内旁周绕，出淮青桥，皆其故迹。"

清朝《康熙江宁府志》（于成龙本）卷八《山川下》："青溪，发源钟山。吴赤乌中，凿东渠，名青溪，通城北堑，以泄后湖

四象桥（青溪中桥）与青溪

水。其流九曲，达于秦淮。后杨吴筑城，断其流。今自太平门城，由潮沟南流入旧内，西出竹桥，入濠而绝，又自旧内傍周绕，出淮青桥，乃所谓青溪一曲也。怀古者每多题咏。"

王府园小区北侧的青溪

清朝《同治上江两县志》卷四《考水》："青溪水发源钟山，南流入驻防城，又西出竹桥入濠而绝。又自内桥东流，与南唐宫壕合。又东南迳四象桥至淮青桥，与淮水合。"注云："自杨吴筑城，青溪始塞。……今诸景并废，故道多湮，惟自昇平桥北流，绕钟山书院故址，又东流而北至五老、寿星诸桥，相传为青溪遗迹，督署前有青溪里巷，此其证矣。"

清朝《同治上江两县志》卷四《考水》："有水自东安门流至后载门而绝，又自后载门西流穴城而出，达于竹桥之濠水，相传为青溪遗迹。《建康志》所谓青溪在城外者，自城壕合于淮是也。"

清朝陈文述《秣陵集》卷四《青溪吊江总宅》："按：青溪出钟山南，经竹桥，又西南经菰首等桥入于秦淮。今钟山书院前后诸水流合昇平桥，经四象、淮清桥者，皆青溪故道也。菰首桥，一曰斜桥，宋《乾道志》谓即东虹桥，乃南唐宫左护龙河桥，即今昇平桥。则四象桥当即青溪中桥，淮清桥当即青溪大桥也。宋石迈云：青溪大桥西即江总宅，则今洞神宫处当是其地。"

清朝陈文述《秣陵集》卷四《青溪怀古》："则青溪发源钟山，北通潮沟，南入于淮，其大较也。自杨吴城金陵，其水遂分为二：其一自今驻防城内穿城西出，北转至竹桥，合于杨吴城濠之水；其一自内桥至昇平桥，与护龙河合，又过四象桥至淮清桥，与淮水合。按：青溪合杨吴城濠之水，其实城濠所借，即青溪也。内桥，古天津桥，内桥下水，青溪与运渎相接处，而非正流青溪，水当自昇平桥北南流出四象桥，则南唐宫城沟渠亦即青溪也。盖古青溪本自浮桥折而南下，经今沐府东门、红花地、吉祥街一带，绕钟山书院之前，南出昇平桥而下，为四象桥、淮清桥之水，故今大阳沟一带，往往有桥有水，而书院钱厂桥，其水与护龙河别为两派，此正青溪之旧迹也。自杨溥城金陵，浮桥以下水流断绝，而昇平桥水，南唐及宋复借为护龙河，其故道多不可考。"

四、诗词歌赋

青溪小姑曲（二首）

（南朝）佚名

（一）

开门白水，侧近桥梁。

小姑所居，独处无郎。

（二）

日暮风吹，叶落依枝。

丹心寸意，愁君未知。

笔者按：此作属南朝民歌《清商曲辞》中的《神弦歌》，江南民间祭礼鬼神所唱。据《异苑》记载，青溪小姑，蒋侯（蒋子文）第三妹。

淮清桥北的青溪

青溪

（唐）王维

言入黄花川，每逐青溪水。

随山将万转，趣途无百里。

声喧乱石中，色静深松里。

漾漾汎菱荇，澄澄映葭苇。

我心素已闲，清明淡如此。

请留盘石上，垂钓将已矣。

笔者按：标题为笔者所加。

青溪

（唐）张旭

旅人倚征棹，薄暮起劳歌。

笑揽青溪月，清辉不厌多。

笔者按：标题为笔者所加。

青溪吊张丽华

（宋）杨备

倾城倾国两妃嫔，此地闻名不见人。

潜想旧时红粉面，落花风里步香尘。

笔者按：标题为笔者所加。

青溪吊张丽华（三首）

（宋）任斯庵

（一）

蛾眉流落碧流中，走马来时事已空。

此日不能留妲己，他年谁敢忆高公。

（二）

青溪不见丽华留，遗恨空余故国羞。

璧月只应明结绮，春风吹不上迷楼。

（三）

闲门忽忆东风面，步向青溪绕碧湾。

淡白深红了无迹，绿杨烟外一钟山。

笔者按：标题为笔者所加。

青溪（二首）

（宋）马光祖

（一）

人道青溪有九曲，如今一曲仅能存。

江家宅畔成花圃，东府门前作菜园。

（二）

人日泛青溪，青溪曲易迷。

船回波下上，帘卷日东西。

景物行行见，壶觞处处携。

浮航消得醉，极目水云低。

笔者按：标题为笔者所加。

浪淘沙·岸柳可藏鸦

（宋）吴琚

岸柳可藏鸦，路转溪斜，忘机鸥鹭满汀沙。咫尺钟山迷望眼，一片云遮。

临水整乌纱，鬓影苍华，酒阑却念在天涯。几日不来春便晚，开尽桃花。

青溪游舫

（明）朱之蕃

谁凿溪流九曲分，缘溪甲第旧连云。

吴船箫鼓喧中夜，紫阁檐栊灿夕曛。

烟水五湖徒浩渺，香气十里自氤氲。

百壶送酒油囊载，鸥鹭无惊泛作群。

青溪游舫

（明）杜士全

九转青溪地脉分，先朝甲第总如云。

笙歌隐隐春声细。帘幕垂垂日影曛。

宿水烟云飞霭黛，夹城花萼吐氤氲。

兰桡晓夜鸣榔过，习惯沙边鸥鹭群。

青溪（三首选一）

（清）爱新觉罗·弘历

发源钟阜入都城，大内经流几曲清。

妙舞新歌久阅尽，官蛙尚作旧时声。

临江仙·初夏清溪闲泛

（清）曹尔堪

十亩之间新霁色，爱看桑者闲闲。扁舟歇处野蒿繁。小桥蝌蚪黑，急水队鱼斑。

我羡村家风味美，翛然茅屋三间。柳阴泥湿麦泥干。晓莺新识路，飞去又飞还。

青溪小姑祠

（清）陈文述

雉亭龙尾久荒芜，尚有丛祠祀小姑。

碧水未窥双照影，青山曾写十眉图。

云衣花落春惆怅，翠幔香消梦有无。

灵雀箜篌俱寂寞，六朝明月夜来孤。

青溪吊江总宅

（清）陈文述

青溪一曲水微波，江令风流可奈何。

狎客十人前辈少，贵妃三阁艳诗多。

当时玉树临春曲，异日琼花水调歌。

留得南朝遗宅在，佛烟劫火共消磨。

青溪访王龙标故居（二首）

（清）陈文述

（一）

盛唐诗格压南朝，少伯风流久寂寥。

我向青溪宫畔过，杨花明月忆龙标。

（二）

紫裘换酒兴翩翩，花月春江醉欲眠。

一样才人工乐府，当时只有李青莲。

笔者按：王龙标，即王昌龄，江宁人。宅近青溪。因曾经被贬为黔中道叙州潭阳郡龙标县尉，故有王龙标之名。

青溪访顾眉生眉楼遗址

（清）陈文述

舣棹青溪水阁头，居人犹说旧眉楼。

春山何处窥明镜，新月依然上玉钩。

身世沧桑悲永逝，闺房福慧悔双修。

含光同被虚声误，皖水虞山一样愁。

青溪怀古（六首选四）

（清）陈文述

（一）

淮水清流玉，钟山翠拂烟。

几时开九曲，记取赤乌年。

（二）

剑血燕支染，春风吊丽华。

美人能殉国，不怨后庭花。

（三）

开国中山业，规模焕丽谯。

八流都塞尽，一曲见南朝。

（四）

微雨消芳靥，香泥葬玉钗。

伤心无限柳，不独为秦淮。

青溪小姑祠

（清）王友亮

在金陵闸。夫人南朝甚有灵验，宋犹存之，今废。

风吹落叶满城隅，弦管纷纷赛小姑。

为问阿兄同庙食，雉亭龙尾已荒芜。

雉亭又名骑亭，龙尾即钟山之麓，二处皆有蒋帝庙。

青溪小姑祠

（清）汤濂

在淮清桥侧，相传为蒋子文之妹。

台城空夕阳，十庙尚荒芜。

春草生磐石，何年祀小姑。

青溪九曲

（清）汤濂

太平门外，其流九曲，远洄秦淮一带。

溪流环九曲，曲曲似柔肠。

想见六朝女，浣纱留衣香。

运渎

运渎，顾名思义，是运输物资的水上通道。它是吴大帝孙权定都建业（今南京）后，在建业城内开凿的第一条人工河道。

《孙吴都建业图》中的运渎（明朝陈沂《金陵古今图考》）

一、历史沿革

运渎位于六朝建康宫城的西部，北接潮沟西支，南连秦淮河，是向宫中仓城运输物资的重要通道。

运渎开凿于孙吴赤乌三年（240），这一年距吴大帝孙权定都南京已经十二年。运渎由左台侍御史郗俭负责监督开凿。据唐朝许嵩《建康实录》卷二记载：吴赤乌三年（240），"十二月，使左台侍御史郗俭监凿城，西南自秦淮，北抵仓城，名运渎"。

由于运渎之水来源于城南的秦淮河，而建业城的地势是北高南低，运渎通向仓城之水常常难以为继，直接影响到仓城的粮食储备和供应。因此，孙权在开凿运渎之后，接着又开凿潮沟，接通运渎和青溪，从而使运渎之水长流不衰。

运渎上建有六座桥梁。由北向南第一座桥是孝义桥，本名甓子桥；第二座是杨烈桥，刘宋王僧达观看斗鸡鸭处；第四座是西州桥，靠近唐代县衙东南角；第五座是高晔桥；第六座运渎临秦淮河处有一座新桥，本名万岁桥，即后来的斗门桥。

运渎建成后，在整个六朝时期，都是南京城一条最重要的生命线。六朝灭亡后，仍然是南京城内的一条重要交通和运输通道。

孙权（日本神户市立博物馆藏，绘于 1687 年）

运渎的上游（后来的进香河，20 世纪 30 年代罗香林摄）

运渎在晚清的状况［澳大利亚图书馆藏，1898 年法国人方殿华（盖拉蒂）绘制的《江宁府城图》］

明朝后期，因居民侵占河道，运渎日益狭窄，仅通小船往来。

清朝嘉庆年间，曾经对运渎进行过疏浚。但是过了二十余年，河道又湮塞，常常造成城内闹水患。

清朝至民国时期，运渎状况更加糟糕，夏涨冬涸，浊水污秽。清末民初南京方志学家陈作霖《运渎桥道小志》称："仲谋创业，营建石头。仓谷转输，由淮入渎。粮艘万斛，廓其有容。今裁通舟，夏涨冬涸。民居迫束，流缓易淤。秽恶所倾，日积日甚。汲饮浊胃，职此之由。苟舍浚治，别无善策。"

二、河流现状

运渎河道地面上现基本无存，但是河道走向仍有踪迹可寻。

民国朱偰《金陵古迹图考》（商务印书馆1936年版）根据历代地方志文献记载推断："吴所凿运渎，盖发源后湖，由北水关入城，循北极阁前水道（今犹有遗迹可寻），绕今中央大学之西，过大石、莲花等五桥，径廊后街、相府营、香铺营、破布营、金銮巷（今日犹有遗迹）等陂池而至笪桥，西流出城，南流入淮。"

郭黎安《试论六朝时期的建业》（收入中国古都学会编：《中国古都研究》，浙江人民出版社1985年版）一文认为："我们可以推定运渎所经的大致路线是由今进香河路向南至莲花桥，然后向西傍中山路东、中山南路至内桥，再西折沿中秦淮至笪桥，经光华路注入秦淮河。"

据《南京市白下区志（1986～2005）》（方志出版社2011年版）记载："运渎系吴赤乌三年（240）御史郗俭开凿，自秦淮北抵仓城（后称苑

进香河路（运渎北端）与北京东路（潮沟西端）交界处

城、太仓）。有三源：南为主源，起自内秦淮河陡门桥，北流至红土桥，东流过红土桥，会青溪于内桥；西流经鼎新桥、仓巷桥、文津桥、望仙桥、张公桥、铁窗棂入外秦淮。二源为潮沟，三源为青溪，均为补运渎水之源。青溪是赤乌四年（241）开，为建业的东护城河。后来开的潮沟，也是从玄武湖为运渎补水之用。白下区运渎，自内桥往东，与青溪重合。"

我们根据史料记载，结合专家学者们的研究成果，推定运渎故道的位置大概是：由进香河路向南，经西仓桥、大石桥、红板桥、严家桥、莲花桥、廊后街、破布营、金銮巷至笪桥，折而南流，再经草桥、红土桥、斗门桥（陡门桥）注入秦淮河。

三、文献史料

唐朝许嵩《建康实录》卷二注云："案，建康宫城，即吴苑城，城内有仓，名曰苑仓，故开此渎，通转运于仓所，时人亦呼为仓城。晋咸和中，修苑城为宫，惟仓不毁，故名太仓，在西华门内道北。"

唐朝许嵩《建康实录》卷二注云："运渎旧有六桥：孝义，本名甓子桥。次南有杨烈桥，宋王僧达观斗鸡鸭处。次南出有西州桥，今县城东南角路东，出何后寺门。次南有高晔桥，建康西尉在此桥西，今延兴寺北路东度此桥。次南运渎临淮有一新桥，对禅灵渚渡，今之过淮水桥，名新桥，本名万岁桥。"

宋朝周应合《景定建康志》卷一九《山川志三·沟渎》："运渎，在上元县西北一里半。吴大帝赤乌三年，使左台侍御史郄俭监凿城，西南自秦淮，北抵仓城，通运于苑仓。今所凿城在西门近南，其水东行，过小新桥而南，经斗门桥流入秦淮。又东北过西虹桥，循宋行宫城西，迤逦向北，乃其故道。其自闪驾桥经天津桥

《景定建康志》中有关运渎的记载

运渎的一段（鸽子桥以西）

而东者，合于青溪。"

明朝陈沂《金陵古今图考·境内诸水图考》："自斗门桥西，北经乾道、太平诸桥，东连内桥，西连武卫桥者，运渎之故道也。"

明朝顾起元《客座赘语》卷九《城内外诸水》："留都自秦淮通行舟楫外，惟运渎与青溪、古城壕可容舴艋往来耳。然青溪自淮清桥入，至四象桥而阻。运渎自斗门桥入，西至铁窗棂，东亦至四象桥而阻。以其河身原狭，又民居侵占者多，亦为堙塞也。顷工部开浚青溪、运渎，其意甚羡，然此河之开塞，仅城中民家利搬运耳。"

明朝《万历应天府志》卷一五《山川志》："运渎，吴凿，引秦淮，抵仓城，以通运道。今自斗门桥南，引秦淮北流至北乾道桥，遂东经太平、景定至内桥，与青溪合，北经鼎新、崇道桥，又西连武卫桥，从铁窗棂出城。"

清朝《康熙江宁府志》（于成龙本）卷八《山川下》："运渎，吴凿，引秦淮抵仓城，以通运道。今自斗门桥南，引秦淮北流至北乾道桥，东经太平、景定至内桥，与青溪合，北经鼎新、崇道桥，又西连武卫桥，从铁窗棂出城。"

清朝《乾隆上元县志》卷四《山川》："运渎，《金陵志》：吴赤乌三年凿城，西南自秦淮，北抵仓城，以通运道。《金陵事实》：运渎引江水而成，旧有六桥跨其上，今自斗门桥北流至北乾道桥，遂东经太平、景定，至内桥与青溪合，北经鼎新、崇道桥，又西连武卫桥，自铁窗棂出城，水道虽存，久为民居积壤阻塞矣。"

清朝《道光上元县志》卷四《山川》："运渎，《金陵志》：吴赤乌三年凿城，西南自秦淮，北抵仓城，以通运道。《金陵事实》：运渎

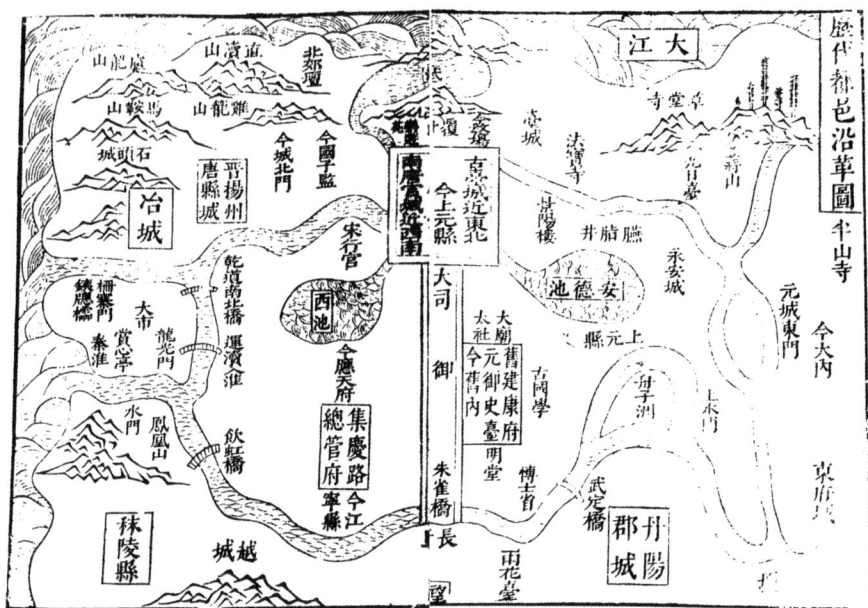

《历代都邑沿革图》中的运渎（明朝《南枢志》卷四六《形胜部·舆图考》）

引江水而成，旧有六桥跨其上，今自斗门桥北流至北乾道桥，遂东经太平、景定，至内桥与青溪合，北经鼎新、崇道桥，又西连武卫桥，自铁窗棂出城，水道虽存，久为民居积壤阻塞矣。嘉庆二十二年，盐巡道方体请于制府，率邑之绅士，自斗门桥至北乾道桥，东至内桥，西至铁窗棂，悉行疏决，始复旧道，可通舟楫，民甚优之。《建康实录》云，运渎在西州之东，又云潮沟西头现通运渎，乃知运渎所借乃潮沟水耳，今其道久湮，计在唐时此水犹在，故《实录》以为现通运渎。又考六朝之史，每连言石头仓城，则仓城必与石头相近，度其地正当在今汉西门内。沈休文《宋书》自序云，王父从宦京师，义熙十一年，高祖赐馆于建康都亭里之运巷。《建康志》引《世说叙录》，冶城在今运巷东旧里亭，俗呼为黄泥巷，夫巷名运巷，殆因运而后名，今由此巷稍南行，出则至望仙桥。道光四年，太守余霈元复以义赈余银，饬绅士浚之。"

清朝《同治上江两县志》卷四《考水》："运渎水在城西北隅，自笪桥西流迤望仙桥至铁窗棂出城。又自笪桥东流，至内桥与青溪合。又自笪桥西南流，过南北乾道桥，至斗门桥入于淮。"

清朝顾祖禹《读史方舆纪要》卷二〇《江南二·江宁县》："运渎，在上元县治西北。三国吴赤乌八年，发屯兵三万，凿句容中道，至云阳西城，以通吴会船舰，号破冈渎。又使都尉凿城，西南自秦淮，北抵仓城，以达吴越运船。盖引破冈渎逦方山埭接于秦淮，以避大江之险，又自秦淮而东北达于苑仓也。《金陵事实》：运渎引江水而成，在故台城西南。旧有六桥跨其上，五代以来久已堙塞。今三山门内斗门桥以北，近旧内城，东合青溪，又北折而西，从铁窗棂出城者，是其故迹也。吕氏志曰：古都城去秦淮既远，其漕运必资舟楫，而濠堑亦须灌注，故孙吴开运渎，凿潮沟，穿青溪，皆引水入城中，逦城北堑而入后湖也。自杨氏依淮为城，城之东堑皆通淮水，西南边江以为险，春夏积雨，淮水泛溢，城市往往被其害，至冬水涸，濠内往往干浅。议者谓宜于秦淮上下置闸，遇淮水暴涨则闭上流，令水自城外输泻入濠，以杀水势；冬间浅涸即闭下流，蓄以养濠堑。又城北地势高峻，濠水不过数尺，若据吴之旧，开潮沟以东引江水，开青溪以西引秦淮，萦绕城之北面，入于后湖，则城北濠堑，自然通快矣。"

清朝甘熙《白下琐言》卷七："自斗门桥北流至北乾道桥，东经笪桥、鸽子桥至内桥，与青溪合，北经鼎新、崇道，又西连武卫桥，至铁窗棂出城，古称栅寨门，为古运渎，凿于吴赤乌三年，乃自秦淮抵仓城之故道也，年久堙塞，堆积瓦砾，高如山阜……嘉庆丁丑，盐巡道方公体请于制府，率绅士兴工疏浚，三月告竣。旧道尽复，舟楫通焉，仅费万余金，民咸称便。然其地势较高，民居稠密，迄今二十余年，又复渐就淤塞。故近来城中屡遭水患，半因支河垫高，分泄处少使然。……有心地方者，若常加疏浚，则水有所分，出江捷近，不至停潴为患耳。"

清末民初陈作霖《运渎桥道小志》："运渎首受秦淮水，北流为支河。有桥跨其上，曰'斗门'。运渎水自斗门桥北流至红土桥，再北过草桥而西折焉。青溪水自内桥来会之，为运渎东源，西流过鸽子桥，羊市桥之水入焉。鸽子桥水西流至笪桥。笪桥水又西流，合草桥北出之水，为运渎正河，至于鼎新桥。运渎水自鼎新桥西流，历道济桥，至文津桥。运渎水自文津桥西流，至望仙桥，回龙桥之水入焉。运渎水自望仙桥迤西，南流过张公桥，出铁窗棂，入于外濠河。"

运渎桥道图（清末民初陈作霖《运渎桥道小志》）

四、诗词歌赋

运渎

（宋）朱存

舳舻衔尾日无虚，更凿都城引漕渠。

何事馁来贪雀谷，不知留得几年储。

——引自《景定建康志》，标题为笔者所加

运渎（嘉庆二年重浚）

周宝偀（月溪　上元）

南朝运渎旧通江，千载重流便客航。

晓月女儿歌荡桨，芙蓉争采向横塘。

——引自《秦淮志》

潮沟

　　潮沟又名城北堑、城北沟，是吴大帝孙权在南京城内开凿的一条重要人工河道。它北通玄武湖，将江潮引入南京城，故名潮沟。又因为位于建康宫城以北，故又名城北堑、城北沟。潮沟连通玄武湖，将南京城内的两大水系——秦淮河水系和金川河水系连为一体。

一、历史沿革

　　根据地质学资料和研究，史前时期的南京，古长江紧逼城西，城内有宽阔的古河道纵贯南北，两者之间又有水道相通，从而使得整个南京城区，除去雨花台、富贵山、九华山、北极阁、鼓楼岗、清凉山、狮子山等丘陵岗地外，几乎都为水体所浸没。九华山与北极阁之间原是秦淮

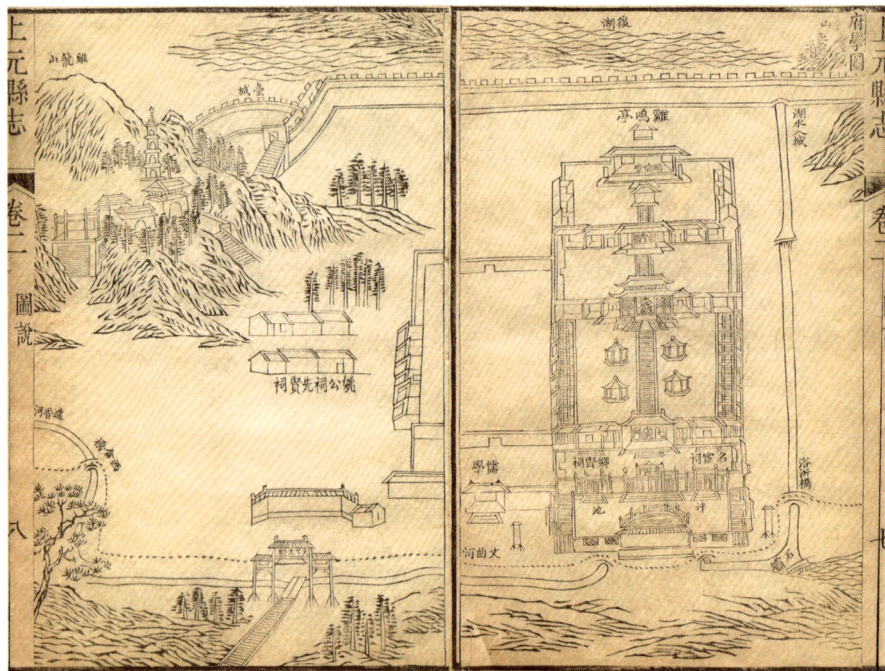

清朝江宁府学前的文曲河也是潮沟的一部分（《道光上元县志》）

河北上的水道，后来由于钟山及其余脉的隆起，这一水道才变成了陆地（石尚群、潘凤英、缪本正：《古代南京河道的变迁》）。据此我们推测，潮沟与玄武湖连接的通道应该在九华山与北极阁之间。

至于江潮的来源，因为六朝时的玄武湖是与长江相通的，其入江口在今金川门附近，所以潮沟和玄武湖水位的涨落必然要受到长江潮水的影响。

潮沟北通玄武湖；东连青溪，入秦淮河；西至仓城，与运渎相接。对此，宋朝周应合《景定建康志》卷一九《山川志三·沟渎》有一段描述："潮沟，吴大帝所开，以引江潮。接青溪，抵秦淮，西通运渎，北连后湖。"

整个六朝时期，潮沟都是建康城的一条重要水道，对于维持建康城内的水路运输和水量平衡起到了积极作用。

据史料记载，齐明帝因长期生病不愈，迷信风水，竟然听信巫师之言，认为是潮沟之水经过宫内所致，欲堵塞之。不久病死，潮沟通向玄武湖一段得以保存下来。

陈朝亡国后，隋朝对建康城"平荡耕垦"，昔日繁华的六朝都城沦

潮沟（今天的珍珠河北段市府桥至武庙闸）

潮沟的西支（今南京市委、市政府大院南侧）

为农田，潮沟也失去了往日的地位和作用。

隋唐时期，潮沟依然存在。

大约到了五代十国时期，潮沟大部分河道逐渐湮塞。

明朝时期，在潮沟北与玄武湖相接处，设置了铜管，并建武庙闸。

清朝时期，将潮沟之水，引入江宁府学（今市政府）前的泮池，再通过文曲河西流，与进香河重新连为一体。

二、河流现状

潮沟的河道位置，学术界看法不一。

民国朱偰《金陵古迹图考》（商务印书馆1936年版）："今珍珠河一带，并中央大学后之水道，其古潮沟之旧迹乎！"他认为，潮沟遗存的河道一条是珍珠河；另一条是"中央大学后之水道"，即今天东南大学北、鸡笼山前的水道，现已经成为暗沟。

郭黎安《试论六朝时期的建业》一文认为："潮沟水分两派：一派沿鸡笼山南麓西行通运渎，一派沿覆舟山南麓东行接青溪。"

我们根据史料记载，结合专家学者们的研究成果，推定潮沟的河道位置如下：

潮沟北与玄武湖相连、南与城北渠（珍珠河）相接的一段河道，即武庙闸至市府桥之间的河道，至今仍然保存完好，如今，也被称作珍珠河。其位置在北京东路41号、43号中共南京市委、南京市人民政府、南京市人大常委会和政协南京市委员会大院与和平公园的东部。

潮沟东连青溪的河道，即东段河道如今已荡然无存，我们根据历史资料记载，覆舟山（今小九华山）南曾经有过潮沟村，推测东段河道大致在小九华山南麓的北京东路一线。

潮沟西接运渎的河道，即西段河道，大致沿北极阁南麓至进香河路（路面下为进香河）北端，与运渎（今进香河）相接。

三、文献史料

梁朝萧子显《南齐书》卷六《明帝纪》："（明帝）性猜忌多虑，故亟行诛戮。……巫觋云：'后湖水头经过宫内，致帝有疾。'……帝决意塞之，欲南引淮流。会崩，事寝。"

唐朝许嵩《建康实录》卷二注云："潮沟亦帝所开，以引江潮，其旧迹在天宝寺后，长寿寺前。东发青溪，西行经都古承明、广莫、大夏等三门外，西极都城墙，对今归善寺西南角，南出经闾阖、西明等二门，接运渎，在西州之东南流入秦淮。其北又开一渎，在归善寺东，经栖玄寺门，北至后湖，以引湖水，至今俗为运渎。其实古城西南行者是运渎，自归善寺门前东出至青溪者，名曰潮沟。其沟东头，今已湮塞，才有处所，西头则见通运渎，北转至后湖。"

宋朝李昉《太平御览》卷一七五引《建康宫殿簿》："林光殿，在县东北十里潮沟村覆舟山前，晋以为药园。"

宋朝周应合《景定建康志》卷一九《山川志三·沟渎》："潮沟，吴大帝所开，以引江潮。接青溪，抵秦淮，西通运渎，北连后湖。其旧迹，在天宝寺后。天宝寺故基，在今城东北角外更西一里，长寿寺前。事迹：《实录》云：潮沟东发青溪，西行经古承明、广莫、大夏等三门外，西极都城墙，对今归善寺西南角南出。归善寺故基，在今城北鸡笼山东。经闾阖、西明二门，接运渎，在西州之东，今笪桥西，南流入秦淮，乾道南北桥河是也。其北又开一渎，经栖元寺门。栖元寺，在覆舟山西南，鸡笼山东北。至后湖，以引湖水，至今俗亦呼为运渎。其实古城西南行者是运渎，自归善寺门前，东出至青溪者，名曰潮沟。其沟东头已堙塞，才有处所，西头则见通运渎。《京都记》：京师鼎族在潮沟北。石迈《古迹编》曰：按：《建康实录》所载，皆唐事，距今数百年，其沟日以堙塞，未详所在。今城东门外，西抵城濠，东出曲折，当报宁寺之前，亦名潮沟。此今世所开，非古潮沟也。按：徐铉有《和钟大监泛舟诗》云：潮沟横趣北山阿。张忠定公亦有诗云：潮沟一面已生蒲。则是南唐及宋初，潮沟古迹犹在也。《东南利便书》曰：古城向北，秦淮既远，其漕运必资舟楫，而濠堑必须水灌注，故孙权时引秦淮，名运渎，以入仓城。开潮沟以引江水，又开渎以引后湖，又凿东渠，名青溪，皆入城中，由城北堑而入后湖，此其大略也。自杨溥夹淮立城，其城之东堑皆通淮水，其西南边江以为险。然春夏积雨，淮水泛溢，城中皆被其害。及盛冬水涸，河流往往干浅。"

元朝张铉《至正金陵新志》卷五《山川志·沟渎》："潮沟，吴大

玄武湖南侧城墙下的武庙闸

今南京市政协（原清朝江宁府学）前的泮池

帝所开，以引潮，接青溪，抵秦淮，西通运渎，北连后湖。其旧迹在天宝寺前。天宝寺故基，在今城东北角外西一里，长寿寺前。《实录》云：潮沟东发青溪，西行经古承明、广莫、大夏等三门外，西极都城墙，对今归善寺西南角南出。归善寺故基，在今城北鸡笼山东。经阊阖、西明二门，接运渎，在西州之东，今笪桥西。南流入秦淮，乾道南北桥河是也。其北又开一渎，经栖玄寺门。寺在覆舟山西南，鸡笼山东北。至后湖，以引湖水，至今俗亦呼为运渎，其实古城西南

行者。运渎自归善寺门前，东出至青溪者，名曰潮沟，其沟东头已堙塞，才有处所，西头则见通运渎。石迈《古迹编》曰：按：《建康实录》所载，皆唐事，距今数百年，其沟日以堙塞，未详所在。今城东门外，西抵城壕，东出曲折，当报宁寺之前，亦名潮沟。此今世所开，非古潮沟也。按：徐铉有《和钟大监泛舟诗》云：潮沟横趣北山阿。张忠定亦有诗云：潮沟一面已生蒲。则是南唐及宋初，潮沟古迹犹在也。《东南利便书》曰：古城向北，秦淮既远，其漕运必资舟楫，而濠堑必须水灌注，故孙权时引秦淮，名运渎，以入仓城。开潮沟以引江水，又开渎以引后湖，又凿东渠，名青溪，皆入城中，由城北堑而入后湖，此其大略也。自杨溥夹淮立城，其城之东堑皆通淮水，其西南边江以为险。然春夏积雨，淮水泛溢，城中皆被其害。及盛冬水涸，河流往往干浅。宋隆兴二年，张孝祥知府事，奏秦淮流经府城正河，自镇淮新桥入江，其分派为青溪，自天津桥出栅寨门入江。栅寨门近地属有力者，因筑断青溪水口，创为花圃，

为游人玩赏之地，每久雨水暴至，则正河不能急泄水势，于是泛滥，城内居民被害，今欲复通栅寨门，使青溪径直入江，则城内永无水患。及汪澈继孝祥知府，诏澈指定以闻，澈言开西园古河道通栅寨门，尤便从之。戚氏云：秦淮水源甚远，小川流入者众，又古来贮水湖衍，后世筑为圩田日多，每夏雨暴至，江湖复涌，水即泛溢，皆经流城内一河入江，自源及委所过，不计几桥，凡过一桥，必为木石岸堰束扼，及居民筑土侵狭河道，故水失其常，横流弗顺，是以必资栅寨门河及长干桥下河分泄其势。其关于国赋民食者，非轻，如云通便舟楫特是小事，自前如孝祥所言止谓城内被水，然多不过数日即退，其害亦轻，若观乡外圩田，则始见其害可畏尔。上元、江宁、溧水多赖圩田，农民生计居处，皆在圩中，每遇水至，则举村阖社日夜并力守圩，辛苦狼狈于淤泥之中，如御大寇，幸而雨不连降，风不涌浪，可以苟全一岁之计，其或坏决，则水注圩中，平陆良田顷刻变为江湖，农民颠沛流离，哭声满野，挈舟结筏，走避他处，国赋民食，两皆失之，是皆水不安流之故尔。至元五年己卯，行台大夫忽刺哈赤令有司开浚天津桥下古沟，东起青溪，西抵栅寨门，至石头城下，水道复通，公私便之。"

明朝《万历应天府志》卷一五《山川志》："潮沟，吴凿，以引江潮，东接青溪，南抵秦淮，西通运渎，北连玄武湖。按《实录》云：潮沟东发青溪，西行经古承明、广莫、大夏等门，则今十八卫处也。西极都城墙，对归善寺西南角，南出则今鸡笼山东也，经闾阖、西明门接运渎，则今笪桥西北也。据后湖，水经大内城下流入竹桥者，殆其故迹。"

清朝《康熙江宁府志》（于成龙本）卷八《山川下》："潮沟，吴凿，以引江潮，东接青溪，南抵秦淮，西通运渎，北连元武湖。按《建康实录》云：潮沟东发青溪，西行经古承明、广莫、大夏等门，则今十八卫处也。西极都城墙，对归善寺西南角，则今鸡笼山东也，经闾阖、西明门，接运渎，则今笪桥西北也。据后湖，水经旧内城下流入竹桥者，殆其故迹。"

清朝顾祖禹《读史方舆纪要》卷二〇《江南二·江宁县》："潮沟，上元县西四里。吴赤乌中所凿。引江潮，抵青溪，接秦淮水，西通运渎，北连后湖。陈霸先与齐兵相持于覆舟山，会大雨，齐军坐立泥中，而台中及潮沟北路燥，齐兵大困是也。五代时废。今自青溪而西，抵鸡笼山以东南，是其故址。"

清朝《道光上元县志》卷四《山川》："潮沟，在县西四里，吴赤乌中所凿，引江潮东抵青溪，南接秦淮，西通运渎，北连后湖，今自府学旁北水关入城，合于杨吴城濠之水。潮沟疑即珍珠河，考之史志，并及今形势，证有数端。《建康志》云：潮沟，吴大帝所开，以引江潮。其时江至石城，当由今干河沿北通后湖，故史晋宋时，皆有于湖肄舟师之事。潮沟名引江潮而实通湖水，今珍珠河正由北水关引后湖水入城，其证一。《建康实录》云：吴赤乌四年冬十一月，诏凿东渠，名青溪，通城北堑潮沟。今珍珠河入自北水关，于六朝略当为北堑，其证二。又《实录》云：吴宝鼎二年，开城北渠引后湖水，流入新宫，巡绕殿堂。按：青溪、潮沟二水皆在宫城之外，故志引《京都记》，京师鼎族在潮沟北。又《梁书》朱异家列宅自青溪至潮沟也。宝鼎开渠，引入新宫，然则潮沟入宫实始于宝鼎，至陈人乃有珍珠河之号耳，其证三。又《实录》云：潮沟东发青溪，西行经古承明、广莫、大夏等三门，西极都城墙，对今归善寺西南角南出，又云其北又开一渎，经栖元寺门至后湖，以引湖水，至今俗亦呼运渎。其实古城西南行者是运渎，自归善寺门东出至青溪者，

潮沟（今南京市委、市政府大院内）

078

名曰潮沟，按《实录》所云，虽不可尽晓，而其言潮沟大抵出于后湖，循宫城而下接青溪，略如今珍珠河之路，其证四。又《实录》云：潮沟接运渎，在西州之东。按《建康志》所言，珍珠河在宋时路正如此，其证五。自杨吴及明祖筑城，此水之西流者尽断，而自北水关至浮桥，其水故道犹可见焉。"

清朝《同治上江两县志》卷四《考水》："（潮沟）导源元武湖，自今武庙东北铜管穴城入，沟上有朱异、伏挺诸宅，见《建康志》，又有梁王旧园，徐楚金有《梁王旧园》诗云'梁王旧馆枕潮沟'是也。徐铉《北苑侍宴赋》序云：泛潮沟之清浅，流作恩波。又张咏诗云'潮沟一面已生蒲'，沟在南唐、北宋时犹著矣。"

清朝陈文述《秣陵集·孙吴都建业图考》："盖潮沟之水分两派：一由城外入青溪，《志》所谓凿东渠通北堑者是也；一由宫中通运渎，《实录》所云开城北渠引后湖水流入新宫，《齐书》所云后湖水头经过宫内是也。今其道久湮，计在唐时此水犹在，故《实录》以为现通运渎，则上游瞭然矣。"

四、诗词歌赋

潮沟

（宋）朱存

流水东西傍帝台，六朝重为两朝开。

曾看鹢首知高下，莫问鱼皮识去来。

笔者按：标题为笔者所加。

潮沟

（宋）马之纯

潮沟沟外尽深泥，泥上潮生沟却低。

直向北行连运渎，折从东去入青溪。

空中不断樯乌过，岸上相望瓦翼齐。

好是画桥深北处，荷花盈荡柳垂堤。

笔者按：标题为笔者所加。

城北渠

城北渠，因沟通宫城与城北的水道，故名。它是吴后主孙皓在位时期开凿的一条人工河道。相传陈后主在宫内泛舟遇雨，水生浮沤，宫人指曰："满河珍珠也。"因而命名珍珠河。

一、历史沿革

吴后主宝鼎二年（267），孙皓在孙权修建的皇宫——太初宫的东面，修建了一座规模更大、功能更全、装饰更加豪华的宫殿——昭明宫，宫内亭台楼阁、假山奇石应有尽有。为了满足自己穷奢极欲的生活，他除了用珠宝玉石装点亭台楼阁之外，还雕梁画栋，同时下令开凿城北渠，连通潮沟，将玄武湖之水引入宫内，环绕在殿堂周围，营造出一派皇家园林的气息。

好景不长。280年，孙吴灭于西晋。589年隋灭陈后，六朝宫城也随之化为废墟，但城北渠一直流淌至今。

需要指出的是，城北渠（珍珠河）开凿于吴后主孙皓时期，潮沟（城北堑、城北沟）开凿于吴大帝孙权时期，两者不能混为一谈。城北渠的主要功能是满足帝王的奢靡生活，没有实用价值；而潮沟则兼有防御、运输和水利功能。

清代，珍珠河以"珍珠浪涌"被列为"金陵四十八景"之一。

陈后主陈叔宝

二、河流现状

城北渠是潮沟通向昭明宫内的一段河流。

郭黎安《试论六朝时期的建业》一文认为："从地貌上看，这一带

珍珠浪涌（清朝徐藻《金陵四十八景》）

除潮沟外，再无别处可另开一渠通玄武湖，所以笔者认为它就是由潮沟向南延伸的珍珠河，位置在昭明宫东北的苑城内。"

如今，城北渠（北京东路涵至杨吴城濠）与潮沟（武庙闸至北京东路涵）遗留部分合称为珍珠河，仍是南京城内的一条重要水道。这条水道起自武庙闸，经南京市政府大院，过北京东路涵、珍珠桥、文昌桥、珠江路桥，入内秦淮北段（杨吴城濠），长1474米，河面宽10—20米。

珍珠河与珍珠桥

据《南京市政建设志》记载，珍珠河，自武庙闸至珠江路入

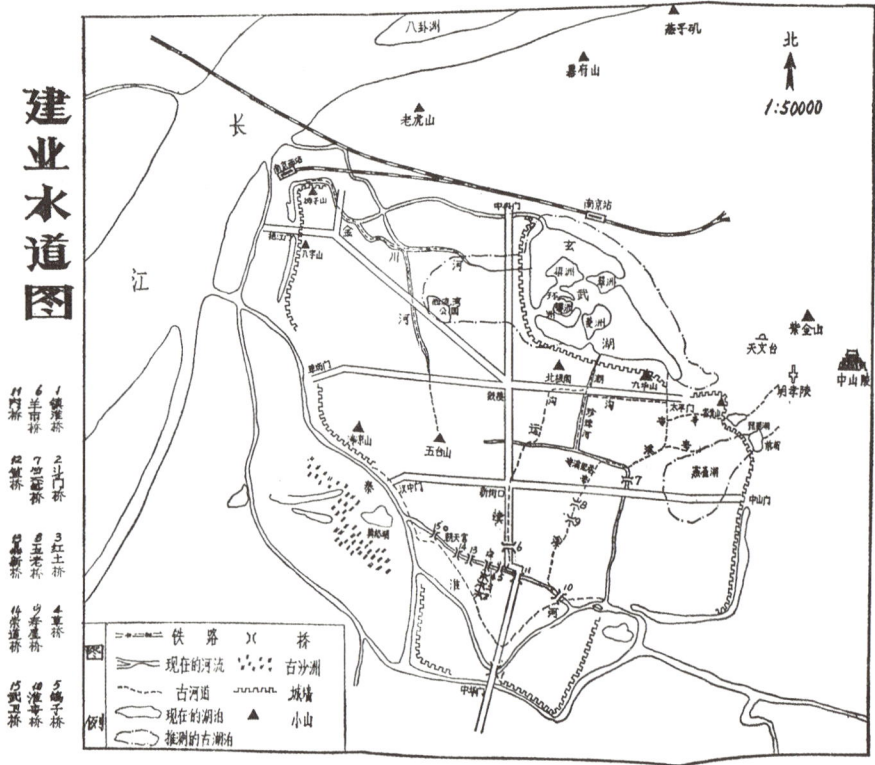

《建业水道图》中的珍珠河（郭黎安《试论六朝时期的建业》）

珍珠河

珍珠河与杨吴城濠交汇处

内秦淮河北段，1979至1982年全线疏浚完成土方2.9万立方米，砌筑复合式块石驳岸2948米。定期自武庙闸放水冲洗城内河道。河岸建珍珠画廊、游乐园、花圃等绿化小品。

经实地考察，珍珠河目前保存完好。经过综合整治，河水清洁，河床整洁，周边环境美观。

三、文献史料

唐朝许嵩《建康实录》卷四：吴后主孙皓宝鼎二年（267），"起新宫于太初之东，制度尤广，二千石已下皆自入山督摄伐木。又攘诸营地，大开苑囿，起土山作楼观，加饰珠玉，制以奇石，左弯崎，右临硎。又开城北渠，引后湖水激流入宫内，巡绕堂殿，穷极伎巧，功费万倍"。同书注云："案，《舆地志》：太祖凿城北沟，北接玄武湖，后主所引湖内水，并解在前巷。"

宋朝周应合《景定建康志》卷一九《山川志三·河港》："珍珠河，在宋行宫后。事迹：乃昔陈后主泛舟游乐之河，忽遇雨，浮沤生，宫人指浮沤曰：'满河珍珠。'因而名焉。此河通护龙河，至太平桥西分两派：一派出栅寨门，一派出秦淮。至嘉定间，李尚书珏开浚以泄霖涨，见水底有大枋板，乃止。"

元朝张铉《至正金陵新志》卷五《山川志·河港》："珍珠河，在宋行宫后，乃昔陈后主泛舟乐游之河，忽遇雨，浮沤生，宫人指浮沤曰：'满河珍珠。'因名焉。此河通护龙河，至太平桥西分两派：一派出栅寨门，一派出秦淮。宋嘉定间，李珏开浚，以泄霖涨，见水底有大枋板，乃止。今埋塞殆尽，阔处犹五丈。戚氏云：前志及史传不见所起，疑即运渎之旧。"

明朝黄佐《南雍志·规制考》卷八："珍珠河乃陈后主与后宫泛舟处。宫人

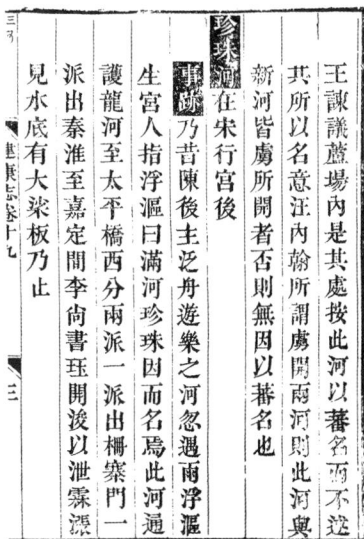

《景定建康志》有关珍珠河的记载

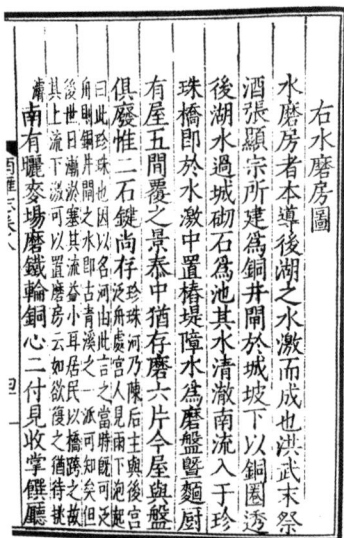

明朝《南雍志》有关珍珠河的记载

见雨下泡起，曰：'此珍珠也。'因以名河。由此言之，当时既可泛舟，则铜井闸之水，即古青溪之一派可知矣。"

清朝《康熙江宁府志》（于成龙本）卷八《山川下》："珍珠河，宋行宫后，今成贤街南。《金陵志》云：陈后主泛舟遇雨，水生浮沤，宫人指为珍珠，故名。通护龙河，至太平桥西分两派，一出栅寨门，一出秦淮。戚氏云：前志及史传不见所起，疑即运渎也。今自元武湖绕国子监号房后，达珍珠桥者为是，大抵潮沟、珍珠河二水皆引元武湖合于秦淮，后南唐筑城，遂绝其流，今惟存西北一带云。"

清朝《同治上江两县志》卷四《考水》："《建康志》：陈后主泛舟遇雨，水生浮沤，宫人指曰：'满河珍珠也。'因名。"

清朝陈文述《秣陵集》卷四《珍珠河是陈后主宫人雨中泛舟处》："珍珠河，宫中河也。雨中宫人泛舟，见浮沤，呼曰：'满河珍珠。'因名河。即孙吴所开潮沟，详见《图经辨证》。今自太平门北水关入城，经土桥、珍珠桥至浮桥，合于杨吴城濠之水，西转至竹桥，青溪之水入焉。又西过复成桥，明御河之水入焉。又西过大中桥至东水关，与淮水合。作《建康志》者，分为二水，误也。自杨吴及明初筑城，此水之西流者尽断；而自北水关至浮桥，其故道居然可见，第水涸竭耳。"

清朝陈文述《秣陵集·孙吴都建业图考》："至潮沟，当即陈之珍珠河。《建康志》云：潮沟，吴大帝所开，以引江潮。考六朝时江水，当由卢龙山畔通后湖，故《晋书》《南史》皆有于湖肄舟师阅水军之事。潮沟名引江潮而实通湖水。今珍珠河，正由北水关引后湖水入城。又以青溪通城北堑、潮沟之说证之，今珍珠河入自北水关，于六朝略当北堑。又《实录》云：吴宝鼎二年，开城北渠引后湖水，流入新宫。然则潮沟入宫，实自宝鼎。至陈，乃有珍珠河之号耳。"

清朝徐藻《金陵四十八景·珍珠浪涌》："桥在宋行宫后，今成贤街。陈后主泛舟于此。虽年湮代远，而新水如油，远山似黛，犹令人低徊不置。"

四、诗词歌赋

珍珠河是陈后主宫人雨中泛舟处（三首）

（清）陈文述

（一）

三阁萧条六代荒，一河流水尚斜阳。

影娥遗事分明记，花落兰舟梦雨凉。

（二）

璧月琼枝事有无，青头鸡散冷烟芜。

只令春雨兰珊夜，犹唱新声一斛珠。

（三）

十斛明珠散不收，一江春水向东流。

我来系棹吟罗袜，又是潇潇暮雨秋。

珍珠河

（清）王友亮

在府学侧，陈后主雨中泛舟，宫人见浮沤，呼以珍珠，故名。

雨过一溪沤点，恰如万颗珠圆。

风定荷盘密贮，潮平苻带斜穿。

应从汉女解佩，好与江妃缀钿。

兰舟梦断何处，荡漾空随暮烟。

珍珠浪涌

（清）汤濂

桥在宋行宫后，今成贤街，陈后主泛舟于此。

白纻舞回风，锦浪打柔橹。

衣上溅珍珠，谁惜风流主。

破岗渎

破岗渎（破冈渎），一名破墩渎，又名柏冈、破岭，是南京历史上最早的越岭运河。位于南京市江宁区和镇江市的句容市境内，沟通秦淮河与太湖水系。它是六朝都城建康（今南京）与三吴地区（吴、吴兴、会稽，今苏州、湖州和绍兴，即太湖流域和浙东地区）水上交通的生命线。

一、历史沿革

公元229年春，孙权定都武昌（今湖北鄂城），同年秋天，将都城从武昌迁到建业（今江苏南京）。孙吴迁都建业，主要是出于政治需要和军事目的，定都建业以后，经济方面的困难便接踵而至，建业周边的既有农业根本无法满足都城的巨大消费需求。为解决军粮和民食问题，孙吴首先在建业东部相对落后的胡孰（今江宁区湖熟）、江乘（今栖霞区栖霞山附近）两地设典农都尉，专事屯田。以后，屯田范围进一步扩大，先后在于湖（治今安徽当涂）设督农校尉，在溧阳（治今江苏溧阳西南）设屯田都尉，又在更东的毗陵（治今江苏常州）设置典农校尉，屯田区域不断扩大。（张学锋：《六朝建康都城圈的东方——以破冈渎的探讨为中心》）

尽管如此，孙吴军国所需，基本上主要仰仗三吴地区供应，故三吴地区被视为根本所在（周一良：《魏晋南北朝史札记》，中华书局1985年版）。其中会稽（今浙江绍兴）是三吴地区的腹心所在（田余庆：《东晋门阀政治》，北京大学出版社1989年版）。然而建业（今南京）与三吴地区之间陆上隔着汤山和茅山，交通不便。在开凿破岗渎之前，三吴地区的物资，特别是会稽郡的物资，都是用船经过始凿于秦代的江南运河运抵京口（今镇江），然后离开镇江进入长江，逆流数百里运到建业。六朝时期长江的入海口在京口一带，长江风大浪急，小船进入长江常常要冒船毁人亡的风险，与此同时，水运绕道京口，路途遥远。孙权在公元229年定都建业后，鉴于军屯也无法满足都城的巨大物资需要，于是自赤乌八年（245）八月，开始开凿人工运河——破岗渎。

关于破岗渎开凿的最早记载，见于晋朝陈寿《三国志》卷四七《吴书·吴主孙权传》赤乌八年（245）八月条：

> 使校尉陈勋将屯田及作士三万人，凿句容中道，自小其至云阳西城，通会市，作邸阁。

唐朝许嵩《建康实录》卷二《太祖下》记载更为详细：

> （赤乌八年）八月……使校尉陈勋作屯田，发屯兵三万凿句容中道，至云阳西城，以通吴、会船舰，号破岗渎，上下一十四埭，通会市，作邸阁。仍于方山南截淮立埭，号曰方山埭，今在县东南七十里。案，其渎在句容东南二十五里，上七埭入延陵界，下七埭入江宁界。

主持破岗渎工程的官员是"校尉陈勋"，对于陈勋，史料中没有更多的记载，我们只能推测他是一名屯田官。孙吴的屯田官有典农都尉、督农校尉、屯田都尉、典农校尉等称呼，陈勋应该就属于其中的屯田校尉。当时动用了"屯田及作士三万人"，也就是说，动用了三万屯田兵和工匠。至于破岗渎何时竣工，历史文献中没有明确的记载，我们认为其竣工的时间应该在吴大帝孙权在位期间。

破岗渎中的"句容中道——自小其至云阳西城"，据魏嵩山《破岗渎与上容的兴废及其原因》一文考证："古云阳西城或即今句容县南唐庄。……小其，弘治《句容县志》卷一作村名，列属县东句容乡；清光绪续纂《句容县志》附图仍绘有基地，作小祈村，在句容县城东南二十许里水南村之东，正临二圣桥水东源河畔。"

严俊妹《六朝漕运破冈渎》一文认为："破冈渎东经城墙、吕坊寺、南唐庄入丹徒境内的宝堰镇，为上七埭，接通济河、简渎河，经延陵镇直达丹阳县城南入南运河；西经鼍龙庙、毕墟、何庄庙、小其、淤乡等村为下七埭，顺二圣桥水入赤山湖，经湖西柏冈埭接秦淮河，又经方山埭北抵南京市入于长江。"（翟忠华主编：《句容掌故》，江苏人民出

六朝破冈渎路线示意图（张学锋《六朝建康都城圈的东方——以破冈渎的探讨为中心》）

版社 2013 年 12 月版）

　　张学锋《六朝建康都城圈的东方——以破冈渎的探讨为中心》一文认为："小其"是破冈渎在句容境内的起点，在今句容县东南的西塘庄至任巷、城墙村所在的春城社区之间，这一带正是往东进入茅山北麓高亢地势的起点。"云阳西城"是破冈渎的东端。云阳即今镇江丹阳市延陵镇。延陵镇西九里村南尚有一村名"旧县村"，因此，今九里村、旧县村一带应是云阳西城所在地。

　　由于破岗渎穿越"句容中道"的茅山丘陵，中间为高岗地带，东西两头地势低下，因此，在运河上下修建了十四座埭——即 14 个拦河水坝，在埭与埭之间的河道储存足够的水量，确保船只得以顺利航行。上七埭在延陵界，下七埭在江宁界，形成梯级航道，以克服不同高低河段和不同季节河流水位带来的问题。为了船只能顺利地过埭，埭的两侧筑成较缓的坡状，顶部呈圆弧状，船只过埭时需要人力或畜力牵引，以使船舶能够翻山越岭。据北宋熙宁五年至六年（1072—1073）在中国游历的日本僧人成寻《参天台五台山记》（花山文艺出版社 2004 年 1 月版）记载："九月八日，到奔牛堰宿，九日天晴，卯时越堰，左右各有辘轳五，以水牛十六头，左右各八头。""九月十二日，到瓜州堰宿……十三日卯时越堰，牛二十二头，左右各十一，牵船过堰。"成寻日记中记述的畜力牵引常州奔牛堰和瓜州堰的景象，是破岗渎船只过埭的一个真实写照。不难想见，破岗渎工程之浩大，水利设施之先进，是南京历史上任何一条运河所无法比拟的，堪称南京古代运河工程之最。

这条水道从孙吴都城建业，经方山、句容，穿越太湖直达浙东的绍兴，直接沟通了建业与三吴（太湖流域和浙东地区）之间的水路交通，使三吴地区的物资不需经过京口而直接运到建业，避免了因长江风浪造成的漕运损失，确保都城建业的物资供给。从此，六朝都城建康"舟车便利，无艰阻之虞；田野沃饶，有转输之籍……进可以战，退足以守"（《建康实录》卷二）。

破岗渎由于地位显要，在史籍中屡屡出现，例如：

《世说新语校笺》卷中《规箴第十》："闻贺司空出，至破冈。"

《宋书》卷四《少帝纪》和卷四三《徐羡之传》均谓宋少帝在华林园中开渎聚土，以像破岗渎，率左右引船唱呼，以为欢乐。

《宋书》卷八三《吴喜传》："而自破冈以东至海十郡，无不清荡。"

《宋书》卷八四《孔觊传》："诸将帅咸劝退保破冈。其日大寒，风雪甚猛，塘埭决坏，众无固心。"

《南齐书》卷四〇《武十七王传》："破岗水逆，商旅半引，逼令到下，先过己船。"

《梁书》卷二二《太祖五王传》："时三吴多乱，高祖命出顿破岗。"

《隋书》卷二四《食货志》："（梁时）自破岭以东，八十为百，名曰东钱。"

南朝刘宋时期的著名山水诗人谢灵运（385—433）于永初三年（422）出任永嘉太守，当时众人将他送到方山，由破岗渎前往浙江永嘉就职。当船要趁着潮水解缆出发的时候，他与邻里亲友依依不舍，随后写下了《邻里相送至方山》一诗。

孙权之父孙坚的高陵在丹阳县西十五里吴陵港口（《建康实录》及《光绪丹阳县志》卷一二《陵墓》）。孙权晚年曾于太元元年（251）"冬十一月，幸曲阿，祭高陵"，此时破岗渎已经开通数年。或许正是得益于破岗渎东延线的迂回北折，年届古稀的孙权才得以前往曲阿祭陵。

齐、梁两代帝陵均在丹阳。齐高帝萧道成、梁武帝萧衍等齐梁皇帝在南京死后，他们的梓宫（皇帝的棺椁）和陵墓前的神道石刻都经由破岗渎转运到丹阳陵口，然后上岸，运至墓地；齐梁王朝帝王将相和王公大臣谒陵也是经由破岗渎，前往丹阳。梁武帝在耄耋之年前往故里兰陵东城里谒陵，同样也得益于破岗渎。《景定建康志》卷一六《疆域志二·堰埭》云："故梁朝四时遣公卿行陵，乘舴艋自方山至云阳。"这里的方山指的就是方山埭。

方山埭位于句容河与溧水河合流进入秦淮河主干道的地方，是破岗渎的起点，也是破岗渎沿线最重要的一座水坝和码头，同时是六朝时期南京东南郊的军事要冲。

《宋书》卷九九《二凶传·刘劭》："劭遣人……决破柏岗、方山埭，以绝东军。"说的是刘宋元嘉三十年（453），废帝刘劭为抵抗武陵王军队的进攻，决开方山埭，使埭中无水，船只无法航行。

六朝时期的南京，设有两大"海关"，一是南京城西秦淮河入江口的"石头津"，一是南京城东南破岗渎起点方山埭附近的"方山津"，分别配备有"津主一人，贼曹一人，直水五人"，负责检察禁物及作奸犯科之人。《隋书》卷二四《食货志》载："晋自过江，凡货卖

句容河与溧水河合流处的秦淮河主干道，当年的"海关"——方山津就位于附近

奴婢马牛田宅，有文券，率钱一万，输估四百入官，卖者三百，买者一百。无文券者，随物所堪，亦百分收四，名为散估。历宋齐梁陈，如此以为常。以此人竞商贩，不为田业，故使均输，欲为惩励。虽以此为辞，其实利在侵削。又都西有石头津，东有方山津，各置津主一人，贼曹一人，直水五人，以检察禁物及亡叛者。其荻炭鱼薪之类过津者，并十分税一以入官。其东路无禁货，故方山津检察甚简。"相比较而言，方山津的过关检察要比石头津简单得多。

方山脚下可能是六朝破岗渎的出发地

破岗渎作为交通路线，所发挥的作用远远超出了经济意义的范畴，在政治上、军事上都具有不可估量的意义。田余庆先生《东晋门阀政治》一书认为："破岗渎作为交通路线，政治意义大于经济意义，只能起辅助作用。建康、会稽间真正的转输枢纽，仍然是京口。"这一论断未免失察。

南朝梁武帝在位时期（502—549），为避太子萧纲讳，改破岗渎为破墩渎，废弃不用，另凿上容渎取而代之。陈武帝即位后，埋塞上容渎，重新疏通破岗渎。

隋灭陈后，为了消除建康的王气，除了将延续了三百多年的六朝建康城"平荡耕垦"外，还采取了釜底抽薪的措施，下诏废除破岗渎和上容渎。随着破岗渎和上容渎的停止使用，建康的经济命脉被掐断，这座都城的衰落也就势在必然了。

此外，隋代的南京不再是都城，破岗渎也就失去了为都城运输物资的漕运功能。由于破岗渎的航行要比想象得艰难得多，所以，当隋朝重新疏通大运河中的江南运河后，破岗渎也就彻底失去了其利用的价值。

关于破岗渎的地位、作用和历史意义，朱偰先生在《中国运河史料选辑》中有一段比较全面客观的评价："破岗渎沟通建康和太湖流域，航道直通苏州、绍兴。第一，建康因为和太湖流域直接通航，交通运输发展，成为南朝的首都。第二，六朝的时候，既可由破岗渎直达吴、会，所以方山以上，遂成交通要道，齐、梁两代，陵寝都在丹阳，王公大人，要到丹阳去谒陵，都坐船由方山出发；但是方山以东，岗岭相属，所以有十四埭以节水流。第三，这条运河的东段（从丹阳到苏州、绍兴），实为隋代江南运河的起源，关系大运河的历史尤为重要。"

二、河流现状

因破岗渎在六朝灭亡后就已湮塞，所以，今天已经无法确认这条人工河道的故道。专家们对于破岗渎的河道位置，看法不一。

复旦大学魏嵩山教授《破岗渎与上容的兴废及其原因》一文认为，破岗渎故道是："茅山北麓春城（城墙）附近，自此东出顺香河而上，经南唐庄至宝堰镇，复东南抵延陵镇，转东北由简渎河直达丹阳县城南江南运河；自此而西则顺二圣桥水入赤山湖，复由南河西注秦淮河，北抵南京市入于长江。"

江宁区方山西北村

南京文史专家王引《六朝时期的方山埭与"破岗渎"》一文认为："句容中道连接淮水一段，以方山埭为起点，中间经过龙都（古称泉都）、湖熟、杜桂、赤山湖，上溯句容中道与'破岗渎'相连接。破岗渎全长30多华里，主要自句容小其至云阳西城，中经何庄庙、毕墟村、鼋龙庙、吕坊寺直至今丹徒宝埝镇，它东注香草河，西入句容南河达秦淮。"

南京大学张学锋教授《六朝建康都城圈的东方——以破冈渎的探讨为中心》一文认为，破冈渎故道是："从都城建业东南方山脚下截秦淮河北源支流建埭，抬高水位，船

破岗渎的起点。右为溧水河，左为句容河（从秦淮河大桥塔楼上拍摄）

行往东，利用南部绛岩等山汇水形成的赤山塘补充水量，东偏北行至秦淮河水系与太湖水系的分水岭（茅山北麓高地），开岭破冈，沿途筑埭，直出属于太湖水系的云阳西城。""经当代改造以前的香草河，源自茅山北麓诸水，经丹徒宝堰流经九里村（按：云阳西城），西北行至丹阳，在丹阳城南接纳简渎水后往东汇入江南运河。""经破冈渎往东的船只，到了云阳西城后可入西云阳渎，借水势往北直驱曲阿（丹阳），而东郡来船，则借东云阳渎水南流之势往云阳东城，经东西二城之间的运渎抵达西城，进入破冈渎。"

句容境内的二圣水库

二圣水库旁的西小溪村（小其）

句容春城破岗渎遗址

2018 年 6 月 16 日，我们经过实地调查，发现破岗渎仅仅在句容春城还保留明显的地面遗存，其他地段或仅留地名，或踪迹难寻。鉴于破岗渎在南京历史上乃至中国历史上曾经发挥过的重要作用，我们建议组织相关历史、地理、水文和考古方面的专家，对破岗渎这条影响南京六朝三百余年的古代人工河道，进行全面的调查和勘探。

三、文献史料

唐朝许嵩《建康实录》卷二："（赤乌八年）八月……使校尉陈勋作屯田，发屯兵三万凿句容中道，至云阳西城，以通吴、会船舰，号破岗渎，上下一十四埭，通会市，作邸阁。仍于方山南截淮立埭，号曰方山埭，今在县东南七十里。案，其渎在句容东南二十五里，上七埭入延陵界，下七埭入江宁界。初，东郡船不得行京行江也，晋、宋、齐因之，梁避太子讳，改为破墩渎，遂废之。而开上容渎，……后至陈高祖即位，又埋上容，而更修破岗。至隋平陈，乃诏并废此渎。"

宋朝周应合《景定建康志》卷一六《疆域志二·堰埭》："吴会漕输，皆自云阳西城水道径至都下。""东郡船舰不复行京江矣。"

宋朝周应合《景定建康志》卷一九《山川志三·沟渎》："破冈渎，在句容县东南二十五里。事迹：《实录》云：吴赤乌八年，使校尉陈勋作屯田，发屯兵三万，凿句容中道，至云阳西城，以通吴会船舰，号'破冈渎'。上下十四埭，上七埭入延陵界，下七埭入江宁界。晋、宋、齐因之。梁改为'破墩渎'，遂废，而开上容渎。陈高祖即位，又堙上容渎，而更修破冈。至隋平陈，乃废。后宋少帝于华林园开渎聚土，以象破冈埭，与左右引船唱呼，以为欢乐。"

通向赤山闸的句容河

宋朝李昉《太平御览》卷七三引张勃《吴录》："句容县，大皇（按：指孙权）时使陈勋凿开水道，立十二埭（按：应为十四埭），以通吴会诸郡，故船行不复由京口。"

元朝《至顺镇江志》卷二《地理·城池》"云阳东、西城"条："云阳东、西城，在延陵镇渎南。二城相去七里。当丹阳、句容分界之所，即吴楚之境也。吴赤乌前已有之。"

明朝《万历应天府志》卷一五《山川志》："破冈渎，东南二十里。吴凿，上下十四埭，上七埭入延陵界，下七埭入江宁界。晋宋齐如故，梁堙之，更开上容渎，陈高祖复修破冈渎，至隋乃废。"

明朝《弘治句容县志》卷四《地理》："破冈渎在崇德乡，去县东南二十里。"

清朝《乾隆句容县志》卷三《山川志》："破岗渎在崇德乡，去县东南二十里。按《建康实录》：吴赤乌八年，使校尉陈勋作屯田，发兵三万，凿句容中道，至云阳以通吴、会船舰，号破岗渎，上下一十四埭，（上埭）入延陵界，下埭入江宁界。于是东郡船舰不复行京口矣。晋宋齐因之。梁因太子名纲，改为破墩渎，遂废，开上容渎。陈霸先又堙上容渎，更修破岗渎，至隋平陈并废。"

清朝顾祖禹《读史方舆纪要》卷二〇《江南二·句容县》："破冈渎，县东南二十五里，六朝时运道也。吴赤乌八年，凿句容中道至云阳西城，以通吴会舢舰，上下凡一十四埭。其地亦曰破岭，亦曰破墩，亦曰破冈埭。宋元凶劭之乱，会稽太守隋王诞等遣兵向建康，劭决破冈埭，以绝东军。明帝初，孔觊等以会稽兵应晋安王子勋，前军至晋陵，诏巴陵王休若御之，屯于延陵。诸将惧东军之逼，劝休若退保破冈，休若不从。又萧衍东下，东昏侯使申胄屯破墩，为建康声援，胄降于衍，衍使弟恢镇破墩是也。"

清朝顾祖禹《读史方舆纪要》卷二五《江南七·丹阳县》："曲阿城，……古曰云阳……赤乌八年，吴王使校尉陈勋凿句容中道山，直至云阳西城，通会市，作邸阁，盖凿茅山之麓以通道也。"

清朝顾祖禹《读史方舆纪要》卷二五《江南七·丹阳县》："延陵城，县南三十里。本曲阿县之延陵乡，晋太康二年分置延陵县，属毗陵郡。……《志》云：镇南有云阳东西二城，相距七里，在运渎南岸，盖孙吴时所置。或以为春秋时吴、楚分疆处。今丹阳、句容分界于此。"

四、诗词歌赋

邻里相送至方山

（刘宋）谢灵运

祗役出皇邑，相期憩瓯越。

解缆及流潮，怀旧不能发。

析析就衰林，皎皎明秋月。

含情易为盈，遇物难可歇。

积疴谢生虑，寡欲罕所阙。

资此永幽栖，岂伊年岁别。

各勉日新志，音尘慰寂蔑。

上容渎

上容渎是南朝梁（502—557）时连接建康城和太湖流域、钱塘江流域最重要的一条水上交通生命线，前后使用了约50年。

一、历史沿革

南朝梁武帝萧衍在位期间（502—549），为避太子萧纲讳，将破岗渎改名为破墩渎，予以废弃，同时，为了满足都城建康（今南京）对大量物资的需求，开凿上容渎取代破岗渎。

梁朝时期开凿的上容渎在句容县东南五里，距破岗渎的直线距离约二十里。破岗渎由于地势较高，蓄水量有限，船行驶其间，"不得并行"，所以，梁武帝时期决定予以废弃，另开上容渎。上容渎共建有21埭（拦水坝，比破岗渎多7埭），"顶上分流，一源东南三十里十六埭，入延陵界；一源西南流二十五里五埭，注句容界"。

但是，由于上容渎埭多水浅，船行其间反而比破岗渎耗时费力，所以，到了公元557年陈朝建立后，高祖陈霸先下令废除上容渎，重新启用破岗渎。

公元589年，隋灭陈，为了消除建康的王气，树立唯我独尊的形象，

梁武帝萧衍

上容渎东（瞿忠华提供）

上容渎西（瞿忠华提供）

对建康城进行"平荡耕垦",与此同时,下诏废除上容渎和破岗渎,断绝建康城的经济命脉,从此六朝建康故都一蹶不振。

二、河流现状

据魏嵩山《破岗渎与上容的兴废及其原因》一文,上容渎故道在句容县"河头村东五道坝处,顶上分流,东经洛阳河入延陵界"。

据句容市博物馆馆长瞿忠华先生考证,上容渎故道位于华阳镇东北河头村东侧,西接句容河,东通洛阳河,今天仍有迹可寻。

三、文献史料

唐朝许嵩《建康实录》卷二:"案,其渎在句容东南二十五里,上七埭入延陵界,下七埭入江宁界。初,东郡船不得行京行江也,晋、宋、齐因之,梁避太子讳,改为破墩渎,遂废之。而开上容渎,在句容县东南五里,顶上分流,一源东南三十里,十六埭入延陵界;一源西南流,二十五里,五埭注句容界。上容渎西流入江宁秦淮。后至陈高祖即位,又埋上容,而更修破岗。至隋平陈,乃诏并废此渎。"

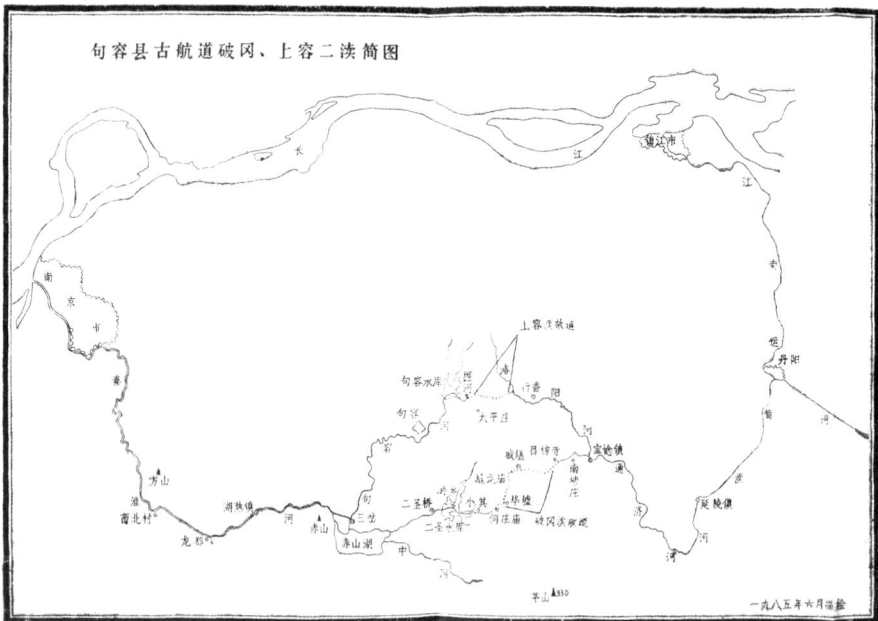

句容古航道破岗、上容二渎简图(瞿忠华提供)

直渎

直渎开凿于孙吴后主孙皓时期，因临近直渎山（明代改称观音山）而得名。

一、历史沿革

直渎位于幕府山东北，长十四里，阔五丈，深二丈。其水自东向西流入大江。据说，三国孙吴大将甘宁墓在此，有人说甘宁墓有王气，吴后主孙皓十分忌讳，于是令人在墓后开挖河道，以泄王气。这条河道就是直渎。

东晋时期，历阳内史苏峻起兵叛乱，大将温峤率军前来建康（今南京）救援，派遣王愆期等为前锋，驻军直渎。

二、河流现状

直渎在明朝时期已经湮塞不可考，如今更是难寻踪迹。

三、文献史料

东晋伏滔《北征记》："吴将甘宁墓在此，或言墓有王气，孙皓恶之，乃凿其后为直渎。"

南朝梁代顾野王《舆地志》："白下城西南有蟹浦，蟹浦西北有直渎。"

宋朝周应合《景定建康志》卷一九《山川志三·沟渎》："直渎，在城北，隶上元县钟山乡，去城三十五里，阔五丈，深二丈。西至霸埂，东北接竹篠港，流入大江。旁有直渎山、直渎洞。吴后主所开，渎道直，故名曰直渎。"同书引南宋杨修诗注云："渎在幕府山东北，长十四里，阔五丈，深二丈。初开之时，昼穿，夜复自塞，经年不就。伤足役夫卧其侧，其夜见鬼物来填，因嗟曰：'何不以布囊盛土弃之江中，使吾徒免殚力于此？'伤者异之，晓白有司，如其言，渎乃成。"

明朝顾起元《客座赘语》卷一〇《幕府直渎诸山》："《寰宇志》称，

直瀆

一於荊山一於盱眙久不能成聚江南之鐵強，液載往淮築之上種榆柳一夕崩壞聲聞數里，棄所聚之餘鐵於此至淳祐七年趙都督葵於其旁置爐鞲十數以鑄鐵砲匠人烹鑿其地堅不可入乃巳

直瀆 在城北隸上元縣鍾山鄉去城三十五里闊五丈深二丈西至霸埂東北接竹篠港流入大江故名曰直瀆志舊

直瀆山直瀆洞吳俊主所開瀆道直故名曰直瀆

事蹟 輿地志云白下城西南有蟹浦蟹浦西北有直瀆〇伏滔北征記吳將甘寧墓在此或言墓有王氣孫皓惡之乃鑿其後爲直瀆〇晉蘇峻舉兵溫嶠帥救京師遣王愆期等爲前鋒次直瀆即此地〇楊修詩注云直瀆在幕府山東北長十四里闊五丈深二丈初開之時晝穿夜復自塞經年不就傷足役夫臥其側夜見鬼物來填因嗟曰何不以布囊盛土橐之江中使吾徒兗輝力於此傷者異之曉白有司如其言瀆乃成幾時

〇建康志卷十九 【八】

《景定建康志》中有关直渎的记载

幕府山东北临直渎浦，西接宝林山，南接蟹浦，又南接卢龙山。《南畿志》言，一名石灰山，由此北属至观音山，突出大江为弘济寺。宋明帝高宁陵在山西，晋王导、温峤亦葬山西。宝林山北有夹萝峰，俗讹为夹骡，言达磨北渡，梁武使人追之，使者乘骡为石所夹云。直渎山有直渎洞，旧志言山东西有水流入大江。伏滔《北征记》云：吴将竺瑶墓有王气，孙皓恶之，乃凿其后为直渎。今渎与浦皆埋塞不可考矣。"

清朝顾祖禹《读史方舆纪要》卷二〇《江南二·江宁县》："直渎，在府东三十二里。源出方山，东北流接竹篠河，又经直渎山，北达于江。晋温峤讨苏峻，遣王愆期屯军直渎。孙盛《晋春秋》：直渎在方山。陆游曰：孙吴时所开也。梁有直渎戍，承圣初，王僧辩等讨侯景，入建康，贼党王伟与侯子鉴等将奔朱方，于道相失，伟至直渎，为戍主所擒。王安石诗'山盘直渎输淮口'是也。今埋废。竹篠港，在府东北三十里。《志》云：港西通靖安，东达石步，南至直渎，北临大江，旧有竹篠镇。胡氏曰：即竹里也。晋隆安元年，王恭举兵京口，讨王国宝等，国宝请于会稽王道子，遣兵戍竹里，夜遇风雨，各散归。元置巡司于此。《金陵志》：石步港在上元县东北四十里，摄山之西，亦北达大江。宋置石步砦巡司，为滨江戍守处。"

清朝《重刊嘉庆江宁府志》卷七《山水下》："《建康志》引伏滔《北

征记》：直渎山，吴将甘宁墓在此，或言墓有王气，孙皓恶之，乃凿其后为直渎。按，直渎山即今之观音门山，直渎即观音门入江之水也。又《齐书·崔慧景传》：军败，单骑走至蟹浦，为渔人所杀，《志》引《舆地志》：白下城西南有蟹浦，蟹浦西北有直渎，则蟹浦当亦去此不远也。又按，自江宁镇以至上河达淮，固为沿江渠矣，其自是而东，越淮复有沿江渠也。元《金陵新志》：竹篠港西至靖安，东至石步，南至直渎，北临大江，属上元

清朝《重刊嘉庆江宁府志》中有关直渎的记载

县，金陵、长宁两乡由靖安港口至城，二十里，由石步港口至城，四十里。按如元志所言，靖安盖即今之北河口也，石步则今栖霞通江处也，直渎似引后湖之水，直穿东岗至观音门入江者，而竹篠则横贯其间，今自下关东有一小河，缘江南可至观音门，殆即竹篠矣，但观音门外燕子矶临江下，不得有河道通摄山，疑古或于直渎东北，从今姚坊门沟通摄山前倒桥河，水是名竹篠，通石步之港，此港与直渎通后湖者，皆古有而今塞矣。"

清朝《道光上元县志》卷四《山川》："直渎，《金陵志》：在城北钟山乡，去城三十五里，西至坝埂，东北接竹篠港，入大江。吴后主所开，渎道直流，经直渎山，故山以名。晋温峤讨苏峻，遣王愆期屯军直渎，即此。梁有直渎戍。《方舆纪要》源出方山，未详。"

清朝《同治上江两县志》卷四《考水》："《吕志》：直渎水，今观音门入江水也，旧分东西二支流入大江。自迈皋桥以南，水经三塔寺入后湖，北会钟山、东北诸山水，由大水关、傅家桥而西注于江，河道

紫纡不绝，惟狭不通舟耳。"

　　清朝陈文述《秣陵集》卷一《直渎是孙吴所凿》："今观音山正江宁诸山沿江初起处，其为直渎无疑，则直渎山即观音门山，直滨即观音门水，是直渎者古名，观音者明世俗称耳。伏滔《北征记》：甘宁墓有王气，孙皓恶之，乃凿其后为直渎。其水东西流入大江。按：直渎东渠水当由燕子矶下出，今河道已不可辨。其西流经，明时建城隔断，全不可见矣。"

四、诗词歌赋

直渎

（宋）朱存

　　昼役人功夜鬼功，阳开阴阖几时终。

　　不闻掷土江中语，争得盈流一水通。

笔者按：标题为笔者所加。

直渎

（宋）马之纯

　　直渎如何计得工，长江虽远欲相通。

　　比尝开凿不胜苦，已复淤填还似空。

　　闻鬼夜中皆有语，弃泥江里解成功。

　　有司号令才依此，衮衮波流渐向东。

笔者按：标题为笔者所加。

直渎是孙吴所凿（二首）

（清）陈文述

（一）

　　金陵王气终肯埋，辛苦经营水一涯。

　　试问孙吴开直渎，何如嬴政凿秦淮。

（二）

甘宁墓上草萧萧，青盖明年入洛遥。

二百年来终割据，匆匆东晋又南朝。

直渎

（清）王友亮

上元县北二十五里直渎山下，吴甘宁墓在此。或云有王气，皓恶之，凿其山后。

孙皓在国时，临下多猜虐。

空凭术士诳，岂顾民命托。

山根直渎开，大役等闲作。

古云国修短，常视德厚薄。

安能挽天心，徒讶断地络。

率由暴秦轨，不救亡吴祚。

白锸纵如云，紫盖终入洛。

临平湖忽开，无乃遣鬼凿。

隋唐—宋元：第二个黄金时代

　　隋唐—宋元时期，南京地位载浮载沉，或为县城，或为州城，或为府城，或为都城。这一时期的运河开凿，集中在金陵城内外和长江边。一方面，杨吴南唐时期，为加强金陵城的防御，在都城和皇宫城墙的外侧，分别开凿了杨吴城濠和护龙河，形成今天南京城内外的水网；另一方面，宋元时期，在濒临长江的南京东北、西北、西南和西部，以及六合、江浦境内，开凿了多条用于军事目的、经济目的的运河。

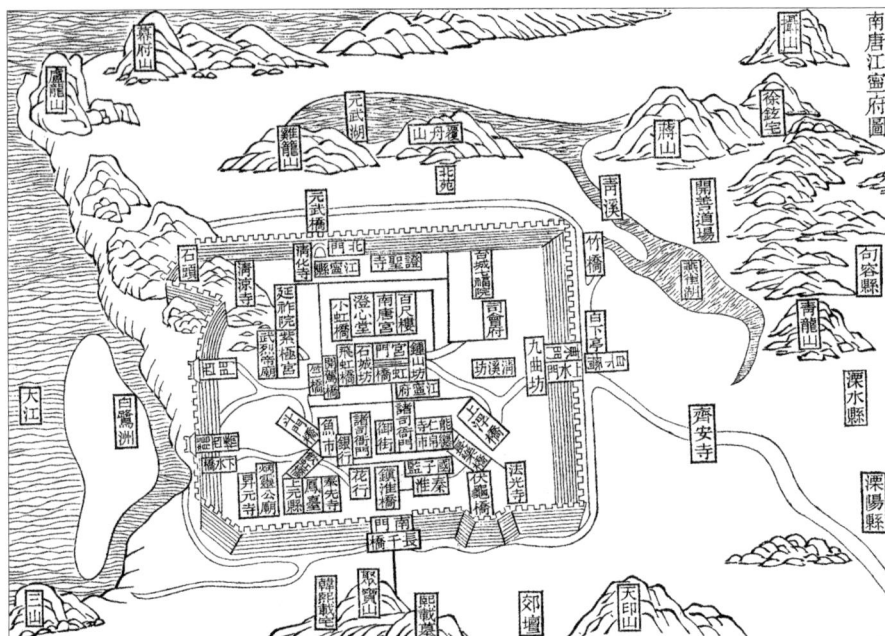

南唐江宁府图（明朝陈沂《金陵古今图考》）

杨吴城濠

　　杨吴城濠，包括南京城内秦淮河的北支、东支和南京城外通济门至汉西门段外秦淮河。因始凿于杨吴权臣徐知诰（后来成为南唐开国皇帝）任昇州刺史时期，故名。

　　杨吴城濠最初的性质为护城河，主要功能是用于军事防御。随着时代的发展，其性质由单一的护城河变成融军事防御、交通运输、排涝、补水等为一体的重要水道。

一、历史沿革

　　五代十国时期，南京（时称金陵）先后是我国南方的两个重要地区性政权——杨吴的西都和南唐的国都。南唐时期，更是我国东南地区的政治、经济和文化中心。南唐政权以金陵为中心，前后统治江淮地区近40年之久，在政治、经济、文化上可圈可点。现代国学大师钱穆在《国史大纲》（商务印书馆1996年6月版）第五编《黑暗时代之大动摇》中称赞"南唐文物，尤为一时之冠"。

　　从杨吴到南唐时期，金陵城经过前后五次的修建。南唐都城金陵突破了六朝建康城的格局，它将六朝建康宫城、东府城、西州城，以及秦淮河下游两岸繁华的市场和人烟稠密的居民区全部包罗在内，成为南京城市发展史上的一座里程碑。

　　据明朝陈沂《金陵古今图考》记载：南唐都城"城周二十五里。比六朝都城近南，贯秦淮于城中。西据石头，即今石城、三山二门；南接长干，即今聚宝门；东门以白下桥为限，即今大中桥；北门以玄武桥为限，即今北门桥。桥所跨水，皆昔所凿城濠也"。南唐都城周长大约是14公里，形状大致呈长方形，共有城门8座：南面有城门1座，称南门（今中华门）；东面有城门2座，分别称东门（今大中桥西侧）、上水门（今通济门）；西面有城门4座，分别称西门（今汉中门南）、栅寨门、龙光门、下水门（今水西门）；北面有城门1座，称玄武门（今北门桥南侧）。其中上水门、

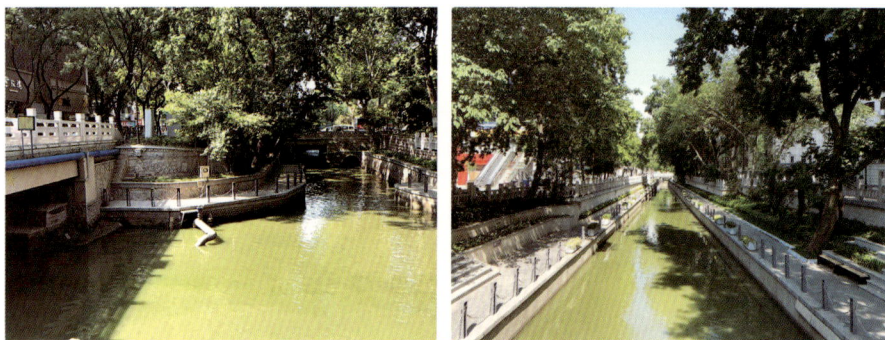

浮桥东侧杨吴城濠与珍珠河交汇在一起　杨吴城濠北段（从太平北路桥向东拍摄）

栅寨门、下水门为水门，其余 5 座为陆门。

为了保卫都城金陵，杨吴和南唐在金陵城的四周城墙之外，掘有护城河（后人统称为杨吴城濠）。

南唐都城北面的护城河，现称内秦淮河北段。其位置由今天的竺桥，经今天的太平桥（又称京市桥）、太平北路桥、浮桥、通贤桥、北门桥，向西过中山路涵洞，顺干河沿二号桥，沿五台山北麓，入乌龙潭，西出汇入外秦淮河。据《南京市政建设志》第三章《城市排水与防汛》记载，北面的护城河现存干河沿二号桥至竺桥段，长 2431 米，河面宽 4—20 米。这段河道上游接受五台山东坡来水，并在北门桥附近的莲花桥南口汇入进香河水（1959 年改为盖沟），在浮桥汇入珍珠河水，在竺桥北汇入九华山沟来水，并与东面的护城河汇合。明朝顾起元《客座赘语》卷七《辛水东流》记载："少桥张封公，居北门桥之豆巷。尝语余，三十年前有一堪舆谓之曰：'君宅后之河，自西而东，所谓一弯辛水向东流也，此地宜出状元。'"这条史料中的"一弯辛水向东流"，指的就是南唐北面护城河，自五台山、干河沿向东流经北门桥。

东面的护城河，现称内秦淮河东段。经今天的竺桥、逸仙桥、天津桥、复成桥、大中桥向南，在通济门东水关附近与内秦淮河汇合，然后，继续向南过武定门，至南京城东南角止。据《南京市政建设志》第三章《城市排水与防汛》记载，从竺桥到东水关，河道全长 2672 米，河面宽 24—80 米。这段河道在竺桥北汇入九华山沟来水，竺桥东汇入青溪来水；在复成桥南汇入明御河来水。1923 年朱自清撰写的《桨声灯影里的秦淮河》一文中提及的东关头、大中桥到复成桥之间的河道，就是杨吴城濠的东面护城河。

南面的护城河,属于今天外秦淮河的一段。它由南京城墙东南角向西,经过中华门外长干桥,至南京城墙西南角凤台桥为止。

值得注意的是,明代大规模建筑南京城,将杨吴城濠截成两段:城外段自通济门外绕城墙向南流,在城墙东南角折而西流,经过聚宝门(中华门)外长干桥,至城墙西南角,再折而北流,至三山门(水西门)外觅渡桥,成为外秦淮河的主要组成部分;城内段南起大中桥,向北经复成桥、玄津桥至竹桥,然后西折,经浮桥、莲花桥、北门桥,一直向西流入乌龙潭,再与秦淮河汇合。

南唐都城护城河,既是重要的军事防御屏障,也是重要的城市交通和运输通道。

到了明朝后期,护城河因居民侵占河道,日益狭窄,仅通小船往来。明代顾起元《客座赘语》卷九《城内外诸水》:"留都自秦淮通行舟楫外,

杨吴城濠东段(武定门至雨花门段外秦淮河)

杨吴城濠南段(外秦淮河,从中华门外长干桥上拍摄)

杨吴城濠西段(外秦淮河,今集庆门附近)

杨吴城濠与青溪在竺桥交汇

惟运渎与青溪、古城壕可容舴艋往来耳。然青溪自淮清桥入，至四象桥而阻。运渎自斗门桥入，西至铁窗棂，东亦至四象桥而阻。以其河身原狭，又民居侵占者多，亦为堙塞也。顷工部开浚青溪、运渎，其意甚甚，然此河之开塞，仅城中民家利搬运耳。"

二、河流现状

南唐都城西面、南面和东面南段的杨吴城濠构成了今天南京的外秦淮河。迄今为止，杨吴城濠除了干河沿至乌龙潭段干涸外，其余各段都较好地保存下来。

2009 年 7 月，南京市博物馆考古队在碑亭巷 25 号南京市第九中学向南 10 米处的工地发现了两口南唐时期的古井和假山石群，其中一口古井保存较为完好，青砖垒砌，直径 1.2 米左右，砌法是三顺一丁；假山石错落有致，缝隙里堵满了泥土，有的假山石色泽略微有些发黄。考古工作者推测是南唐旧宫德明宫所在地（南京市博物馆考古部资料）。但从其位置来看，已经超出了南唐宫城的范围，我们推测为南唐都城内的一处遗迹。

三、文献史料

明朝陈沂《金陵古今图考·境内诸水图考》："自北门桥东南至于大中桥，截于通济城内，旁入秦淮，又自通济城外，与秦淮分流，绕南经长干桥，至于三山水门外，与秦淮复合者，杨吴之城濠也。"

明朝顾起元《客座赘语》卷一《南唐都城》："南唐都城，南止于长干桥，北止于北门桥。盖其形局，前倚雨花台，后枕鸡笼山，东望钟山，而西带冶城、石头。四顾山峦，无不攒簇，中间最为方幅。而内桥以南大衢直达镇淮桥与南门，诸司庶府，拱夹左右，垣局翼然。当时建国规摹，其经画亦不苟矣。因思陈同甫言：台城东环平冈以为安，西城石头以为重，带玄武湖以为险，拥秦淮、青溪以为阻，而地当南唐宫之东北，在今上元县东北府军仓、花牌楼等地。陈鲁南《金陵图考》证六朝大司马门在中正街。按：六朝都城东阻于白下桥，即今之大中桥也。中正街距大中桥甚近，台城偏倚一隅，恐难立止。《记》又言：六朝都城，北据鸡笼、覆舟等山，亦恐误。晋元帝、明帝、成帝、哀帝四陵并在鸡笼山下，若城带诸山，恐无倚城起陵之理。余臆断六朝都城亦当如南唐，北止于北门桥之南岸；玄圃、华林、乐游诸苑，或是城外离宫，未必尽括城内也。"

明朝《万历应天府志》卷一五《山川志》："杨吴城濠，杨溥城金陵时所开，自北门桥东流，历珍珠桥折南，截于通济城，支流与秦淮合，又自通济门外西南流，绕聚宝门外，纳重驿、涧子诸桥水，遂从西北至三山门复与秦淮合，以达于江。"

清朝《康熙江宁府志》（陈开虞本）卷六《山川下》："杨吴城濠，杨溥城金陵时所开，自北门桥东流，历珍珠桥折而南，截于通济城，支流与秦淮合，又自通济门外纳重驿、涧水诸桥水，遂从西北至三山门复与秦淮合，以达于江。"

清朝《乾隆上元县志》卷四《山川》："杨吴城濠，杨溥城金陵时所开，自北门桥东流，历竹桥南折，截于通济城下，与秦淮合，又自通济门外西南流，绕聚宝门外，纳重驿、涧子诸桥水，遂从西北至三山门复与秦淮合，以达于江。"

清朝《重刊嘉庆江宁府志》卷七《山水下》："杨吴城濠，在上元江宁之境，今自干河崖南转出北门桥。按，旧志叙杨吴城濠皆自北门桥始，今考其形，自北门桥而上有沟名干河崖者，亦杨吴之旧迹也。今河虽涸竭，而水发时则经焦状元巷小桥流出其故道，殊未湮云。"

清朝《道光上元县志》卷四《山川》："杨吴城濠，杨溥城金陵时所开，自北门桥东流，历竹桥南折，截于通济城下，与秦淮合，又自通济门外西南流，绕聚宝门外，纳重驿、涧子诸桥水，遂从西北至三山门复与秦淮合，以达于江。"

清朝《同治上江两县志》卷四《考水》："淮水、城壕相会处，其在城外者亦杨吴城壕水，自明祖截壕筑城，壕分为二，在通济门外者，与城内淮水分流，迳聚宝桥（古长干桥，杨溥建，咸淳中，马光祖修，又曰长安，康熙甲辰修之，乾隆六十年邑人孔毓文等复募修，今渐圮矣），南合落马涧水。《建康志》：本南涧也，宋孝武讨元凶，元凶军败，人马倾落涧中，故名。旧有南涧寺，何尚之宅在焉。宋曰跃马涧，有南涧楼，见王安石诗。今重译（在堭帚巷，古东市口）、就湾（一曰灟湾，在小市口）、善世（近三里店，明宏治间修，郑纪记之，坎地得石，云庆元二年丙辰三月，建跃马涧桥，知宫事赐紫史志纯，副知宫程应泽并劝缘司库工人姓名）、来宾（在西街古望国门桥，即西市口西，即大市也，有来宾楼，因名）、涧子（在窑湾涧水入壕处）诸桥所跨是也。壕水又西迳觅渡桥（即三山门外桥，旧名三山，康熙丁未修，嘉庆元年里人谈觐光祖蕙捐银一万四千两重修，知府许兆椿撰记，同治十年又修），与城内之淮水复合。杨吴城壕水自北门桥东流折而北，进香河之水入焉，又东流迳浮桥，北珍珠河之水亦入焉。"

四、诗文歌赋

桨声灯影里的秦淮河（节选）

朱自清

一九二三年八月的一晚，我和平伯同游秦淮河；平伯是初泛，我是重来了。我们雇了一只"七板子"，在夕阳已去，皎月方来的时候，便下了船。于是桨声汩——汩，我们开始领略那晃荡着蔷薇色的历史的秦淮河的滋味了。

……从东关头转湾，不久就到大中桥。大中桥共有三个桥拱，都很阔大，俨然是三座门儿；使我们觉得我们的船和船里的我们，在桥下过去时，真是太无颜色了。桥砖是深褐色，表明它的历史的长久；但都完好无缺，令人太息于古昔工程的坚美。桥上两旁都是木壁的房子，中间应该有街路？这些房子都破旧了，多年烟熏的迹，遮没了当年的美丽。我想象秦淮河的极盛时，在这样宏阔的桥上，特地盖了房子，必然是髹漆得富富丽丽的；晚间必然是灯火通明的。现在却只剩下一片黑沉沉！但是桥上造着房子，毕竟使我们多少可

杨吴城濠东段（从大中桥向南拍摄）

杨吴城濠东段（从大中桥向北拍摄）　　　杨吴城濠东段（从复成桥东北侧南京报业集团大厦向北拍摄）

以想见往日的繁华；这也慰情聊胜无了。过了大中桥，便到了灯月交辉，笙歌彻夜的秦淮河；这才是秦淮河的真面目哩。

　　大中桥外，顿然空阔，和桥内两岸排着密密的人家的大异了。一眼望去，疏疏的林，淡淡的月，衬着蓝蔚的天，颇像荒江野渡光景；那边呢，郁丛丛的，阴森森的，又似乎藏着无边的黑暗：令人几乎不信那是繁华的秦淮河了。但是河中眩晕着的灯光，纵横着的画舫，悠扬着的笛韵，夹着那吱吱的胡琴声，终于使我们认识绿如茵陈酒的秦淮水了。此地天裸露着的多些，故觉夜来的独迟些；从清清的水影里，我们感到的只是薄薄的夜——这正是秦淮河的夜。大中桥外，本来还有一座复成桥，是船夫口中的我们的游踪尽处，或也是秦淮河繁华的尽处了。我的脚曾踏过复成桥的脊，在十三四岁的时候。但是两次游秦淮河，却都不曾见着复成桥的面；明知总在前途的，却常觉得有些虚无缥缈似的。我想，不见倒也好。这时正是盛夏。我们下船后，借着新生的晚凉和河上的微风，暑气已渐渐销散；到了此地，豁然开朗，身子顿然轻了——习习的清风荏苒在面上，手上，衣上，这便又感到了一缕新凉了。南京的日光，大概没有杭州猛烈；西湖的夏夜老是热蓬蓬的，水像沸着一般，秦淮河的水却尽是这样冷冷地绿着。任你人影的憧憧，歌声的扰扰，总像隔着一层薄薄的绿纱面幂似的；它尽是这样静静的，冷冷的绿着。我们出了大中桥，走不上半里路，船夫便将船划到一旁，停了桨由它宕着。他以为那里正是繁华的极点，再过去就是荒凉了；所以让我们多多赏鉴一会儿。他自己却静静的蹲着。他是看惯这光景的了，大约只是一个无可无不可。这无可无不可，无论是升的沉的，总之，都比我们高了。

护龙河

护龙河，又名伏龙河，即南唐宫城的护城河。最初是宫城的护城河，后来成为城市交通和排涝、补水的重要通道。

一、历史沿革

南唐宫城，又称子城、牙城，位于都城的中部偏北。其前身是徐知诰（后来的南唐国先主李昪）任昇州刺史时的府治。宫城的范围，据明朝陈沂《金陵古今图考·南唐江宁府图考》记载："内桥之北，东尽昇平桥，西尽大市桥，北至小虹桥，此宫城之限。内桥南直抵聚宝门大街，即当时御街也。"宫城的大小，据清朝顾祖禹《读史方舆纪要》卷二○《江南二·江宁府》记载："周四里有奇，亦曰牙城，有东西南三门而无北门。"宫

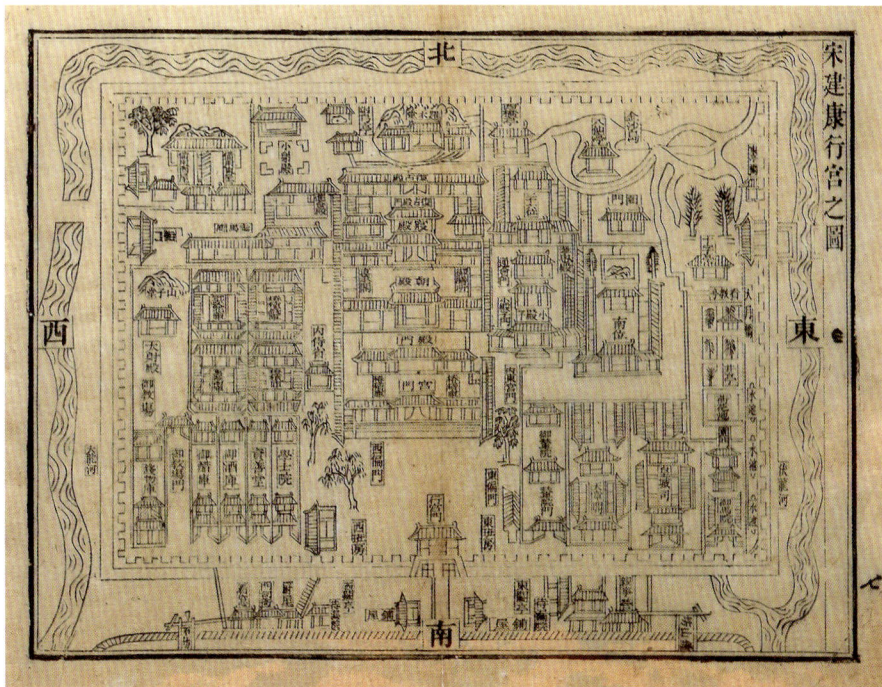

南唐宫城在北宋成为行宫，行宫周围的护龙河依然流水不断（《宋建康行宫之图》）

城周长约 2600 米，开东、西、南三门，无北门，东至昇平桥，西至大市桥，南至内桥，北至小虹桥。内桥以南至中华门之间的中华路一线，即南唐都城御道。

宫城四周有护龙河环绕。护龙河上有桥。南宋周应合《景定建康志》卷一六《疆域志二·桥梁》记载，南唐宫城正南有虹桥（今内桥），东有东虹桥、日华桥，西有西虹桥、月华桥，北有小虹桥（亦称飞虹桥），跨护龙河之上。

宫城南面的护龙河利用原有的河道运渎和青溪的一段，并将运渎和青溪连接起来，形成今天的内秦淮河中段；东、西、北三门的护龙河，与古青溪、潮沟、运渎等水源贯通。元朝张铉《至正金陵新志》卷五《山川志·河港》："护龙河，即旧子城外三面壕也。阔十二丈。其水自东城壕入，绕东面者即古清溪一曲，在西北者接潮沟、运渎、珍珠河。"

护龙河在南唐亡国后，依然存在。

元朝时期，曾经对南段护龙河进行疏浚。据元朝张铉《至正金陵新志》卷五《山川志·沟渎》记载："至元五年己卯，行台大夫忽剌哈赤令有司开浚天津桥（笔者按：今内桥）下古沟，东起青溪，西抵栅寨门，至石头城下，水道复通，公私便之。"

清代，护龙河除了南段保存较好外，其他地段也有部分保留下来。据清代甘熙《白下琐言》记载："今羊市桥畔，上踞屋舍，下穿沟渠，后为张府园、裕民坊，皆系菜圃。其地有河身一段，长十余丈，宽二三丈，清水不泓，资以灌溉，两旁石岸犹存，乃西护龙旧址也。"

二、河流现状

如今南唐护龙河除了南段（秦淮河中段一部分）以外，均荡然无存。我们依据历史上的桥名，尚可推定当年护龙河东西南北四面的河道。

南段护龙河的标志物是今天的内桥，即南唐宫城南门外的虹桥，北宋改建称蔡公桥，南宋以南唐旧宫作为行宫，又改名天津桥。清朝甘熙《白下琐言》卷六记载："由四象桥转西抵昇平桥，沿河一带石岸整齐，谓之晒场。……对岸为旧内城墙，屹立如屏。"指的就是南段护龙河北岸的南唐宫城城墙。这一段护龙河至今依然存在。

宫城北面的小虹桥，亦称飞虹桥、红桥，跨北面护龙河，如今水道与桥梁完全湮没。据朱偰《金陵古迹图考》第八章《南唐遗迹》记载：“今卢妃巷北口，近户部街处，犹有石桥一道，半没淤泥中，一沟自西向东，可五六丈，遗迹犹存；然芜草丛生，沟亦垂垂干矣。以

护龙河南段与内桥

地望考之，南向正对内桥，土人称曰虹桥，盖正南唐北护龙河之遗址也。此桥风景一无足取，然由此可推得南唐宫城北界。”我们可以考证，今洪武路北口羊皮巷至户部街一带是南唐北段护龙河上的小虹桥所在地。

宫城东面的昇平桥，即东虹桥，位于今白下路 11 号门前，今南京市第三中学西南侧。明朝礼部纂修《洪武京城图志》“桥梁”记载：“昇平桥，旧名东虹桥，在上元县西。今名昇平桥。”由此可以推测东段护龙河的位置在今太平南路一线以西。

小虹桥（朱偰《金陵古迹名胜影集》）

护龙河南段（从内桥向东拍摄）

鸽子桥下的护龙河

宫城西面的西虹桥，明代叫大市桥，今名羊市桥，在鸽子桥北。清朝甘熙《白下琐言》卷三记载："鸽子桥在笪桥东，旧名闪驾，景定二年马光祖重建，更名景定。其北为鸽子市，见《金陵世纪》，故今名鸽子桥。桥北当街又有一桥，名羊市，亦名大市。此乃后人更易，其实为宋之西虹桥也。"其位置在今张府园一带。

20世纪80年代至90年代，南京市博物馆的考古工作者在张府园小区一带曾经多次发现石砌驳岸遗址，石条的大小、质料、打制方法与南唐二陵相似，由此推断该地是南唐西护龙河的流经之地，从而确定了南唐宫城的西界（顾苏宁、马涛：《南京明大市桥的发现及相关问题研究》，收入蒋赞初主编《南京大学历史系考古专业成立三十周年纪念文集》，天津人民出版社2002年5月版）。2004年11月至12月，南京市博物馆考古队在洪武路与程阁老巷交界处的西南侧工地，发现大面积夯土遗迹以及从五代沿用至南宋时期的大型建筑基址，已经揭露的基址范围南北长55米以上，东西宽30米以上，证实了这一带为南唐宫城所在地（王志高：《南唐宫城考略》，收入南京市博物馆编《学耕文获集——南京市博物馆论文选》，江苏人民出版社2008年8月版）。

三、文献史料

明朝陈沂《金陵古今图考·境内诸水图考》："自昇平桥达于上元县后，至虹桥，南接大市桥者，护龙河之遗迹也。"

明朝顾起元《客座赘语》卷一《南唐宫阙》："南唐故宫，在今内桥北，上元县中兵马司卢妃巷是其地。相传内桥为宫之正门所直，南宋行宫亦在此地，改内桥为天津桥。而桥北大街，东西相距数百步，有东虹、西虹二桥。东虹，自上元县左北达娃娃桥，有石嵌古河遗迹；西虹，在卢妃巷大西，穿人家屋而北达园地，亦有石嵌河迹。土人言：此南唐护龙河者是也。自卢妃巷北，直走里许，又有一桥，亦名虹桥，而东虹、西虹两桥北达之水，环络交带，俱绾毂于此。想当日宫内小河四周相通，形迹显明，第近多堙塞，不复流贯耳。"

明朝《万历应天府志》卷一五《山川志》："护龙河，宋凿，即旧子城外三面濠。今自昇平桥达于上元县后，至虹桥西南，出大市桥而止。"

清朝《康熙江宁府志》（于成龙本）卷八《山川下》："护龙河，宋凿，即旧子城外三面濠也。今自昇平桥达于上元县后，至虹桥南，出大市桥而止。"

清朝顾祖禹《读史方舆纪要》卷二〇《江南二·江宁县》："护龙河，在上元县治东北，引而南，合于青溪水，宋凿。《志》云：即故子城三面濠，今堙废逾半矣。"

清朝《乾隆上元县志》卷四《山川》："护龙河，在县治东北，宋凿，即旧子城外三面濠也。《应天府志》：今自昇平桥达于上元县后，至虹桥西南，出大市桥而止。"

清朝《道光上元县志》卷四《山川》："护龙河，在县治东北，宋凿，即旧子城外三面濠也。《应天府志》：今自昇平桥达于上元县后，至虹桥西南，出大市桥而止。"

长芦河

长芦河，又名西河、沙河、水家沟、急水沟。是北宋时期开挖的一条人工运河。

一、历史沿革

长芦河，北宋真宗天禧年间（1017—1021），由发运使范仲淹开凿。宋仁宗天圣三年（1025），发运副使张纶凿通长芦河入江口，使运输物资的漕船避开了长江风涛之险。

二、河流现状

长芦河湮塞于清代。故道在今天的六合区长芦街道和瓜埠街道境内。

三、文献史料

明朝《嘉靖六合县志》卷一《地理志·山川》："河子沟，古称为急流江，即今之急水沟也，在县东南四十五里。昔范文正公领淮东漕事，以六合濒大江，风涛为险，因长芦河引江水支流下瓜步，萦回入江，以便漕运。旧渡江多由此路，今间行焉。"

明朝《万历应天府志》卷一五《山川志》："沙河，东三十里。宋天禧间开，引江水支流下至瓜埠入江。旧志云范仲淹领漕时，以大江风涛之险，乃开此河。"

明朝《万历应天府志》卷一五《山川志》："西河，在长芦镇，范文正领东南漕计始开，又名沙河。"

明朝《万历应天府志》卷一五《山川志》："河子沟，在东南二十五里，古称急流江，今名急水沟，淳熙初开新河，即此。"

明朝《万历六合县志》卷一《地理志·山川》："西河，天禧二年范仲淹开，长芦西河又名沙河。"

明朝《万历六合县志》卷一《地理志·山川》："□河，在东南二十五里，淳熙年诏开，即今河子沟也。"

明朝《万历江浦县志》（沈孟化本）卷四《舆地志·山川》："沙河，治东三十里。宋《六合志》：天禧间范仲淹□东南漕，涉大江风涛之险，乃开此河，上引入江水，□通瓜埠口入于江。"

明朝《崇祯江浦县志》卷四《舆地志·山川》："沙河，治东三十里。宋《六合志》：天禧间范仲淹领东南漕，涉大江风涛之险，乃开此河，上引入江水，下通瓜埠口入于江。"

清朝《光绪六合县志》卷一《地理志·山川》："河子沟，在县东南二十五里，古称急流江，即今之急水沟。旧志宋天禧中，范文正公领淮东漕事，以六合濒大江，风涛为险，因长芦河引江水支流下瓜步，萦回入江，以便漕运。"

清朝顾祖禹《读史方舆纪要》卷二三《江南五·仪真县》："长芦河，在县西四十里。其上流为沙河，自江浦、六合县界流入境。宋天圣三年，发运使张纶请开长芦口河入江，以避大江风涛之险，舟楫以为便。建炎三年，金人陷太平，长驱至建康，守臣杜充渡江遁真州，诸将怨充严刻，谋害之，充不敢入营，居长芦寺，遂降金。寺在长芦河西。"

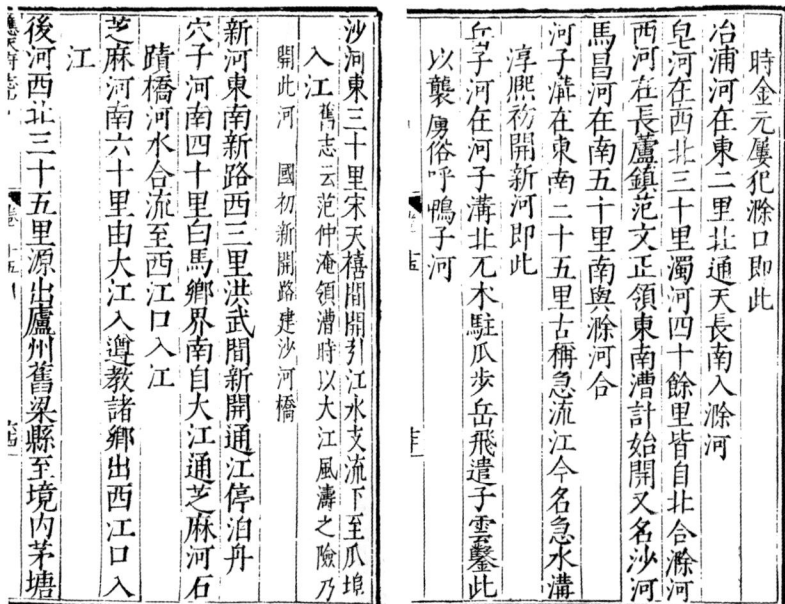

长芦河又名沙河（《万历应天府志》）　　长芦河又名西河（《万历应天府志》）

四、诗词歌赋

早渡长芦江

（北宋）梅尧臣

带月出寒浦，残星浸水濆。

帆开风色正，舟急浪花分。

雾气横江白，鸡声隔岸闻。

天晴建业近，钟岫起孤云。

沙河道中

（明）赵世显

蘼芜山北路，杨柳水边村。

马足冲泥滑，鸡声带雨喧。

野童蓑当被，草屋席为门。

忽睹污樽饮，犹思古俗村。

靖安河

靖安河，一名古漕河。位于南京城西北栖霞山以东栖霞街道和龙潭街道境内。

一、历史沿革

隋唐至元朝时期，政治中心北移。江南漕船由建康（今南京）到扬州段大运河，在长江上的航程长达150里，常常要冒风高浪急之险，翻船的事故发生率达到10%—20%。

北宋徽宗宣和六年（1124），发运使卢宗原利用靖安镇（南京下关一带）古漕河，开凿长达80里的靖安河，取道于青沙之夹，趋北岸，穿坍月港，由港尾越北小江，入仪真新河，抵达扬州城下，取代了长江航运150里之险。

据元朝脱脱等撰《宋史》卷九六《河渠志》记载："（宣和）七年九月丙子，又诏宗原措置开浚江东古河，自芜湖至宣溪、溧水至镇江，渡扬子，趋淮、汴，免六百里江行之险，并从之。"卢宗原奉宋徽宗之命，开浚江东古河，以确保江南的漕船平安地渡过长江，沿着隋唐大运河，顺利地抵达北宋的首都汴京（今河南开封）。我们推测靖安河可能就属于"江东古河"中的一段。

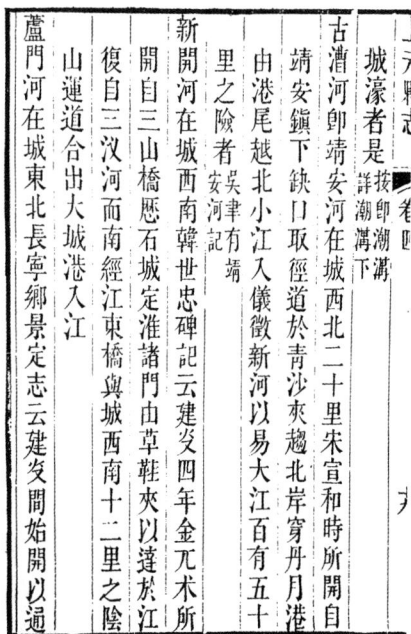

古漕河即靖安河（《道光上元县志》）

靖安河（湾子桥至宣闸河）

靖安河（巫庄附近）

营房河附近的靖安河

二、河流现状

明朝建立后，政治中心定在南京，北上的漕船停运，靖安河也消失在历史的记忆中。

如今的靖安河，位于栖霞区龙潭街道境内，呈东西向，大约与长江平行，西起龙潭街道花园桥，东至联东附近，汇入大道河，再北入长江。沿途汇入花园河、宣闸河、张弯（湾）河、营房河等人工河流。在靖安河河道上，有众多桥梁如宣闸桥、靖安河新桥、胡闸桥等，还有下通涵管的砂石过道，因此，该河流已经完全失去航运功能。

据 2018 年 6 月 19 日实地调查，靖安河河水清澈，河岸整洁，环境优良。在靖安河沿线，有靖安村、靖安河路、靖安大道和靖安西路等地名，昭示着这里曾经有过的辉煌。

三、文献史料

宋朝周应合《景定建康志》卷一九《山川志三·河港》："古漕河，一名靖安河，自靖安镇下缺口取道，入仪真新河，八十余里。事迹：吴聿《靖安河记略》曰：江出岷山道峡，与荆、湘、沅、澧，至洞庭积为巨浸，合沔水，经浔阳东，邀彭泽，别为九道，会为中江。东北至南徐州，为北江，入于海。惟中江自湖口合流而下，奔放荡潏，吐吞日月。山或矶之，则其势悍怒，触舞大艑，兀若转梗。至其广处，旷数百里。断岸相望，仅指一发。而舳舻上下，中流遇风，则四顾茫然，亡所隐避。自金陵抵白沙，其尤者为乐官山李家漾至急流浊港口，凡十有八处，称号老风波，而玩险阻者，至是鲜不袖手。东南漕计，岁失于此者什一二。宣和六年，发运使卢公访其利病，得古漕河于靖安镇之下缺口，谓其取径道于青沙之夹，趋北岸，穿坍月港，繇港尾越北小江，入仪真新河，以抵新城下。往来之人，高枕安流八十余里，以易大江百有五十里之险，实为万世之利。役之始兴，杨子、六合、上元分治其所临之地。"

元朝张铉《至正金陵新志》卷五《山川志·河港》："古漕河，一名靖安河，自靖安镇下缺口取道，入仪真新河，八十余里。"同书注引吴聿《靖安河记略》曰："自金陵抵白砂，其尤者为乐官山李家漾至急流浊港口，凡十有八处，称号老风波，而玩险阻者，至是鲜不袖手。东南漕计，岁失于此者什一二。宣和六年，发运使卢公访其利病，得古漕河于靖安镇之下缺口，谓其取迳道于青沙（笔者按：今八卦洲）之夹，趋北岸，穿坍月港，繇港尾越北小江，入仪真新河，以抵新城下。往来之人，高枕安流八十余里，以易大江百有五十里之险，实为万世之利。役之始兴，杨子、六合、上元分治其所临之地云。"

明朝顾起元《客座赘语》卷一〇《沿江开河议》："兴化李君思聪尝建议：自南都抵京口，江水险恶，往来舟楫常有风波倾覆之苦。谓大胜关至燕子矶一带有内河，故数十里无长江之险。今燕子矶以下抵京口一带，旧有河形，宜加开浚，则一百八十里江险可以引避。此漕运与士商往来之永利也。余甚韪其论，因考旧志，古漕河一名靖安河，在龙湾市上元金陵乡。宋吴聿《靖安河记略》云：自金陵抵白砂，江险，其尤者为乐官山李家漾至急流浊港口，凡十有八处，号称老风波，而玩险阻者，至是鲜不袖手。东南漕计，岁失于此者什一二。宣和六年，发运使卢公访其利病，得古漕河于靖安镇之下缺口，谓其取径道于青沙之夹，趋北岸，穿坍月港，繇港尾越北小江，入仪真新河，高枕安流八十余里，抵扬州新城下，可易大江百有五十里之险。按：此论正与李君意同，特彼在径趋北岸，此则专傍南岸抵京口耳。北岸之河今亦堙塞，盖江水东西冲决不常，沿江洲地，时有坍卸入江者。今上新河，旧传自江东门可数里至江岸，今不过里余矣。陵谷变迁，江上尤速。李君之议甚美，俟再与习江上地形者筹之。"

明朝《万历应天府志》卷一五《山川志》："古漕河，一名靖安河，自靖安镇下缺口取道，入仪真新河，八十余里。"

清朝顾祖禹《读史方舆纪要》卷二〇《江南二·江宁县》记载："靖安河，在府西北二十里。自靖安镇下缺口取径道，入仪真，八十余里。《吴事记》：自金陵抵白沙，江流旷数百里，波涛汹怒，其尤者为乐官山李家漾至急流浊港口，凡十有八处，风波至为险阻。宣和六年，发运使卢公得古漕河于靖安镇之下缺口，取径道于青沙夹，趋北岸，穿坍月港，蹑港尾越北小江，入仪真新河，抵新城下，八十余里，以易大江百有五十里之险。《志》云：龙安津在靖安河口，即靖安渡。"

清朝顾祖禹《读史方舆纪要》卷二〇《江南二·江宁县》："靖安镇，府西北二十里。本曰龙安镇，以镇有龙湾也。宋曰静安。建炎四年，金人焚掠建康，自静安度宣化而去，岳飞邀败之于静安镇，既而兀术为韩世忠所扼，乃凿老鹳河故道通秦淮，飞复败之于牛头山。兀术进次龙湾，飞营于南门新城，与战，又败之。兀术遂自龙湾出江，又为韩世忠所败。新城一作新亭，龙湾即静安也。吕氏祉曰：静安与真州宣化镇，分江为界，自宣化至盘城、竹墩、上下瓦梁，乃泗州之间道，其斥堠戍守，不可不严。有靖安河，亦取道真州之径也。元置龙湾水站。明初陈友谅突犯金陵，太祖命康茂才守龙湾，即此。《志》云：龙湾在府北十五里。"

清朝《康熙江宁府志》（于成龙本）卷八《山川下》："古漕河，一名靖安河，自靖安镇下缺口取道，入仪真新河，八十余里。"

清朝《乾隆上元县志》卷四《山川》："古漕河，即靖安河，在城西北二十里，宋宣和时所开，自靖安镇下缺口取径道于青沙夹，趋北岸，穿丹月港尾，由港尾越北小江，入仪征新河，以易大江百有五十里之险者。吴聿有《靖安河记》。"

清朝《道光上元县志》卷四《山川》："古漕河，即靖安河，在城西北二十里，宋宣和时所开，自靖安镇下缺口取径道于青沙夹，趋北岸，穿丹月港，由港尾越北小江，入仪征新河，以易大江百有五十里之险者。吴聿有《靖安河记》。"

清朝《同治上江两县志》卷四《考水》："吴聿《靖安河记》：自金陵抵白沙（仪征也），江险之尤者，为乐官山李家漾至急流浊港口（玉带洲），凡十八处。宣和六年，发运使卢宗愿得古漕河于靖安下缺口（草鞋夹之夹江），取道青沙（八卦洲）之夹江（观音门之夹江），趋北岸（通江集），穿坍月港，由港尾下江，入仪真新河。邑人汪士铎云：此即由靖安河、直渎、竹篠趋通江集也。旁有张阵湖。《建康志》：在金陵乡，旧传苏峻与晋军尝战于此湖上，有苏大将祠，今废；又有晋宁朔将军竺瑶墓，墓前有碑。明曰稳船湖，地近宝船厂，太监郑和下西洋试船于此。河水由张阵湖下流，历幕府、石灰（即石灰山，河明洪武初开）诸山以北入江。旧有新洲。《建康志》：城北四十里，幕府山相对，宋武帝伐获射蛇处也。又《吴志》：朱据讨孙綝，綝遣兵获据于新洲。晋隆安五年，海贼孙恩向京师，闻刘牢之还，至新洲不敢进，并在此。其支流自平桥下东南流迳外金川门，有通江（在金川门外，通江，入稳船湖，一曰江桥，康熙丁未修）、临江、小复成诸桥。又流迳内金川门之西，入城有大市桥、师子桥（在鼓楼北，近三牌楼，接金川门闸，明初粮拨小船由此至北门，通大小锦衣仓、平仓），至北门桥入河，复迤西流至定淮门内之鹰扬营桥，又流迳清凉寺后之西仓桥。"

清朝武同举《江苏水利全书》："宣和六年，发运使卢宗源开靖安河八十里，通江径易，避黄天荡之险。又开仪真郡新河，于江濡凿渠……"

芦门河

芦门河,开凿于南宋建炎年间(1127—1130),因系金国将领完颜宗弼(金兀术)所开,故名蕃人河。又因宗弼排行老四,故有"四太子河"之称。

一、历史沿革

芦门河在今天南京城东北 30 公里处,靠近黄天荡。据元朝张铉《至正金陵新志》卷五《山川志·河港》记载:"芦门河,在上元县长宁乡,去县六十里,一名蕃人河。"当时金兀术开通此河的目的是为了摆脱南宋军队的包围,由水路逃回北方。

此河开通后,历史资料几乎没有使用的记载。

二、河流现状

芦门河早已湮塞无闻。

三、文献史料

宋朝周应合《景定建康志》卷一九《山川志三·河港》:"芦门河,在上元县长宁乡,去县六十里,一名蕃人河。事迹:石迈《古迹编》云:芦门河在芦门漾之侧,建炎间始开,以通真州,亦名蕃人河。今黄天荡南土谏议芦场内是其处。按:此河以蕃名,而不述其所以名意。汪内翰所谓虏开两河,则此河与新河皆虏所开者,否则无因以蕃名也。"

元朝张铉《至正金陵新志》卷

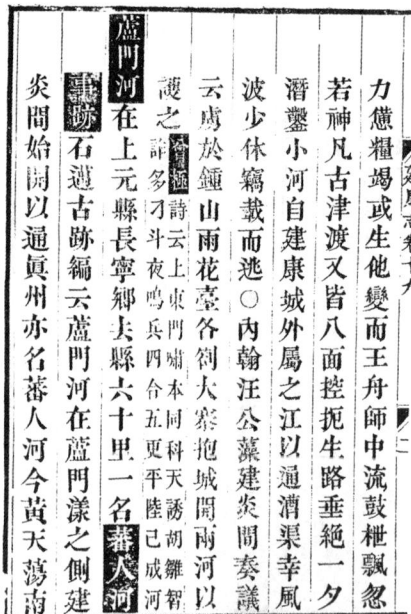

芦门河(宋朝周应合《景定建康志》)

芦门河（元朝张铉《至正金陵新志》）

五《山川志·河港》："芦门河，在上元县长宁乡，去县六十里，一名蕃人河。《景定志》云：芦门河在芦门漾之侧，建炎间始开，以通真州，亦名蕃人河，今黄天荡南王谏议芦场内是其处。按：此河以蕃名，而不述其所以名意。汪藻内翰所谓金开两河，则此河与新开河皆金所开者，否则无因以蕃名也。今按《世忠碑》，谓凿小河自建康城外属之江，则为新河明甚，然去黄天荡甚远。又考《建康年表》，兀术不得去，或教于芦场地，凿大渠二十余里，上接江口，出世忠之上，又傍冶城西南隅。凿渠成，次早出舟，世忠大惊，金人悉趋建康。世忠尾击，败之。详其事势，当自金山脱走之后，沿江南岸引行，先于黄天荡南芦场凿渠出江口，以通建康，而后又于冶城西南凿渠出江，故芦门、新开二河皆名蕃人河。兀术自新河出江，则去黄天荡远，而海舟无风不能及矣。世忠碑文不详，故启后疑。汪藻谓'抱城开两河'，或即指此。《戚氏志》谓今芦门河，惟芦荻出焉，亦可见其非江之经流也。"

明朝《万历应天府志》卷一五《山川志》："芦门河，在上元县长宁乡，去县六十里，亦名蕃人河。"

芦门河（《乾隆上元县志》）

清朝顾祖禹《读史方舆纪要》卷二〇《江南二·江宁县》："新河，在冶城西南。《志》云：在白鹭州西，西南流二十余里通大江。旧名蕃人河，今亦谓之新开河。又上元东北六十里有芦门河，亦曰蕃人河。《志》云：河在黄天荡南芦场内。兀术为韩世忠扼于黄天荡，或教之于芦场地，凿大渠二十余里，上接江口，出世忠之上。兀术从之，又傍冶城西南，凿渠成。金人悉趣建康，欲越江而北，为世忠所觉，尾击败之。汪藻云：敌于建康抱城开两河，谓此两蕃人河也。亦作老鹳河。《宋史》：建炎四年，韩世忠扼兀术于江中，兀术自京口沿南岸而西，将至黄天荡，卒不得济。或曰老鹳河故道今虽埋塞，若凿之，可通秦淮。兀术从之。一夕渠成，凡五十里，遂趣建康，为岳武穆所败而还。《金陵志》：老鹳嘴与句容接界，东去东阳镇三十里，元置马站于此，芦门河盖近老鹳嘴云。"

清朝《乾隆上元县志》卷四《山川》："芦门河，在城东北长宁乡。《景定志》云：建炎间始开，以通真州，今黄天荡南芦场内是其处。或云亦兀术所开。《南畿志》有四太子河，疑即此也。"

清朝《道光上元县志》卷四《山川》："芦门河，在城东北长宁乡。《景定志》云：建炎间始开，以通真州，今黄天荡南芦场内是其处。或云亦兀术所开。《南畿志》有四太子河，疑即此也。"

四、诗词歌赋

四太子河

（南宋）曾极

上东门啸本同科，天诱胡雏智诈多。

刁斗夜鸣兵四合，五更平陆已成河。

便民河

便民河，初名新开河，又名刀枪河、便民港。又因长江退潮时江水倒流，故名倒浆河。在今天的南京市栖霞区栖霞街道、龙潭街道和句容宝华镇、下蜀镇境内，是一条重要的排灌河道。

一、历史沿革

便民河上连龙潭、句容，下注长江，与长江平行，这条河可以避开黄天荡之险，使做生意的商人运输安全方便，使当地百姓得其灌溉之利，因此称为"便民河"。

便民河，相传开凿于南宋时期，与南宋抗金的故事有关，所以又有"刀枪河"之称。

公元1127年，北宋的首都汴京（今河南开封）被金人占领，徽、钦二帝都成了俘虏。康王赵构南逃，在南京（河南商丘）宣布建立新朝廷，史称南宋，年号建炎。

南宋建炎三年（1129），金国统帅完颜宗弼（金兀术）率30万（实为10万）金兵南下，南宋军队节节败退，宋高宗赵构一逃再逃，从南京逃到杭州，继而绍兴、宁波。半年以后，金兵由于遭到江南人民的普遍抵抗，活捉宋高宗的野心无法实现。建炎四年（1130）春天，金兵统帅宗弼不

便民河又名刀枪河（明朝葛寅亮《金陵梵刹志》）

得不下令回师。金兵一路上烧杀抢掠，打算从京口（今镇江）渡江北还。

南宋大将韩世忠得知宗弼北撤的消息后，以 8000 水军阻击企图渡江北撤的金兵，韩世忠亲临前敌指挥作战，韩夫人梁红玉也身着戎装，手执鼓桴，冒着矢石，为军士们擂鼓助威，由此留下了"梁红玉击鼓战金兵"的佳话。

完颜宗弼的 10 万金兵被阻不能渡江，困在河道湮塞的建康（今南京）东北死水港黄天荡。民谚称："黄天荡，无风三尺浪。"黄天荡有长江第一险之称。进了黄天荡犹如进了鬼门关，很难活着出来。而黄天荡通往长江的一条水路又被韩世忠部队守住，10 万金兵如瓮中之鳖，惶惶不可终日。

就在金兵处境维艰的时候，有奸细向完颜宗弼献计，说凿开老鹳河故道，可以通往秦淮河偷偷地逃走。宗弼听了大喜，下令士兵连夜凿开老鹳河故道。当时被困的金兵没有开河工具，便用刀枪凿河。一夜之间，金兵凿通 30 里河道，完颜宗弼率领金兵从这条河中仓皇北逃。从此，金兵在以后 150 年内再没有渡过长江。由于这条河是用刀枪挖掘的，所以称为"刀枪河"。

便民河在历代屡有疏浚。清朝吕燕昭修、姚鼐纂《重刊嘉庆江宁府志》卷七《山水下》记载，此河是乾隆四十五年（1780）江南督抚奏开，以避黄天荡之险，至四十八年（1783）始通行。另据《同治上江两县志》记载，清朝乾隆年间，以河道浅窄而疏浚，赐名便民港。同治年间，又重新疏浚。但是，到了光绪年间，河道又淤塞，难以通船。《光绪续纂句容县志》称："便民

清朝《重刊嘉庆江宁府志》卷七《山水下》中有关新开河（便民河）的记载

河南岸汊河约十余处……
又红旗等港本浅狭，近则
淤垫更甚，至九十月间即
枯涸，船只不能畅行。"

在便民河南侧不远处，
有摄山村的官窑自然村，
是明代专门烧制城砖的地
点之一。当年的城砖就是
通过便民河，进入长江，
然后运抵南京城。

二、河流现状

便民河源于栖霞区摄
山、东阳和句容宝华山、
大华山、武歧山等山沟之
水，起点为七乡河，自西
向东，连接三江河，中途
汇入句容境内的八字桥河、
陈甸河、东山河等多条泄

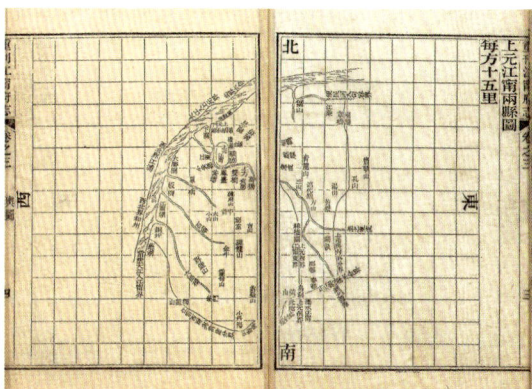

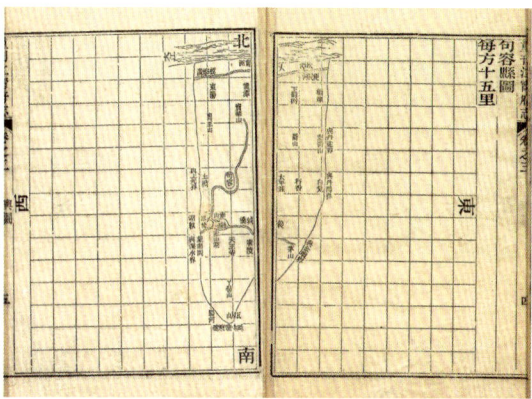

便民河（清代吕燕昭修、姚鼐总纂《重刊嘉庆江宁府志》）

洪河。系栖霞区花园、营房、长江三社区和句容市宝华、下蜀两镇的界河，
在长江社区外的公记附近注入长江。河流的东段原在句容市和丹徒县境
内，后因东部淤塞，改从句容太平村大道河入江。

便民河全长约 30 公里（在栖霞区境内约 17 公里），流域面积近 110
平方公里。河床平均宽约 40—55 米，最窄处为 4 米左右，摄山境内源头
段河床较窄，平均宽 20 米，龙潭、营防境内中段河床渐宽，平均 25 米，
在长江入江口附近河床宽约 100 米。中华人民共和国成立后，虽经多次
疏浚，但整体河床的淤积情况仍很严重。

如今的便民河，东部摄山村入江口淤塞严重，芦苇丛生，已经废弃。
摄山桥一带，因正在拆迁，河流狭窄，河道杂草和荇藻疯长，水质浑浊，
周边环境较差。

便民河在栖霞山西侧北的原入江口

便民河

原入江口处废弃的水闸和河道

值得一提的是，在便民河上游北岸与长江之间，正在兴建黄天荡湿地公园；南岸以官窑村出土的官窑遗址为核心，拟建南京明代砖窑遗址博物馆。在官窑村之东，是民国时期兴建的江南水泥厂（栖霞街道摄山镇88号），当年的建筑物大部分保存下来，并被列为南京市文物保护单位。在便民河的中游，有民国时期的中国水泥厂（龙潭街道水泥厂路185号），在中国水泥厂内的山上有龙潭会师亭。这些具有历史底蕴的遗址和建筑，与便民河串联起来，将极大地提升便民河和这些遗址、建筑的遗产价值，对于推动南京的旅游开发也具有现实意义。

三、遗产资源

官窑村

2016年7—10月，南京市考古研究院的考古人员在栖霞区官窑村发现大型明代砖窑遗址，成为2016年度南京最重要的考古发现之一。勘探发现的窑址数量已达110座，另有古代墓葬84座、烧坑11座。

在一片片山冈的坡地上，星罗棋布般散落着一个个圆形的"馒头窑"。

官窑村遗址

有些窑址的顶部虽已坍塌，但内部的火膛、窑床、烟道等结构依然保存完好，一些窑址内出土了大量明城砖残块，这些残砖质地细密坚实，一侧模印有"应天府提调官……上元县提调官县丞"，另一侧模印有"总甲赵才甲首……造砖人夫……"等铭文。这批铭文砖证明，当年修筑明城墙时，南京当地也建有大型的官营城砖烧造基地。（朱凯：《栖霞官窑村发现 110 座明代砖窑》，《南京日报》2017 年 7 月 26 日）

江南水泥厂

江南水泥厂位于南京市栖霞区栖霞街道摄山镇 88 号。

19 世纪末 20 世纪初，中国才生产出水泥。最早生产水泥的企业是始建于 1889 年的唐山细绵土厂（后来更名为唐山洋灰公司、启新洋灰股份有限公司）。1931 年九一八事变后，我国最早的水泥厂——唐山启新洋灰股份有限公司为了在南方开辟市场，就近生产，由陈范有通过

20 世纪 30 年代的江南水泥厂俱乐部

北洋大学同学陈立夫的关系，经蒋介石同意，于 1935 年派遣技术专家赵庆杰到南京栖霞山附近选定厂址。

1935 年，河北唐山启新洋灰公司在天津成立江南水泥股份有限公司董事会，颜惠庆为董事长，袁世凯之子袁心武为主任常务董事，王仲刘、陈范有为副主任常务董事。陈范有任总经理，共筹集资金 240 万银圆，选择南京栖霞山东麓的摄山渡作为厂址，以建立"模范农场"的名义，征购土地，筹建水泥厂。取名为江南水泥股份有限公司栖霞工厂，占地面积 5000 平方米，设计规模为年产水泥 20 万吨。电器设备由德国禅臣洋行提供，水泥设备由丹麦史密芝公司提供。1935 年 7 月动工兴建，1937 年 10 月竣工，11 月试机，为当时国内规模最大，设备和工艺最先进的水泥厂。

江南水泥厂难民区。右为京特博士

南京沦陷前后，江南水泥厂成为南京最大的难民营，收容难民达 3 万多人。当时，德国和日本同为轴心国同盟成员，丹麦是中立国，董事会利用这种特殊关系，以外国人来应对外国人，进而保护工厂财产，即所谓"以夷制夷"。董事会聘请德国人卡尔·京特担任代理厂长。他与丹麦人辛德贝格和留厂职工一起，一方面奋力保护工厂，另一方面英勇救助了成千上万难民免遭日寇的屠杀和蹂躏。丹麦人辛德贝格因舍生忘死保护难民而被称为"南京的辛特勒"。

丹麦人辛德贝格在江南水泥厂难民区

抗战胜利后，工厂重建，又向丹麦进口设备，1948 年底工厂安装完毕。由于输电线路迟迟得不到解决，直到 1949 年南京解放时，也未能投入生产。

1950 年 9 月，在人民政府的扶持下，江南水泥厂正式投入生产。1966 年，工厂改名为"红旗水泥厂"。1972 年恢复原名。

20 世纪 80 年代的江南水泥厂，占地面积 328 万平方米，各类建筑面积 16 万平方米，以生产"五羊牌"水泥和"钟山牌"水泥驰名中外。

2017 年 6 月 27 日，笔者实地考察发现，在江南水泥厂风貌区内，还保存有 16 栋民国建筑，总建筑面积 5179 平方米。这些民国建筑可分为办公和住宅两类，如建厂初期作为办公及外籍人员娱乐场所的锥顶小黄楼、四方形的两层瞭望塔、难民医院、甲乙丙丁宿舍楼等，建筑多为砖混结构。在经历 60 多年的岁月洗礼和近年来的两次火灾后，江南水泥厂的厂房部分被毁，大部分现存民国建筑也都成了危房，需要进行全面的维修和保护。令人欣慰的是，在厂区内，主干道两侧栽植的法国梧桐浓荫蔽日，形成一条绿色的长廊；在每一栋建筑前面，都栽种龙柏两株，

江南水泥厂

锥顶小黄楼前面栽种了一行龙柏,如今枝繁叶茂,蓊郁葱茏,形成独特的景观。

2012年4月,"江南水泥厂民国时期建筑风貌区"被列为南京首批十处重要近现代建筑风貌区之一。根据南京市规划局《江南水泥厂民国住宅区历史风貌区保护规划》,厂区内的16栋民国建筑将得到原汁原味的保护,昔日工厂住宅区将变身为文博展览、创意产业和民国体验游基地。规划将这一风貌区定位为抗战文化旅游的创新区、民国文化展示的集聚区、创意文化产业的示范区。要求保护其独特的"联排住宅与独栋建筑、办公建筑与居住建筑"相互交融的历史格局。

中国水泥厂

中国水泥厂位于南京栖霞区龙潭街道水泥厂路185号,是南京有名的"老字号"企业,也是中国早期民族工业的典型代表。现仍名中国水泥厂。

龙潭地处南京市东北郊,距市区约28公里,位于宁镇山脉中段的北侧。这里石灰石、黏土、煤等原料贮藏丰富,开采方便;沪宁铁路从厂前穿过,又有便民河直通长江,水陆交通便捷;同时,这里毗邻上海、南京,产品销售市场广阔。

19世纪末20世纪初,中国才生产出水泥。最早生产水泥的企业是始

中国水泥厂旧影

建于 1889 年的唐山细绵土厂（后来更名为唐山洋灰公司、启新洋灰股份有限公司）。上海姚新记营造厂创办人姚锡舟（1875—1944）从自身的建筑生涯中，深知水泥为近代建筑工程所必需的材料，而中国的水泥生产，只有天津唐山启新、湖北华记等少数厂家，远远不能满足国内建设事业发展的需要，大多数水泥仰仗从国外进口，造成大量的白银外流。于是，他萌发出创办水泥厂的念头。1921 年，姚锡舟联合上海金融界、实业界人士李伯行、聂云台、萨桐荪、陈光甫、吴麟书以及龙潭镇的矿山主屠述三（1878—1950）等 28 人，筹集白银 50 万两，选择江苏省句容县龙潭镇（1953 年划归南京）作为厂址，建设中国水泥股份有限公司龙潭工厂（又称中国水泥厂）。姚锡舟被公推为董事兼总经理，吴麟书为董事长。

工厂于 1921 年 9 月 3 日破土动工，姚新记营造厂承建，1923 年春天竣工，总投资白银 113.74 万两。德国人克思盟被聘为工程师。

中国水泥厂建厂之初，据姚锡舟称"面积合厂基、石山、煤矿统计，周围约一平方英里"。当年，工厂门口挂有两块招牌，左边是"中国水泥厂"，右边是"龙潭煤矿管理处"。高耸的厂房上，也悬挂有两块巨大的横幅招牌，上书"中国水泥厂"字样。工厂内烟囱林立。

1923 年 4 月，中国水泥厂正式投入生产。当时只有一台小窑生产，日产水泥 500 桶（每桶 170 公斤）。1924 年 7 月，开始使用"泰山牌"注册商标。

1925 年，姚锡舟投标承建中山陵一期工程（主要包括坟墓、祭堂等），以造价 44300 两中标。在第一期工程中，仅"泰山牌"水泥就需要用 150 吨。1924 年至 1925 年，江浙军阀齐燮元、卢永祥混战，致使交通时通时阻，工厂产销停顿，中山陵建筑工程进度也受到极大影响。

1927 年春，中国水泥厂厂房、另外两台旋窑以及附属设备全部安装完毕，总投资为 130 万两白银。工厂的设备均购自德国纳格尔、开姆泼、米亚格、洪堡等名厂，发电及电机设备购自英国拔伯格和德国西门子厂。三台旋窑投入生产后，日产水泥达 2500 桶。这一年的 8 月，龙潭战役爆发。8 月 24 日，北洋军阀巨头、五省联军总司令孙传芳调集重兵 6 万人从江北划子口、大河口一带渡江袭击国民革命军，进而准备进攻南京，栖霞山、龙潭被孙军占据，中国水泥厂成为孙传芳的指挥所。8 月 30 日，国民

中国水泥厂

革命军与孙传芳的军队展开激战，并于当日击败孙军。工厂部分厂房、办公室、宿舍在这场战争中遭到严重破坏，厂外水泥栈桥也被付之一炬。后经姚锡舟等人的努力，工厂很快恢复元气。

1937 年 11 月底，日军侵占中国水泥厂。次年 7 月，日商三菱洋行强行租赁，更名为"磐城水泥株式会社南京工场"进行生产和经营。直至 1945 年 10 月，日商才归还工厂，但机器、厂房损坏严重。经过修理，工厂逐步恢复生产。

1946 年春，国民党高级将领白崇禧来到中国水泥厂，与厂方就纪念 1927 年龙潭战役会师和缅怀阵亡将士，共建龙潭会师亭和修葺阵亡烈士公墓之事，进行协商，下午合影留念。1947 年，龙潭会师亭建成，常有国民党高级将领前来参观。

1947 年，工厂的产量创民国时期最高纪录。这一年，生产水泥 98584 吨，全年盈利 121 万余元。

中华人民共和国成立后，中国水泥厂占地面积 317.2 万平方米，生产的"石城牌"水泥和"五羊牌"水泥曾经一度运销海内外。

龙潭会师亭

龙潭会师亭又名龙潭战役会师亭、督师台，位于江苏省南京市栖霞区龙潭街道中国水泥厂厂区内黄龙山北麓 53 米高处，是国民政府为国民革命军在北伐战争龙潭战役中的阵亡将士修建的纪念性建筑群。

1927 年 8 月，何应钦、李宗仁、白崇禧率国民革命军三路会攻直系军阀孙传芳的五省联军，经过激战以伤亡 8000 余人的代价彻底击败孙传芳，会师龙潭。国民政府定都南京后，在第一公园内，曾建有蒋介石题写碑文的"龙潭讨孙阵亡将士纪念碑"及"国民革命

龙潭会师亭文保碑

龙潭会师亭遗址

军讨孙阵亡烈士纪念塔"。

南京沦陷期间，第一公园被日军扩建为明故宫机场的一部分，碑、塔被拆毁。

抗战胜利后，国民政府决定在龙潭战役的主战场龙潭建立纪念性建筑，经勘查选址在中国水泥厂厂区内的黄龙山麓，这里三面环山，地势陡峭，树木葱郁，景色宜人。整个建筑群以"龙潭会师亭"名之，也称"督师台"。1946年，由中央大学教授徐中设计，1947年建成。整个建筑群，由上山道路（350余级台阶）、督师台、会师亭、甬道、纪念碑、旗幡台、祭台、拱壁几个部分组成。除督师台、会师亭在"文革"中被拆，纪念碑被炸倒外，其余建筑尚保存完好。

龙潭战役是发生在北伐军与军阀孙传芳之间的一场激战，这场战役奠定了南京国民政府的基业，也使显赫一时的五省联帅孙传芳从此一蹶不振，6万余孙军，战死和淹死2万余，被俘3万余，几乎全军覆没。白崇禧曾在回忆录中说："龙潭之役在北伐大业中是最重要一仗。"于右任曾写一联："东南一战无余敌；党国千年重此辞。"谭延闿亦有联相赠予白崇禧："指挥能事回天地；学语小儿知姓名。"

黄天荡湿地公园

黄天荡湿地公园位于栖霞区龙潭街道，总面积约 10762 亩，公园内拥有湿地面积 9218 亩，主要沿长江南岸主江堤北侧分布，呈东西走向。整修一新的湿地公园于 2018 年 3 月 31 日正式开园。龙潭街道营防村的杨沟泵站是湿地公园的主入口。

江堤上下一片郁郁葱葱，往北看水天一色。枯水期露出的大片江滩湿地，成了野菜和野花的"家乡"，也是各种水鸟的栖息地。江堤边还新建了一处广场，竖立着韩世忠雕像，纪念历史上在此发生的著名的"黄天荡大捷"。

黄天荡湿地公园从 2016 年开始规划设计，2017 年正式动工建设，2018 年 3 月一期工程全部结束。（杨智泉、朱利虎、王聪：《黄天荡湿地公园月底开园，踏青访古正当时》，《南京日报》2018 年 3 月 28 日）

四、文献史料

宋朝周应合《景定建康志》卷一九《山川志三·河港》："《韩忠武王世忠碑》云：建炎四年，金人入寇，车驾幸四明。王闻之，亟以舟师赴难。兀术闻王在京口，遽勒三十万骑北还。王遂提兵截大江以邀之，相持黄天荡四十八日。兀术势危，自知力惫粮竭，或生他变。而王舟师中流鼓枻，飘忽若神，凡古津渡，又皆八面控扼，生路垂绝。一夕，潜凿小河，自建康城外属之江，以通漕渠，幸风波少休，窃载而逃。"

宋朝周应合《景定建康志》卷一九《山川志三·河港》："新河，在白鹭洲西，南流通大江二十余里。"

元朝张铉《至正金陵新志》卷五《山川志·河港》："《韩世忠碑》云：建炎四年，金人入寇，车驾幸四明。王闻之，亟以舟师赴难。兀术闻王在京口，遽勒三十万骑北还。王遂提兵截大江以邀之，相持黄天荡四十八日。兀术势危，自知力惫粮竭，或生他变。而王舟师中流鼓枻，飘忽若神，凡古津渡，又皆八面控扼，生路垂绝。一夕，潜凿小河，自建康城外属之江，以通漕渠，幸风波少休，窃载而逃。"

元朝张铉《至正金陵新志》卷五《山川志·河港》记载："新河，在白鹭洲西，南流通大江二十余里。旧名蕃人河，今呼为新开河。"

明朝《万历应天府志》卷一五《山川志》："新开河，宋元凿，自三山桥，历石城桥、定淮诸门，由草鞋夹以达于江，又自三汊河而南，过江东桥，与元运道合。""新河，在白鹭洲西，南流通大江二十余里，旧名蕃人河，今呼为新开河。"

明朝《万历江宁县志》卷一《地里志·山川》："古新河，一名新开河，在白鹭洲西，南流通大江二十余里。旧名番人河，宋韩世忠截大江，邀金兀术于黄天荡，生路垂绝。一夕，潜凿小河，自建康城外属之江乘轻艘而走，故名。"

清朝《乾隆江宁县新志》卷七《山川志》："宋新开河，《金陵志》云：在白鹭洲西，南流通大江二十余里。《韩世忠碑记》：建炎四年，金人寇，车驾幸四明，王以舟师起难，兀术闻王在京口，遽勒三十万骑北还。王遂提兵截大江以邀之，相持黄天荡四十八日。兀术势危，自知力惫，或生他变。而王师中流鼓枻，飘忽若神，凡津渡八面控扼，生路垂绝。一夕，潜凿小河，自建康城外属之江，以通漕渠，幸风波少休，窃载而逃。按：自三山桥历石城、定淮诸门，由草鞋夹以达于江，又自三汊河而南过江东桥，与元运道合，所谓下新河也。元运道由大城港入江。"

清朝《重刊嘉庆江宁府志》卷七《山水下》："新开河，御赐名曰便民港，起上元摄山，至句容龙潭，又东至于镇江丹徒下师古滩，以入于江。按：此河乾隆四十五年江南督抚奏开，以避黄天荡之险，至四十八年始通行云。"

清朝《道光上元县志》卷四《山川》："新开河，起县治摄山至句容龙潭，又东至镇江丹徒下师古滩以入于江。乾隆四十五年江南督抚奏开，以避黄天荡之险。"

清朝《道光上元县志》卷四《山川》："新开河，在城西南。《韩世忠碑记》云：建炎四年，金兀术所开，自三山桥，历石城、定淮诸门，由草鞋夹以达于江，复自三汊河而南，经江东桥，与城西南十二里之阴山运道合，出大城港入江。"

清朝《同治上江两县志》卷四《考水》："御赐名曰便民河，一曰倒浆河。其源出于燕子矶下二十五里摄山、衡阳、雉亭诸山，溪涧合流二十五里，至龙潭与句容分界，又三十里，太平桥有港通江，又五里至下蜀街，古江滨重戍也，以下曰御河。又三十里，马桥口有港注江，又三十里，高资港由新河口入江，其流百二十里，南岸皆山后圩田，北岸宜昌洲，惟龙潭为市，然船俱由其下三江口出江，即太平桥也，红旗等港皆浅狭，乾隆中修之，同治十一年候补知府孙云锦奉督部命，又浚之。"

清朝《同治上江两县志》卷四《考水》："北河口，即金人所开老鹳河。《宋史》：建炎四年，韩世忠扼宗弼于江中，宗弼不得济。或曰老鹳河故道今虽湮塞，若凿之，可通秦淮。宗弼从之，一夕渠成是也。"

眞州今黄天蕩南蘆場內是其處或云亦兀术所開南畿志有四太子河疑卽此也小新河在舊東門外土橋之東宋嘉定中眞德秀為江東運刷過遇旱蟄民飢欲因役以飽之乃募夫自土橋束開河欲至蔣山開至牛山寺後遇石不可掘乃止新閘河起縣治撮山至句容龍潭又東至鎮江丹徒下師古瀨以入於江乾隆四十五年江南督撫奏開以避黃天蕩之險高宗純皇帝賜名曰便民港

上元縣志 参四 山川

新开河即便民河（《道光上元县志》卷四《山川》）

清朝顾祖禹《读史方舆纪要》卷二〇《江南二·江宁县》："新河，在治城西南。《志》云：在白鹭州西，西南流二十余里通大江。旧名蕃人河，今亦谓之新开河。"

清朝顾祖禹《读史方舆纪要》卷二〇《江南二·江宁县》："新开河，在府西南。《实录》云：旧城濠在通济门内，旁入秦淮，又自通济门外与秦淮分流，绕而南经聚宝门外长干桥，至三山门外与秦淮水复合，此杨吴时旧城濠也。其自三山门外，历石城及定淮诸门，达于草鞋夹入江，复自三汊河而南，经江东桥，与府西南十二里之阴山运道合，出大城港入江者，此宋元新开河也。明初，陈友谅侵建康，趣江东桥，舟师欲出新河口路，太祖命赵德胜跨河筑虎口城以守，即此。"

民国夏仁虎《秦淮志》第二卷《汇通志》："北河口，即金人所谓老鹳河。《宋史》：建炎四年，韩世忠厄宗弼于江中。宗弼不得济。或曰老鹳河故道，今虽湮塞，若凿之，可通秦淮。宗弼从之，一夕渠成。"

五、诗词歌赋

黄天荡

（南宋）曾极

受金纵敌将何如，曹沫功名失此时。

雁足不来貔虎散，沙头蚌鹬漫相持。

登最高峰眺望而作歌

（清）爱新觉罗·弘历

及至今日徐徐登，便民港水眼底漾。

由港而江通潮汐，旧称险处黄天荡。

避险就安诚便民，两府行舟永无恙。

不惟两府歌利济，通省士庶情俱畅。

舟过黄天荡

（清）洪亮吉

千余年来发深慨，南江中江不归海。

麻姑何暇笑沧溟，此亦桑田屡迁改。

黄天荡

（清）余宾硕

西径龙潭，登舟出朱家嘴，望黄天荡。崩浪震山，惊涛奔岸，淫淫莽莽，迷神眩目。谚云：黄天荡，无风三尺浪。此长江第一险也。宋韩蕲王围兀术于此，几成禽矣。或告之曰：老鹳河故道，今虽湮塞，凿之可通秦淮。兀术从其言，一夕渠成，凡三十里，遂趋建康。

云涛浩荡乱军声，转战韩王旧著名。

春树远连京口寺，寒潮近接石头城。

奸臣失计收河朔，庸主甘心辱父兄。

大业一灰诸将泣，从来国事误书生。

颠客

汹汹如振鼓鼙声，竞说黄天荡有名。

浪涌俨倾巫峡水，波摇疑撼岳阳城。

中流无处分南北，共济虽仇若弟兄。

曾记蕲王摧劲敌，金陵仗此护苍生。

和斋

卷雪排空激作声，无风亦浪不虚名。

江波远撼金山寺，天堑雄过铁瓮城。

今代喜无南共北，当年甘结弟和兄。

鹳河夜浚潜师遁，吊古茫茫百感生。

黄天荡咏韩蕲王破金师事

（清）陈文述

岳飞既破兀术于龙湾，韩世忠复扼之于黄天荡。或教之于冶城西南凿大渠十余里接江口，出世忠之上，世忠尾击，败之。按：黄天荡南对龙潭，则龙湾或即龙潭耶。

黄天荡走江流疾，横江旌旆楼船出。

中兴名将韩蕲王，南渡以来功第一。

中原复地还两宫，指顾直欲吞黄龙。

岂知老鹳夜偷渡，恢复竟败垂成功。

君不见兀术南侵驱万马，岳侯破敌新城下。

谁家部曲驻建康，昏夜凿河无觉者。

行殿临安草木春，赵家遗事黯风尘。

西湖花发人如玉，忆尔亲提战鼓人。

黄天荡之战，世忠妻梁氏亲提桴鼓。

黄天荡怀古

（清）黄燮清

八千劲旅走熊罴，曾断金人十万师。

骢马宣威临阵日，羯胡丧胆渡江时。

风鸣环佩军中鼓，谷暗云霞战士旗。

从古庸臣好和议，寒潮呜咽使人悲。

过黄天荡顺风安澜而渡竟不知其险赋此

（清）张鹏翮

雨洗三山翠，波澄万里流。

云边双过雁，天际一孤舟。

风止帆飞速，潭空月影留。

为怜黄阁老，安渡不知愁。

过黄天荡

（清）张通之

连岩看欲动，愈觉一舟轻。

风涌黄天荡，云低白下城。

浪花呈怒色，岸荻助呼声。

不去中流鼓，教人心亦惊。

六、民间传说

刀枪河的传说

据说在宋朝末年，金兀术侵犯中原，二路元帅韩世忠同金兀术两军对垒。金兀术兵败被困在黄天荡里。当时，黄天荡就靠镇江过来龙潭、栖霞这一带。金兀术的人马很多，因为被困久了，无法突围，后来他就想出逃，叫当地的百姓献计献策。有一天晚上，有位老者献计，他说："你旱地被困，为什么不从水上走呢？此地紧挨长江。"金兀术说："长江不通唉。"老者说："你的士兵不能用刀枪挖河吗？挖成一条河，把长江水引进来，就可以从水路逃走了，他们在水路没有防备的。"就这样，金兀术当时采取了老者的计策，连夜发动士兵用刀枪挖一条河，这条河挖成后，金兀术沿河逃掉了。这条河便是刀枪河，现在叫便民河。

——《栖霞区志》"综录·民间传说"

岳子河

岳子河，俗称鸭子河。是滁河下游入江水道之一。

一、历史沿革

岳子河位于六合区瓜埠镇和长芦镇境内，始挖于宋代绍兴年间（1131—1162）。相传金兀术驻兵瓜步，南宋抗金名将岳飞派遣其子岳云率士卒由河子沟凿此河，从金兵的背后突然袭击，金兵败逃。

二、河流现状

岳子河源于六合区玉带乡刘庄段之滁河，流经玉带乡至九里埂入长

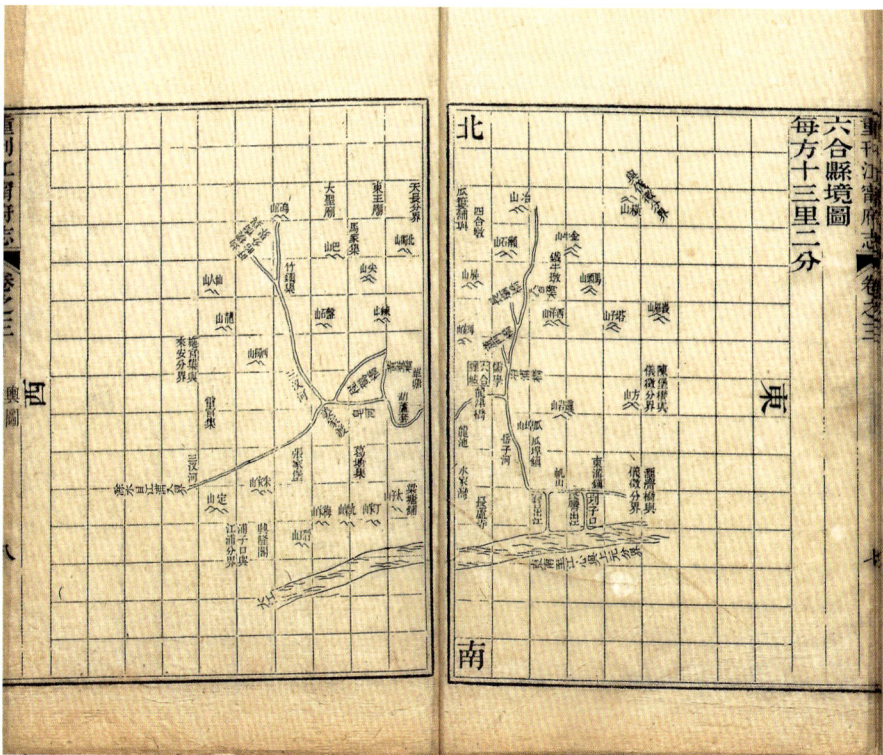

岳子河（清朝《重刊嘉庆江宁府志》）

岳子河

江，全长 5.25 公里。

1985 年 11 月—1986 年 6 月，在岳子河入江口处建长 25 米、高 11 米的水闸一座，具有蓄水和阻挡长江洪水的功能。

2018 年 6 月 21 日实地调查，岳子河河道宽阔，河岸有草皮护坡，河水较为干净，部分区域受到污染，水体呈现绿色，富养植物丛生，但无异味，可以在水边钓鱼。周边工厂林立，跨河有多座工业管道通过。

三、文献史料

明朝《万历应天府志》卷一五《山川志》："岳子河，在河子沟北。兀术驻瓜步，岳飞遣子云凿此以袭虏，俗呼鸭子河。"

明朝《嘉靖六合县志》卷一《地理志·山川》："岳子河，在河子沟北。相传金兀术驻兵瓜步，岳飞遣子云率士卒从河子沟凿此，以出其背，虏败走，今俗呼为鸭子河。"

清朝《康熙江宁府志》（于成龙本）卷八《山川下》："岳子河，在河子沟北，昔岳飞遣子云凿此，以袭金人，俗呼鸭子河。"

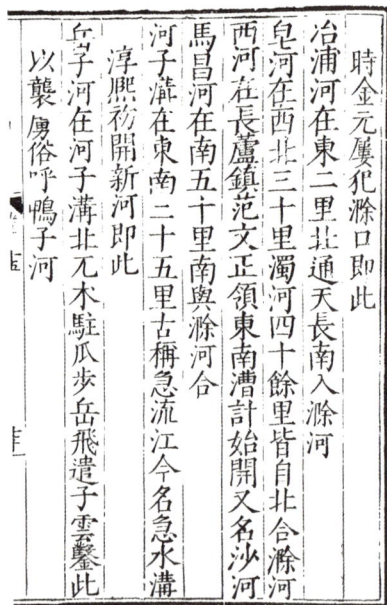

岳子河俗称鸭子河（《万历应天府志》）

南河

南河，又称阴山河、阴山运道、元运道、大胜河、大胜关河道。开凿于元代。起自赛虹桥，终点是大胜关。历史上，它是南京西南内河通往长江的一条重要漕运通道，今天仍然是南京城西南部的一条重要抗旱排涝河流。

一、历史沿革

南河，为避南京段长江之险而开凿。因其流经阴山矶（今西善桥以北宁芜铁路东侧一带）下而得名。据南宋周应合《景定建康志》记载，阴山在江宁西南一十二里，临大江。王导至此山，梦见神托梦，遂以其事报告皇帝，皇帝为神立庙，时人遂名其山为"阴山"，神庙则称"阴山庙"。

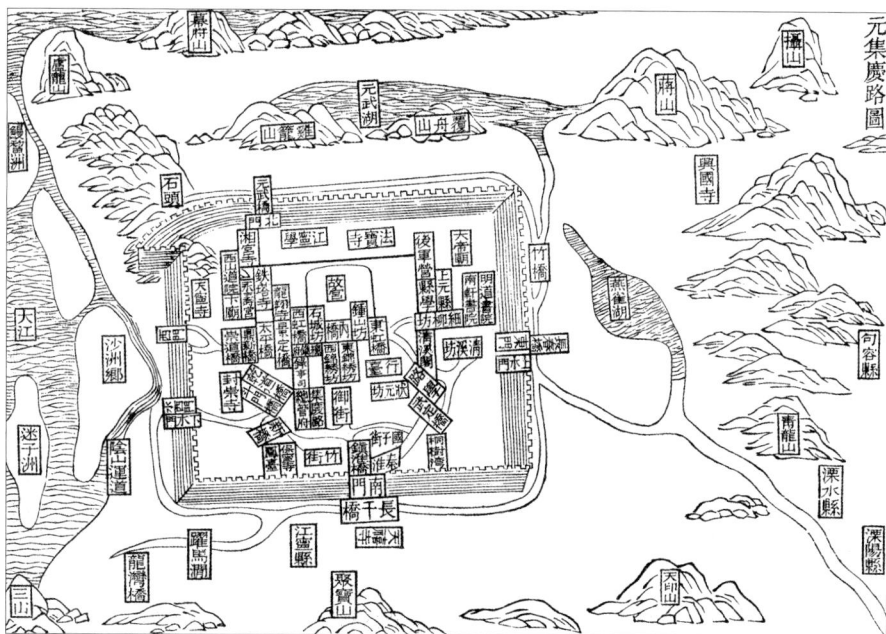

《元集庆路图》中的阴山运道（明朝陈沂《金陵古今图考》）

阴山河上有麾扇渡（毛公渡），唐朝许嵩《建康实录》说其在朱雀航之左，一名毛翁渡。相传西晋陈敏据建邺（今南京）反叛朝廷，平叛将领顾荣以白羽扇指挥军队克之，陈敏军溃败于此，为纪念这场胜利，遂名这里为"麾扇渡"。明代这里被称为瓦屑坝，是当时建筑物生产、运输码头的要地。

据《南京水利志》记载，元泰定三年（1326），建康路总管那怀中顺提议开浚阴山运粮河道，以避大胜关长江之险，"寻以动工例禁罢役"。至元四年（1338），集庆路总管完者秃通复请疏浚阴山运粮河道。至正二年（1342），集庆路判官周尧作实地查勘，《至正金陵新志》载，其查勘范围"上至官庄铺（今大胜关附近），下至毛公渡（今赛虹桥附近），中分新旧两河。先言新河附近民田，地势高下，开之有害农务。靠东依山，系是旧河间挑，有益无害。计用工二十一万六百，申都水庸田司讲究"。至正三年（1343）冬十月，阴山河道开浚。河道自大胜关附近至西善桥，经小行、赛虹桥进入外秦淮河，长江上游船只循此河道顺畅入城，完全避开长江之险。除了漕粮外，还有来自四川、湖南、湖北、江西、安徽等地的竹、木、油麻、药等货物。

元顺帝至元年间（1335—1340），在大胜关设水驿，名大城驿。元朝至正二十年（1360），在龙湾之战中，朱元璋派大将杨璟在此设防，击败劲敌陈友谅的进攻，为纪念这次战争的胜利，改名大胜港，并在此设关，取名大胜关，同时设置水驿——大胜驿。在历史上，大胜关不仅是南京的江防要塞，而且是中转港口和交通要道。长江中上游的物资，经过大胜关由内河转运进城。明朝官方编纂的《明实录》《大明会典》《寰宇通衢》，以及明朝商人黄汴编纂的《一统路程图记》和明朝商人程春宇所辑《士商类要》等商旅指南中，均有大胜驿的记载。

到了清代，南河及大胜关、赛虹桥等地也一直是重要的运道与码头所在。然而，由于上新河的兴起，以及近代轮船的出现，大胜驿及南河河道到清代后期已处于衰败之中。

孙中山先生就任中华民国临时大总统时，曾在这一带考察，在后来的《实业计划》中，他曾规划在大胜关一带建南京的工商业区，包括设立江心洲商港。"大胜关，关即大城港，有运粮河，东至西善桥，为京市天然界限，后来航运之孔道也。长江上游货物，由此折入内河，转运入城。……总理计划建商港于江心洲，预定为工商区域之一部。"此计划虽未实现，但说明大胜港对南京而言仍具有重要意义。

1927 年南京国民政府实行市、县分设，江宁自治实验县成立，大胜关、三江口、划子口码头属于江宁县的现代码头。此时，南河在夏季水涨时还在发挥航运作用，1934 年出版的《江宁县政概况》记载："南河位于江宁县西北，自大胜关至上新河，环抱沙洲圩半部，略成半圆形，农田五万余亩，均赖以灌溉。夏日船舶往来，为避长江风险，往往取道南河，直抵水西门，因此京市繁华亦颇有赖于南河。"

二、河流现状

1949 年中华人民共和国成立后，南河已经逐渐失去了原来的水路运输功能，仅保留为沙洲圩提供灌溉水源的作用。

1975 年，南京市组织开挖秦淮新河时，选择在下游截断南河，并利用了原南河西善桥至格子桥一段河道，这导致南河被一分为二，在秦淮新河之北的一段称"北南河"，在秦淮新河之南的一段称"南南河"，大胜关入江泓道一段甚至改称为"板桥河"。目前，南河与秦淮新河相接合部河床已消失而代之以小型水闸，但在秦淮新河河堤之外处，南河故道大都还在，最宽处尚有 50 米以上，一般河道也在 30 米宽左右。

南河位于凤台南路——宁芜公路西侧，全长约 9.4 公里。分为南北两段，北段长 5.6 公里，流经赛虹桥，与外秦淮河

南河（从河西大街东端与凤台南路交界处的桥上拍摄）

南河（从毛公渡桥上拍摄）　　南河与外秦淮河交汇处（从赛虹桥上拍摄）

相连；南段流经西善桥注入秦淮新河，长 3.76 公里，北与秦淮新河相通，西南流经双闸镇大胜关，注入板桥河。

1993 年，在雨花台区与建邺区交界处的南河下游，建起一座长 35 米、高 9.2 米的水闸，具有蓄水和泄洪的功能。

2018 年，又开挖了南南河——中梗沟段 728 米，形成一个环状水系，用以引水补水，建设生态河道；同时在中梗沟与南南河交汇处，新建节制闸一座，用来调节水位。（于飞：《南河南段将挖一河道"引水补水"》，《金陵晚报》2018 年 6 月 12 日星期二 A03"重点新闻"版）

如今的南河，河水比较浑浊，不时有异味溢出。河道淤塞比较严重，两岸环境较差，正在进行综合整治。南河在主城主要起着排涝调蓄作用。

三、遗产资源

麾扇渡

西晋惠帝永兴二年（305）十二月，陈敏在历阳（今安徽和县）起兵反叛，阴谋割据江东。

西晋惠帝太安二年（303）冬十二月，晋征东将军刘准派遣广陵度支（主管漕运）陈敏渡过长江，联合江东大族周玘、前南平内史长沙王司马矩等人共同讨伐盘踞在建邺的石冰。陈敏与石冰多次交锋，所向披靡。次年三月，陈敏与周玘合兵收复建邺，石冰北逃被杀，扬、徐三州被平定。西晋政权任命陈敏为广陵相。当陈敏看到西晋政府内部纷争不已、天下战乱不休时，遂有割据江东之心。永兴二年（305）十二月，陈敏在历阳起兵反叛，攻占建邺。他驱逐西晋政府任命的官吏，联合曾与他共同击败石冰的江东大族顾荣、贺循、周玘等人，自称都督江东诸军事、大司马、楚公，企图在江东建立割据政权。

晋怀帝永嘉元年（307）二月，顾荣、周玘等江东大族联络镇守寿春的西晋征东

毛公渡桥与南河

大将军刘准，围攻建邺。在毛公渡，顾荣挥扇，陈敏的部下在河对岸看见后，仰慕顾荣的声望，在部将甘卓的带领下，临阵倒戈，陈敏兵败出逃，在栖霞山附近的江乘被俘，斩于建邺。由此留下了麾扇渡（今名毛公渡）的地名。

赛虹桥

赛虹桥，又名赛工桥、赛公桥、赛翁桥、栅洪桥。位于南京集庆门西南，赛虹桥立交以北，跨秦淮河支流。

赛虹桥建于明洪武年间，为三拱石桥，桥外原正对明外郭城驯象门。传明太祖朱元璋筑京城，工部与应天府分段承办。应天府筑城已竣，尚有余资，遂建石桥于此，名曰赛工桥，意为赛过工部。后地方官吏为避免"轻侮上台"，乃取唐代杜牧《阿房宫赋》"长桥卧波，未云何龙；复道行空，不霁何虹"之意，更名赛虹桥。

赛虹桥于清康熙年间重建。桥宽50余米，分水桥墩长60余米，拱矢高8.95米，至今仍能负载8吨。其宽度

赛虹桥文保碑

在南京古桥史上罕见。1947年曾经建"赛虹桥保卫战纪念塔"于桥旁。石桥现为南京市文物保护单位。

2003年赛虹桥立交建成，因靠近赛虹桥，故名赛虹桥立交。赛虹桥立交北起水西门高架，南接凤台南路，东起中山南路，西连应天西路，包括凤台路拓宽、凤台路顺河桥、集庆门隧道等工程。

赛虹桥地处外秦淮河与南河交汇处

大胜关

大胜关，原名大城港，又名大胜港。位于南京城西南的长江东岸，秦淮新河将其一分为二，北部属建邺区双闸街道，南部属雨花台区板桥

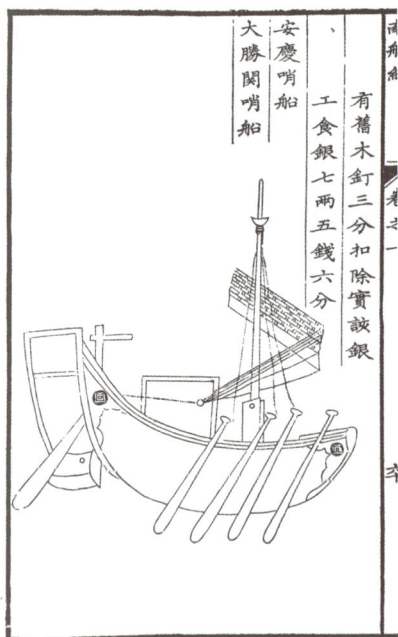
安庆哨船、大胜关哨船（《南船纪》）

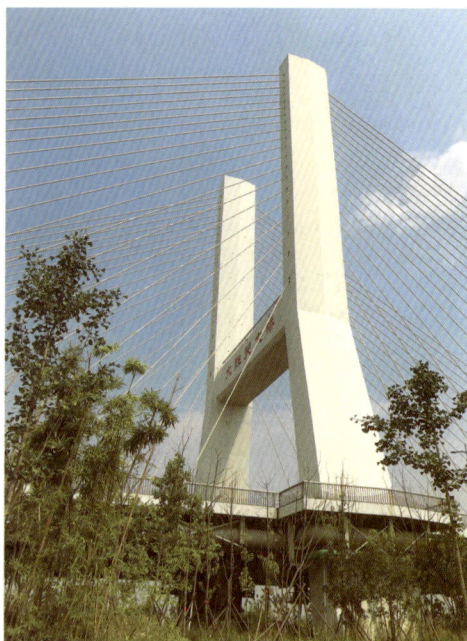
大胜关大桥地处秦淮新河入江口

街道。背靠老山、阴山等山脉，板桥浦、新林浦、南河、上新河诸水在此注入长江，地势险要，是水陆交通的要道。

宋时，在此设置巡简寨；绍兴二年（1132）又增置烽火台。元顺帝至元年间（1335—1340）设水驿，名大城驿。元朝至正二十年（1360），在龙湾之战中，朱元璋派大将杨璟在此设防，击败劲敌陈友谅的进攻。为纪念这次战争的胜利，改名大胜港，并在此设关，取名大胜关，同时设置大胜驿。历史上，大胜关不仅是南京的江防要塞，而且是中转港口和交通要道。长江中上游的物资，经过大胜关由内河转运进城。

大胜关现为南京长江三桥和南京大胜关长江大桥长江东岸的起点，在秦淮新河入江口还建有大胜关大桥。自大胜关起，北至三汊河水道，江心洲与长江东岸之间的夹江水道被称为大胜关水道，为南京市居民用水主要水源地。

在建邺区双闸街道，原有大胜村，应是大胜关的原址所在地。

四、文献史料

明朝《洪武京城图志》："毛翁渡，在聚宝门外，瓦屑坝南。晋顾荣与陈敏战于此处，荣以白毛羽扇麾军，因名麾扇渡，后讹称毛翁渡。今名因之。"

明朝《万历应天府志》卷一五《山川志》："元运道，在阴山下。至元间开，以通粮运，由大城港入江。"

明朝《万历江宁县志》卷一《地里志·山川》："阴山河，在阴山，元浚，上至官庄铺，下至毛公渡。"

清朝《康熙江宁府志》（于成龙本）卷八《山川下》："元运道，在阴山下，至元间以通粮运，由大成港入江。"

清朝《康熙江宁县志》卷二《山川志·河》："阴山河，在阴山，元时浚，上至官庄铺，下至毛公渡。"

清朝《重刊嘉庆江宁府志》卷七《山水下》："元运道，至元间开，以通粮运。"

清朝《同治上江两县志》卷四《考水》："《方舆纪要》：在城西南三十里，其地即大城港镇，为江流险阨处。宋置巡简寨，绍兴二年复

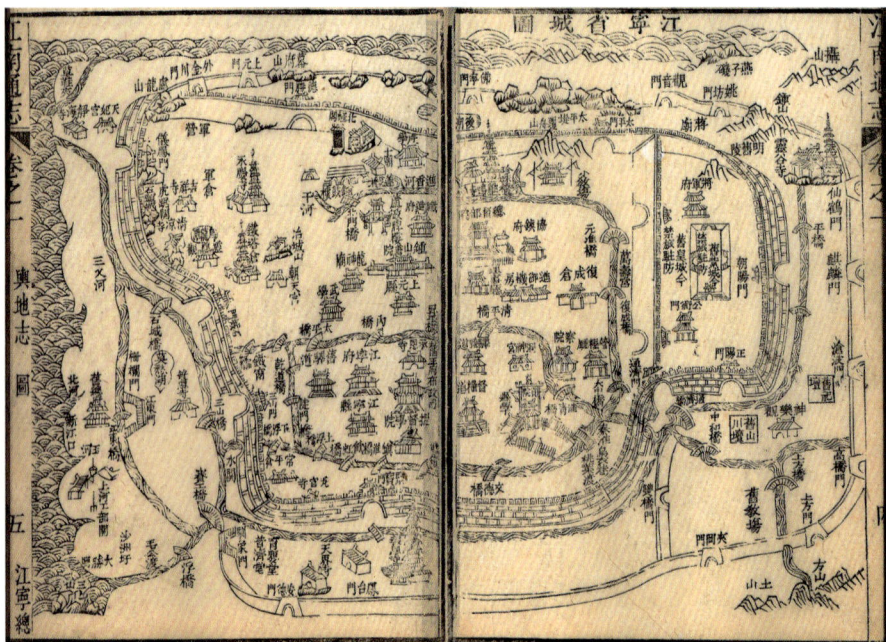

《江宁省城图》中的大胜关、南河（《乾隆江南通志》）

置烽火台。元至元间，沟河通江曰阴山河，置水驿于此，阴山河道上至官庄铺，下至毛公渡，中分新旧二河。明初立大胜关港，亦曰大胜港矣，高帝使杨璟驻兵大胜港，御陈友谅即此。"

清朝《同治上江两县志》卷四《考水》："淮水支流自城壕，西迳赛洪桥（在驯象门外，明宏治中，府尹吴雄修。国朝康熙甲辰又修，同治十年又修），明侍中黄观妻雍夫人殉节处也（案，诸书皆作翁，惟《南雍志》作雍，今从《南雍志》），亦曰栅栱，见《顾亭林集》。陈直方《闻见录》云：明初筑城，工部与应天府尹竞胜，府有余财，建此桥，故名曰赛工矣。其南为毛公渡，《待徵录》即麾扇渡也。《晋书》：陈敏据建业，出军临大航，顾荣以扇挥之，其众遂溃，在明为典牧所，有所桥（本与江东门外万寿桥皆石桥，后毁，同治五年总督李鸿章易以木，旧有新旧二浮桥，今无考）、济川等九卫十三所所出入也，又西迤北迳江东桥至北河口注江。"

五、诗词歌赋

栅洪桥

（清）王友亮

驯象门外，俗呼为赛工桥，明初造。

吴栅名犹绍，淮航制已迁。

截流烦鬼斧，驱石想神鞭。

春浪分声厉，晴虹落影妍。

参差排雁齿，兀突压蛟涎。

平坦如冈脊，孤横作水键。

无阑烟易合，有洞月难穿。

荡荡三千尺，迢迢四百年。

双堤仍曲抱，特柱自高悬。

估客朝停舵，渔翁夜列筌。

追凉人尽爱，篷底曲肱眠。

大胜关

（清）王友亮

明初杨璟守大城港，大破汉兵，改今名。

长流分细港，衣带恰一弯。

有明杨建军，镇此如铁山。

汉兵千舰来，屡遇辄败还。

表功赐嘉名，是为大胜关。

至今呼渡人，旦暮相循环。

野花开两岸，想见战血殷。

老农携酒榼，兀坐听淙潺。

不知蜗角闹，只爱鸥群闲。

阴山

（清）王友亮

江宁西南十二里，晋王导梦见阴山神于此，因为立庙，今废。

山巅庙址草离离，一曲江流似旧时。

欲采橙花迷处所，客来空忆野斋诗。

南宋周文璞（号野斋）诗："阴山侧畔月如霜，不为猿吟也断肠。折得橙花无处赏，带枝分与棹船郎。"

麈扇渡

（清）汤濂

在赛工桥，即今之毛公渡，晋顾荣以羽扇麾败陈敏兵处。

破敌指挥中，云霄一羽空。

尚余渡头水，摇荡白莲风。

明代：第三个黄金时代

　　明朝建立后，修建四重城垣的南京城。在京城城墙外侧，修建护城河，既利用原有的杨吴城濠，又利用天然河湖，形成城河一体的防御体系；在皇宫城墙外侧，开凿御河（金水河）。与此同时，为了使太湖流域和浙东地区的物资源源不断地输送到南京，疏浚胥河，开凿胭脂河，将政治中心南京与经济中心太湖流域和浙东地区紧密地捆绑在一起。此外，在沿长江地带，疏浚元代开凿的南河，开凿规避长江风险的交通运输线——上新河、中新河和下新河，使长江中上游的物资得以顺利地运抵南京。

境内诸水图（《乾隆上元县志》）

明御河

明御河,因围绕在皇宫之外,初名御河,又叫金水河。清代称作明御河。

一、历史沿革

明御河原是明初南京皇宫外的护城河,因是明代所开,且是皇宫护城河,故名御河。明御河水分两支,分别从皇宫东墙外和西墙外向南流,在青龙桥和白虎桥与流经外五龙桥的东西向河流汇合,至柏川桥与杨吴城濠合流。

据明代李昭祥《龙江船厂志》卷二"金水河渔船"条记载:"按:金水河,即古燕雀湖也。王宫既宅,则是水萦络宫墙,如古之御沟矣。"

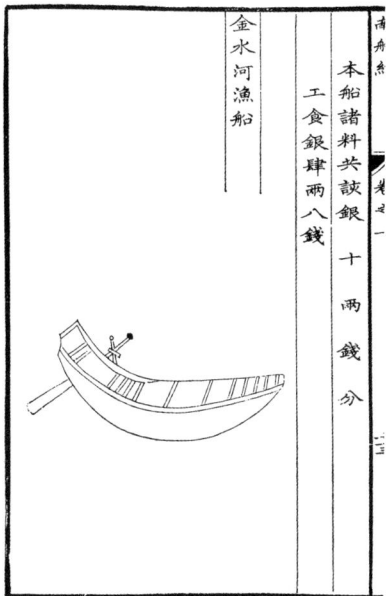

金水河渔船(《南船纪》)

二、河流现状

时过境迁。随着明朝的灭亡,明朝的皇宫在太平天国战争期间毁于战火。此后,历经民国时期的中山大道和明故宫机场建设,以及中华人民共和国成立后的"文化大革命",明故宫面目全非。萦绕在明故宫宫墙外的御河也大多湮塞,仅留下内五龙桥、外五龙桥、玄津桥等少数桥梁。令人欣慰的是,铜心管闸至柏川桥一段保留较好,仍然暴露在光天化日之下。所以,人们今天提到明御河,往往认为指的就是铜心管闸至内秦淮河东段河道。

据《南京地名大全》记载,明御河东起铜心管闸,向西经青龙桥、外五龙桥,折向西南经白虎桥、小五马桥、五马桥(乌蛮桥),再向西经过柏川桥,与内秦淮河东段(又称杨吴城濠、玉带河)汇合。这段明

明御河（五马桥，原乌蛮桥东）

明御河（解放南路桥西）

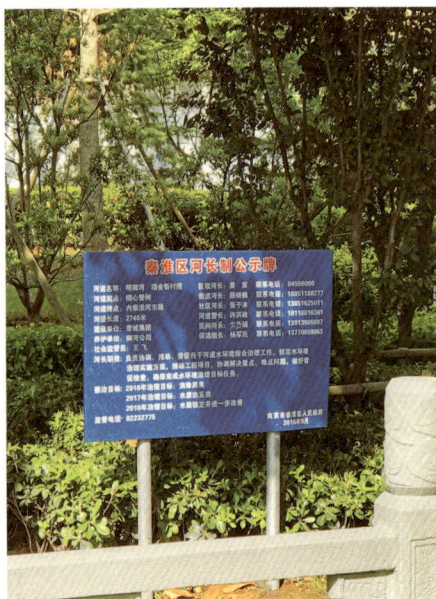

明御河（解放南路桥东）

御河长 2.74 公里，宽 15—35 米，不能通航。

　　经实地考察，这段明御河（又称明御河瑞金新村段）目前保存完好。经过综合整治，河水清洁，河床整洁，周边环境美观。

三、文献史料

明朝《南船纪》卷一："大内者，龙宫之窟，河广且深。"

明朝《万历应天府志》卷一五《山川志》："御河，国朝开，在大内，东出青龙桥，西出白虎桥，至柏川桥与城濠合。"

清朝《康熙江宁府志》（于成龙本）卷八《山川下》："御河，明初开，在旧内，东出青龙桥，西出白虎桥，至百川桥入城濠。"

清朝《乾隆上元县志》卷四《舆地·山川》："明御河，自旧内东出青龙桥，西出白虎桥，至百川桥入城濠。"

清朝《重刊嘉庆江宁府志》卷七《山水下》："明御河，在上元驻防城内，东出青龙桥，西出白虎桥，至百川桥入城濠。"

清朝《道光上元县志》卷四《山川》："明御河，在驻防城内，东出青龙桥，西出白虎桥，至百川桥入杨吴城濠。"

清朝《同治上江两县志》卷四《考水》："御河水，明洪武初开，有桥五，自东而西曰青龙，曰白虎，曰会同（会同馆旁），曰乌蛮，曰柏川（此桥半在城内半在城外，俗呼为半边桥）。明南都之变，乞儿题诗自沉处也。又分御河支流于午门内，有五桥毗连，曰内五龙桥，复迤逦至柏川桥下，合而西注于复成桥南之濠。"

清朝顾祖禹《读史方舆纪要》卷二〇《江南二·江宁县》："又有御河，在皇城内，明时所凿，出东安门外柏川桥，合于城濠。"

民国陈诒绂《钟南淮北区域志》："御河水，明洪武初开。"

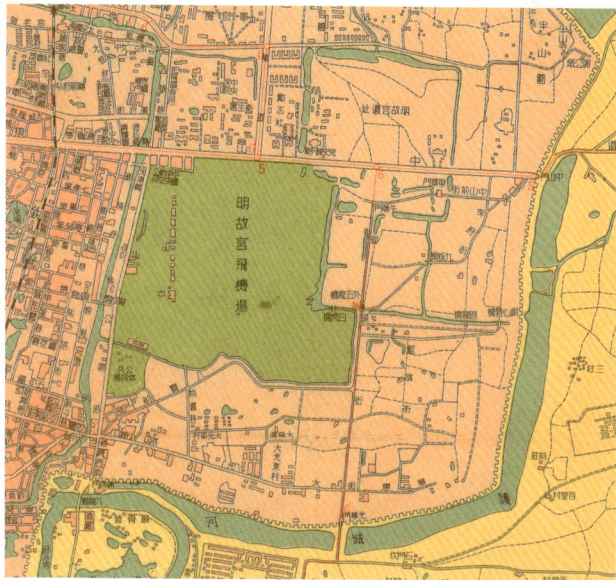

1949年《南京市街道详图》中的明御河

进香河

进香河属于秦淮河水系的一条支流，距今已有将近 1800 年的历史。它是内秦淮河北段的一条支流，是明清时期乘船去鸡笼山进香的河道，故名进香河。

一、历史沿革

进香河前身是孙吴赤乌三年（240）吴大帝孙权开挖的人工河道——运渎的一部分。据相关文献考证：运渎河道北段，就是明清时期的进香河。根据近年南京城内的考古发掘成果推断，今进香河路一带正位于六朝都城的西北角内外。从清末和民国的老地图上看，进香河之南的延伸线上，从估衣廊到丰富路一线池沼连绵密布，且东西宽广，当是进香河南接古运渎（包括太子西池）在都城西垣内外的孑遗；在今长江路两侧，这些池沼又向东延伸，很可能是运渎自都城外转向流入台城太仓的遗迹。这进一步表明了进香河应该曾经是六朝都城建康城运渎北向的延伸段，即建康城西垣护城河。

运渎开掘通航以后，历经孙吴、东晋、宋、齐、梁、陈，三百多年风雨，朝代更迭频仍，其水流不废，一直是六朝建康城重要的通航河道。

隋开皇九年（589），隋大将韩擒虎与贺若弼率兵攻占建康（今南京），实施"平荡耕垦"策略，将六朝建康城废为农田。随着南京地位的下降，运渎日渐

晚清进香河状况（1898 年《江宁府城图》）

淤塞，无法行船，沦为荒渠。

及至唐末杨吴时期，时任昇州刺史徐知诰于天祐十一年（914）开始建设昇州城，将六朝都城稍往南移，纳秦淮河入城内。天祐十四年（917），昇州城修建完成。建成后的昇州城，"城隍浚整，楼堞完固，府署中外肃肃，咸有条理"。惜运渎北段被隔玄武门（北门，今北门桥）外，仅为鸡笼山南麓之水流入杨吴城濠的一支沟渠。

宋朝时期，处在都城北门外的运渎周边，或设酒库、雪窖（冰窖）。据南宋周应合《景定建康志》卷二三《城阙志四》记载："防江酒库，在北门外；安抚司雪窖，在城北门外；防江军雪窖，在鸡笼山之侧；都统司雪窖，在城北门外。"

元朝时期，运渎北段被辟为演兵教场，并有"防江军寨"驻扎在附近。据元朝张铉《至正金陵新志》卷四《疆域志·桥梁》记载："武胜桥在今台治东北，亲兵教场，即北门桥。"同书卷一〇《兵防志·营寨教场》记载："游奕军，前、右、中、左、后军寨：一在清化坊之北新街，一在桐树湾北，一在高阳楼及东门外，一在保宁寺街，一在北门内大街东，一在上元县之西景阳台之南……十二防江军寨，在北门外。"其中，武胜桥、清化坊北新街等地，就处在运渎北段附近。斜阳衰草，寻常郊野，昔日胜概，了然无痕。

明初定鼎南京，万象更新。朱元璋扩建南京城，运渎北段被围入城中。为纪念当年追随其征战殁亡的功臣，朱元璋敕令于鸡笼山建功臣庙，并将历代帝王、名臣，及都城隍庙等，悉数移建鸡笼山（鸡鸣山）南麓。与此同时，开掘加宽运渎北段河道，使之与杨吴城濠（内秦淮河北段）相通，以利官民乘舟赴鸡笼山"十庙"拜谒先贤，进香祭祀。因进香者皆由此河而来，故名进香河，河上有桥多座。明朝晚期，进香河一度淤塞，后被重新疏浚。

清朝年间，在进香河之上，架设有桥梁多座。进香河在历史上与杨吴城濠、珍珠河连为一体。北边通过珍珠河武庙闸与玄武湖贯通，南面通过杨吴城濠与秦淮河相连。从清朝末年《测绘金陵城内地名坐向清查荒基全图》中，我们可以看到进香河与杨吴城濠、珍珠河依然是完整的水系。清朝末年，在城内辟建贯穿南北的市内铁路，既利于交通，又彰

清朝末年的进香河（1910 年日本人摄）

民国时期的进香河

第十五课　水四　城内支河

城内支河合於淮水者曰青溪曰杨吴城濠曰珍珠河曰进香河曰运渎淮水自东南来其势颇高城中之地首昂中窪又合青溪诸水而尺洩於一西水关从前之人在东舒以中和桥在南东以大水閘使之以也今则閘已损壊城内河身积污渐高且狭此所以冬虞水涸而夏秋又復有汜滥之患也

民国初年的进香河，是南京的一条名河，进入乡土教材（民国孙濬源、江庆沅编辑《江宁县乡土志》，1916 年中华书局出版）

显新潮。铁路铺设的线路，正好经过进香河北端，从地面上截断了来自玄武湖的进香河北源之水。自此，进香河从地表上来看仅与南面的杨吴城濠相通。

进香河在民国时期，仍是南京一条比较重要的河流。据 1916 年小学乡土教材《江宁县乡土志》卷上第十五课《水四·城内支河》记载："城内支河，合于淮水者，曰青溪，曰杨吴城濠，曰珍珠河，曰进香河，曰运渎。"

1949 年中华人民共和国成立后，进香河依然在光天化日之下流淌不息。其北端以地下涵洞与北源之水相通，南端与杨吴城濠相连。直到 1958 年拓宽北京东路时，才将进香河改为暗沟。

二、河流现状

1949 年中华人民共和国成立后，进香河周边发生了翻天覆地的变化，楼宇林立，道路平坦。无奈，进香河自身却因年久失修，又无活水补注，加之居民生活废水肆意倾入河中，遂使进香河成为一条污水沟渠，风光不再。

1958 年，因城市建设的需要，进香河整修改建成路，河道上面全部用水泥预制板覆盖，成为暗河；预制板上填土种植各类灌木花卉，形成绿岛。两岸则辟建为宽敞的水泥马路，

20 世纪 60 年代的进香河路（邓攀提供）

路边人行道旁，依次种植高大的乔木水杉，命名"进香河路"。也有市民称其为"水杉路"，是南京市区内一条有名的景观路。

进香河路北起北京东路，南至珠江路。其长度说法不一。据今天的百度地图测量，其长度为 920 米。而《南京市政建设志》（南京市地方志编纂委员会编，海天出版社 1994 年版）记载其长度前后有两个数据，一个是 934 米，一个是 908 米。

据《南京市政建设志》第一章《城市道路·进香河路》记载，1958 年进香河路建成后，其基本状况是：

北起北京东路，南至珠江路，全长 934 米，现中间绿岛宽 10 米，两侧车行道各宽 6—7.9 米，两侧人行道各宽 2.8—5 米。为市内仅有的二块板型道路。路面结构为 15 厘米二片基层，10 厘米泥结碎石路面及沥青表面处治层，后因逐年用沥青罩面维修，形成 8—10 厘米沥青混合料层。

进香河是内秦淮河北段一支流，是古代乘船去鸡鸣寺进香的河道，故名进香河。河面宽 25 米左右，除雨季外平时河中仅有生活污水流动，臭气四溢，严重影响沿岸环境卫生。1958 年秋，将进香河改为暗渠，上植花木作为绿化带，同年冬筑路，形成南京市内的独特街景。

1992 年，为拓宽车行道进行路面改造，将中间绿化带由宽 10 米缩减为宽 5 米，两侧车行道拓宽至各 8.5 米，人行道各 5 米。据《南京市政建设志》后面的《补记》记载，1992 年改建后的情况如下：

道路名称	进香河路
起讫地点	北京东路——珠江路
道路长度（米）	908
路幅（米）	32
横断面	二块
快车道（车行道）（米）	8.5—8.7
慢车道	5
人行道	5 中间
绿化带	1992
开工日期	1992
竣工日期	拓宽车行道
备注	

现在的进香河路为城市次要干道，与北京东路、珠江路、洪武北路、严家桥、卫巷、四牌楼、大石桥街、石婆婆巷等组成市政路网，连接和集散城市主次干道和街巷的交通。沿线有全国重点文物保护单位 1 处（国立中央大学旧址）和南京市重点文物保护单位 2 处（南京高等师范学校附属小学旧址、卫巷 15 号民国建筑）。

进香河路今貌

进香河路中间绿岛之下为进香河故道

三、文献史料

明朝徐必达、施沛等《南京都察院志》卷二二《职掌十五》："拾庙南有进香河一道，直通北门桥秦淮河止。年久淤塞，两岸居民侵占造房，至万历三十四年，奉操江都察院丁踏勘，将侵占房屋尽行折去，用工逐

橋至外金川門城脚下水洞川出外城往復成橋

直入大江

正南敵樓府軍左衛高倉起由中舘驛前後往獅

子橋過東由葉家橋慈善橋龍驤橋花家橋土

楊家橋張家橋馬家橋將軍馮家橋雍家橋廣

福廟會西南溝水至大市橋由金川門水洞川出

至外金川門水洞川出亦出大江

拾廟南有進香河一道直通北門橋秦淮河止

久淤塞兩岸居民侵占造房至萬曆三十四年奏

操江都察院丁　踏勘將侵占房屋盡行折去用

索一遇暴風扯旗鳴鑼止波

立旗竿上懸遇風止波旗一面船犀釘立錢圈錢

二十名每名止許取討船錢畢文承為例渡頭豎

橋梁

竹橋一通大内一通過軍擔

嚴家橋　新建橋　蓮花橋　小板橋　大石橋　西倉橋　宜家

虹橋　蕭家橋　青石橋　壽安橋　斜橋

明朝《南京都察院志》中有关进香河及桥梁的记载

一开挖成河。立有石碑二座严禁，不许居民阻塞。……严家桥，在宠字铺；莲花桥，在省字铺；大石桥，大幸字铺；西仓桥，在林字铺；新建桥，在貌字铺；小板桥，在增字铺。以上俱系金吾后卫地方。"

清朝吴敬梓《儒林外史》第四一回："国子监的武书，是四月尽间生辰，他家中穷，请不起客。杜少卿备了一席果碟，沽几斤酒，叫了一只小凉篷船，和武书在河里游游。清早，请了武书来，在河房里吃了饭，开了水门，同下了船。杜少卿道：'正字兄，我和你先到淡冷处走走。'叫船家一路荡到进香河，又荡了回来，慢慢吃酒。"

清朝《重刊嘉庆江宁府志》卷七《山水下》："杨吴城濠在上元江宁之境。今自干河崖南转出北门桥，又南过莲花桥，与进香河合。按：进香河相传为明初开。明南京工部尚书丁宾《题准开浚河道疏》云：由十庙西门，旧名进香河，新建桥、新仓桥、大石桥、严家桥、莲花桥出正河。按：今进香河由十庙九眼井出，经进香桥、石桥、西仓桥、红版桥、仙鹤桥、进贤桥，至莲花桥合于濠水。"

清朝《重刊嘉庆江宁府志》卷七《山水下》："莲花桥，在北门桥东；

严家桥，在莲花桥北；红版桥，在严家桥北；石桥，在红版桥北；西仓桥，在石桥北；进香桥，在西仓桥北。以上六桥皆跨进香河。"

清朝甘熙《白下琐言》卷一："城中人烟辐辏，食井不可胜计。汉西门侧有四眼井，北门桥转东有三眼井，进香河尽处有九眼井。"

清朝《道光上元县志》卷三《疆域》："莲花桥，在北门桥东；严家桥，在莲花桥北；红板桥，在严家桥北；石桥，在红板桥北；西仓桥，在石桥北；进香桥，在西仓桥北，十庙围墙外。以上六桥跨明进香河。"

清朝《道光上元县志》卷四《山水》："府学文曲河，康熙中，知府于襄勤公成龙引后湖之水为之，由府学宫墙之左转入泮池，曲折而西达于进香河以南，会秦淮之水，又西流入于江。邑人勒碑颂之。岁久淤垫，故迹犹存。嘉庆丁丑年，知府余霈元修复之，于是城中西流之水，秦淮、运渎而外，得此凡三已。道光四年，各复用义账余项疏浚，水更通达。"

清朝《同治上江两县志》卷四《考水》："杨吴城壕水，自北门桥东流，折而北，进香河之水入焉。又东流，迳浮桥北，珍珠河之水亦入焉。……

右栏（facsimile，自右至左）：
楊吳城壕水自北門橋東流折而北進香河之水入焉又東流迳
浮橋北珍珠河之水亦入焉
十國春秋吳世家太和四年秋八月徐知誥廣金陵城周圍
二十里濠其所潴也北門橋在南唐北門外內爲清化市故
曰清化市橋一曰草堂橋草堂橋券內有石刻
此又曰武勝橋矣城壕西曰乾河沿道光
使濬之工人至此止乾河沿道光中總督陶文毅公
進香河水河明初開源自後湖自北而西爲浴沂橋其北卽
會則青溪西濱出柵侯瀆出鐵窗櫺諸橋會望仙道今而
石橋非運瀆家諸水道南流而注會者水出城米者遺迹也

左栏（facsimile，自右至左）：
昔府學今武廟也羣峯環拱幽隱深秀水聲傍宮牆泠泠如
奏琴筑至今推爲勝地又西爲土橋南流達進香河矣案此
名文曲河康熙中知府于襄勤公成龍引後湖之水爲之由府學
之左轉入泮池曲折而西達於進香河以南會秦淮之水又西
年丁丑知府余霈元修之河上有橋亦曰進香益折而
南曰西倉橋曰北石橋曰紅板橋曰嚴家橋曰蓮花橋自西
倉橋至此其數五故又曰蓮花第五橋矣昔者上元諸生周
易居此其橋畔夾種桃柳春日花開雕妍織秀不減明聖
湖因自號六橋種花翁濠水又東迤浮橋舊紅板橋也明初馬后置
子監生出入所由也又東迤通賢橋北達府學明國
倉於此以贍國子監生之妻其橋後易以石俗曰石板橋其

清朝《同治上江两县志》卷四《考水》中有关进香河及桥梁的记载

濠水又东受进香河水。河，明初开，源自后湖，自北而西，为浴沂桥，其北即昔府学今武庙也。群峰环拱，幽隐深秀，水声傍宫墙，泠泠如奏琴筑，至今推为胜地。又西为土桥，南流达进香河矣（案：此水旧名文曲河，康熙中，知府于襄勤公引后湖之水为之。由府学之左转入泮池，曲折而西达于进香河，邑人勒碑记事。嘉庆丁丑，知府余需元浚之。道光四年，邑人以义赈余项，又浚之）。河上有桥，亦曰进香，益折而南，曰西仓桥、曰北石桥、曰红板桥、曰严家桥、曰莲花桥，自西仓桥至此，其数五，故又曰莲花第五桥矣。昔者，上元诸生周易居此，尝于桥畔夹种桃柳，春日花间，雕妍织秀，不减明圣湖，因自号'六桥种花翁'。"

清末民初陈作霖《上元江宁乡土合志》卷三《青溪汇淮》："自北门桥东流，折而北至莲花桥，进香河之水入焉。进香河水，源自后湖穴城入，由十庙、九眼井，迳石桥、红板桥、仙鹤桥、通贤桥，至莲花桥合于淮水。"

清末民初徐寿卿《金陵杂志·水道志》："杨吴城濠水，自干河沿南转，出北门桥，过莲花桥，与进香河合。"

民国陈诒绂《钟南淮北区域志》："进香河水……源自后湖铜管穴城而入。由北而西，为浴沂桥。……又西为土桥。稍南有桥，即以进香为名。再折而南，曰西仓桥，曰石板桥，曰红板桥，曰严家桥，曰莲花桥。自西仓桥至此，其数五，故又曰莲花第五桥矣。"

民国陈迺勋、杜福堃编《新京备乘》卷上《进香河》："为明初所开，因十庙初成，进香者皆由此航行，故名。源自后湖铜管穴城而入，由此而西，为浴沂桥。其北即明国子监学（清武庙，今考试院），又西为土桥，稍南为进香桥。"

民国朱偰《金陵古迹图考》第四章《六朝城郭宫阙遗址》："吴所凿运渎，盖发源后湖，由北水关入城，循北极阁前水道（今犹有遗迹可寻），绕今中央大学之西，过大石、莲花等五桥，径廊后街、相府营、香铺营、破布营、金銮巷（今日犹有遗迹）等陂池而至笪桥，西流出城，南流入淮，来源去道，彰彰可考者也。"

朱偰《南京的名胜古迹》（江苏人民出版社1955年版）："进香河为明初所开，导源自玄武湖，自武庙闸进城，进浴沂桥、土桥而西，绕至北极山下，穿过铁路（下有涵洞），折而南，达进香河。河上有五桥，由北顺序而南，为西仓桥、大石桥、红板桥、严家桥、莲花桥。河水最后入于杨吴城濠。"

《南京市政建设志》第三章《城市排水与防汛》："进香河路下水道：自北极阁南麓，至莲花桥入内秦淮河北段。计长886米。盖沟尺寸分别为1500×2400毫米，长429米；1850×2800毫米，长457米。汇水面积约115公顷。该下水道除承接沿线街巷下水道来水外，还承接鼓楼广场北极阁一带及高楼门南段、安仁街来水。"

四、诗词歌赋

江南好辞·九眼井

（清）张汝南

江南好，十庙好游场。

蒋庙桥边绕水味，舞云径畔好风凉，清景胜寻常。

注云：山右有蒋庙桥，桥下有九眼井，桥边茶肆取此水。山左有舞云径。此处山寺藏红，溪杨摇绿，最堪游咏。

惠民河

惠民河，史称惠通河。位于南京市鼓楼区的下关地区。原系外秦淮河入江段，是一条汉江。河道南起秦淮河的三汊河，北至老江口（南京西站附近）入江。在三汊河附近向东北流，经中山桥、惠民桥、铁路桥和龙江桥，在南京西站附近汇入长江。

一、历史沿革

明朝时期，南京成为都城，经济发展，水运繁荣，遂将外秦淮河、护城河、惠通河连通，成为入江水道之一。清光绪三十二年（1906），以工代赈，拓宽河道，两岸筑堤。民国三年（1914）改称惠民河。河道自外秦淮河三汊河起至老江口止，全长3037米，河面宽50—78米，河底宽平均9米，河底标高3—5米。

历史上，惠民河一直是下关地区重要的水上交通要道，也是人们进入南京城内的重要通道。繁忙的时候，河上帆樯林立，百舸争流，两岸

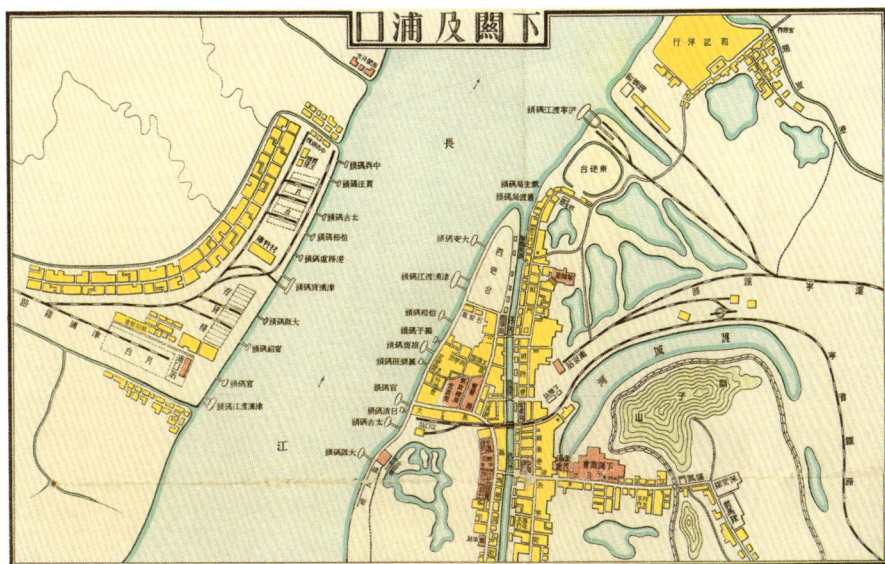

惠民河（1927年《最新南京全图》）

惠民河旧影（朱偰《金陵古迹名胜影集》）

人头攒动，货栈鳞次栉比。

然而，自清末以来，惠民河河道淤塞，堤岸残破，两岸长期受到洪水威胁。

1950年开始，多次对河道进行疏浚，对堤岸进行加固。据《南京水利志》第三章"城市水利"记载："1950年全面疏浚，修复堤防，参加施工人员达2653人，完成挖河土方19.85万立方米。两岸土堤多为历年汛期前后外运黄土培修而成，堤顶标高11—11.5米，宽平均4米，近年以来，沿堤防浪墙及块石护坡相继完成。"此后，又多次进行疏浚加固。

20世纪80年代，惠民河的河水开始变质。

1998年，长约2.8公里（起自南闸泵站，终点是长江）、宽45—70米的惠民河大部分被填埋。1999年，在填平的河上开辟了一条惠民路（现郑和中路），并在河床埋设2.2公里的涵管，形成暗沟，替代原河道的排水功能，惠民河露天部分仅剩下入江段约600米。

惠民河上原有四座桥，即中山桥、惠民桥、铁路桥和龙江桥。中山桥是水泥拱桥，宽敞厚重，有朴实之美，是中山北路第一桥。中山桥位于下关挹江门外大马路上，距渡江胜利纪念碑约100米，建于1928—1929年，20世纪90年代拆除。惠民桥位于下关大马路上，在建宁西路和郑和中路（惠民大道）交界的路口，1920年建成，由我国著名桥梁专家茅以升担任顾问，是我国第一座钢筋混凝土桥，现在上面是高架路，地面是十字路口。铁路桥是座水泥桥，长约40米，宽约4米，桥面中间铺设铁轨，是南京粮食仓库的专用线。龙江桥位于下关火车站龙江路上，1974年改建为钢筋混凝土结构的拱形桥，1990年，又改建为双排涵闸，改称龙江桥涵闸。

二、河流现状

惠民河现为鼓楼滨江地区一条重要的防汛排涝内河。2014 年 3 月至 2015 年 5 月，在惠民河入江口处建立了惠民河水利枢纽，由惠民河口闸和惠民河口泵站两部分组成。建成后的闸的最大排放量达每秒 25 立方米，泵站总流量达到每秒 10 立方米。惠

惠民河

民河水利枢纽与几乎同时建成的惠民河桥一起，成为游客观江、亲水、游览岸线的重要通道。

2017—2018 年，南京市政府对滨江的惠民河进行全面升级改造，加固河底及坡岸，两岸铺设人行栈道，改造后的惠民河成为一条景观河，与旁边的新建小区、滨江风光带连成一个整体。

惠民河水利枢纽

靠近南京西站的惠民河

上新河·中新河·下新河

上新河、中新河、下新河是朱元璋定都南京后，在南京城西滨江地带开凿的三条河流，先开凿的一条河在上游，故名上新河，后来在下游又开了两条河，分别命名为中新河、下新河。主要用途是沟通长江与南京城的航运。

一、历史沿革

上新河，又名上河、新河，位于江东门外。明初开。跨河有四座桥，即马头桥、崇安桥、拖板桥、螺师桥。上新河是明清时期从上江（长江中上游）向南京运输物资的主要水道。明朝范景文修、张可仕纂《南枢志》卷五一《形胜部·东南武备杂议考·南京水陆诸路》记载："繇上江而

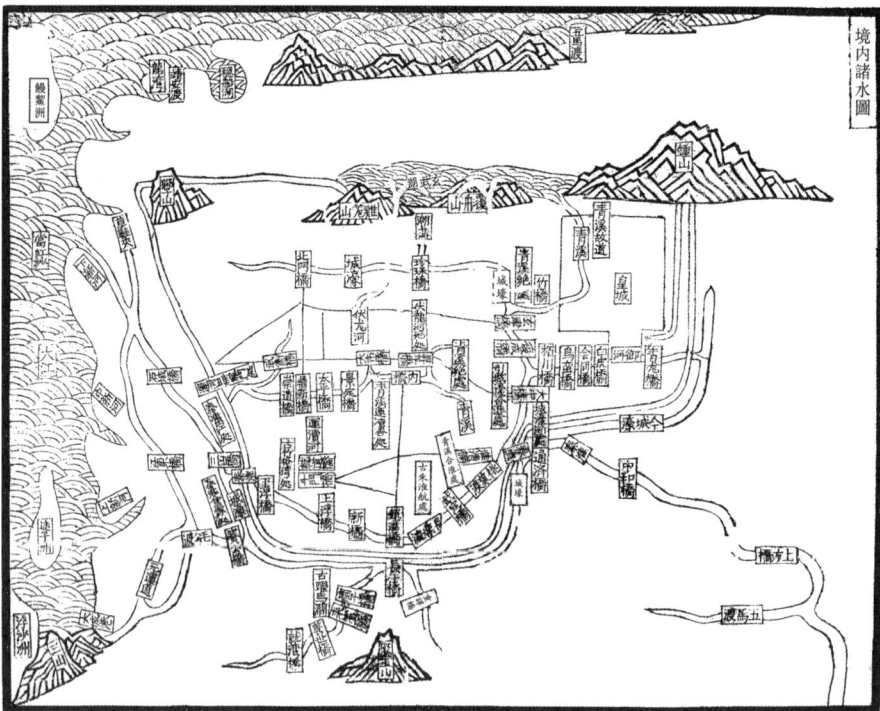

《境内诸水图》中的上新河、中新河、下新河（明朝陈沂《金陵古今图考》）

至者，其路三：陆从采石、江宁镇而抵板桥，一也，……二也；水从荻港、三山顺流而抵大胜港，或径抵上新河，三也。"

中新河，又名直江口、新河。位于上新河之北，北通长江。明初开挖，为"官舟马快船所泊处"。

下新河，位于中新河以北，其地为沙洲北圩。原为宋新开河，又称古新河，明初重新开浚。清朝时期，这里是每年一度的端午节举行龙舟大赛的地方。《同治上江两县志》卷四《考水》写道："曩时端阳竞渡，画艗龙舟，彩旌箫鼓，春人幼崽，选胜一时，升平乐事矣。"

二、河流现状

自明初开凿这三条河道后，一直到清朝，上新河都是明清运输木材和竹、木、油、麻等物资的主要水道。清朝《同治上江两县志》称："国初置龙江关于此，一曰上关，市廛辐辏，商贾萃止，竹木油麻，蔽江而下，称沿江重镇。"

明朝在上新河设有皇木厂，用来堆放皇宫使用的木材。明清时期在上新河设有龙江关。明代初年，政府在大胜港和龙江关分设抽分竹木场，分扼长江南京段的上下游，是竹木进入南京的必经之地，一般习惯将大胜关称为上关，龙江关为下关。明清两代，大胜关、龙江关一直是南京西南和西北的水陆交通要道，设有大胜驿和龙江驿。明朝时期，南京的南北或东西的水路和陆路交通路线，一般都要经过大胜关和龙江关，对此，明朝官

上新河、中新河、下新河（《南枢志》卷四九《形胜部·江海图·江营新图》）

上新河河口（清末吴友如《点石斋画报》）

方编纂的《寰宇通衢》、黄汴编写的《一统路程图记》以及顾起元《客座赘语》等书中，都有明确记载。如，在顾起元《客座赘语》卷二《南京水陆诸路》中，列举了14条交通线路，其中上游由水路"从荻港、三山顺流而抵大胜港，或径抵上新河"。

上新河的开通，带动了沿江经济的发展，上新河的木材市场天下闻名，由此形成了一个独特的商业集市——上新河镇（大约位于奥体中心一带）。上新河的繁华，甚至被历代文人写入书中。

明朝小说家冯梦龙将上新河写进了"三言"之一的《警世通言》第三三卷《乔彦杰一妾破家》中。清代文人吴友如将上新河编入《点石斋画报》的《水贼难擒》故事中。

清朝末年，随着南京开埠，以及交通事业的发展，上新河镇逐渐衰落。

如今，上新河、中新河、下新河河道均已无存。尽管这三条河流随着长江水道的西移和南京城的扩张，湮塞无存，但上新河地名至今仍在使用。如兴隆大街的中华中学上新河初级中学等。

三、文献史料

《明史》卷八八《河渠志六》："（正统）五年，修太湖堤，海盐海岸，南京上中下新河及济川卫新江口防水堤，漷县、南宫诸堤。"

《明史》卷八八《河渠志六》："（成化）二十二年，浚南京中下二新河。"

明朝《南枢志》卷四七《形胜部·南京郊营伏场图考》："上新河官军六十员名，巡沙船三只，梭船二只，军人四名。所管江面上至大胜关，下至草鞋夹。住劄本河。"

明朝《正德江宁县志》卷二《川泽》："白鹭洲少下阙南岸，以达江东门坝，为上新河，又下阙南岸入数里，为新河，一名中新河。《一统志》云：在江东门外，流通大江，官司马快船所泊处，洪武中新开。"

明朝《万历应天府志》卷一五《山川志》："自大胜河以东，有水数曲，达于秣陵，曰响水沟、灯盏沟、上新河，次曰中新河，次曰下新河。国朝所开，皆濒江要地。"

明朝《万历江宁县志》卷一《地里志·山川》："白鹭洲少下为上新河，次新河，至古新河，与上元接界。"

明朝《万历江宁县志》卷一《地里志·山川》："上新河，在江东门外，由大江至江东门坝上，为商贾百货所聚。"

明朝《万历江宁县志》卷一《地里志·山川》："新河，在江东门外，一名中新河，又名直江口，流通大江，官舟马快船所泊处，洪武中新开。"

明朝叶权《贤博编》（中华书局 1987 年 8 月版）："南都上新河，自大江口至江东门，十里而远。嘉靖戊申，尝寓此。每跨驴至门，必索十余钱。丁卯岁再去，旧馆沦入

下江官軍一百員名巡沙船五隻梭船二隻軍人四名所管江面上至草鞋夾下至唐家渡住劄觀音港

上新河官軍六十員名巡沙船三隻梭船二隻軍人四名所管江面上至大勝關下至草鞋夾住劄本河

上江官軍六十員名沙船三隻和尚港二十員名船一隻濂刀灣二十員名船一隻寧鎮二十員名船一隻

上新河驻军(《南枢志》)卷四七《形胜部·南京郊营伏场图考》

半江中，顾驴不过三四钱矣。俗言地为猪婆龙打去。每秋天晴明无风浪，江水从一二里外徐徐逼岸，水头高尺许，隐然若有物凭之者，澎湃一激，则岸之旧坼者俱崩矣。然必先期而坼，故岸上人家得以徙避。啮岸时，人皆聚观，往见其怪异，因共大笑，至坠数十人以死，今惟默睹耳。度其势，不数年当至山石处方止。而对江州渚平涨，亦沧海桑田之验。"

明朝马生龙《凤凰台记事》（中华书局1985年版）："洪武初，于江东门外稍南五里开河，通大江，江中舟船尽泊此，以避风雨，名上新河。又开下新河，官司马快船所泊处。"

明朝顾起元《客座赘语》卷一《市井》："城外惟上新河、龙江关二处为商帆贾舶所鳞辏，上河尤号繁衍。近年以税重，客多止于鸠兹，上河遂颇彫敝，人有不聊生者。"

清朝《乾隆江南通志》卷一一一《舆地志·山川一》："新河，在府西江东门外五里，通大江，曰中新河，又名直江口，设关防御；稍南出大江，曰上新河，以通市舶。"

清朝《康熙江宁府志》（于成龙本）卷八《山川下》："上新河，在江东门外。由大江至江东门坝上，为商贾百货所聚。上新河坝系郡城外护，昔人设此，恐江水逼近郡城，寇盗直行出入，且郡城来水，西流直泻，与本郡官民大不利。前此有人网利，诳词通便，甫开数月，便有海寇近城之变。又乡会科名脱落，城外商贾窜逃，其明验矣。万历间，乡绅贾必选力阻其议。顺治丁酉，绅士刘思敬、吴树声、白梦鼎等公请永塞，奉督抚司道府县各上台允详，勒石永不许开，真一郡万世之利也。"

清朝《康熙江宁府志》（于成龙本）卷八《山川下》："自大胜河以东，有水数曲，达于秣陵，曰响水沟、灯盏沟、上新河，次曰中新河，次曰下新河，明

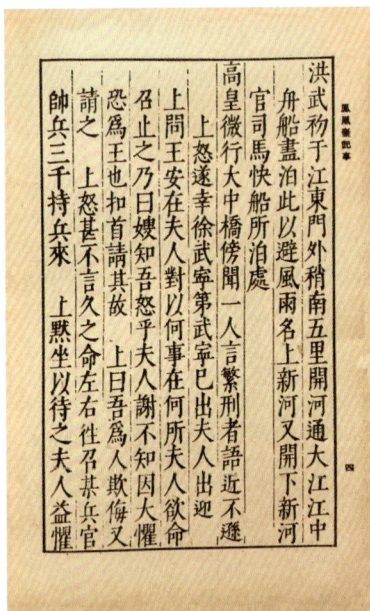

明朝马生龙《凤凰台记事》中关于"上新河""下新河"的记载

朝所开，皆濒江要地。"

清朝《重刊嘉庆江宁府志》卷七《山水下》："上新河今俗呼上河，中新河今俗呼新河，又名直江口，皆明洪武间开。"

清朝甘熙《白下琐言》卷四："徽州灯皆上新河木客所为，岁四月初旬，出都天会三日，必出此灯。旗帜、伞盖、人物、花卉、鳞毛之属，剪纸为之。五光十色，备极奇巧。阖城士庶往观，车马填阗，灯火达旦。升平景相不数笪桥。"

清朝《同治上江两县志》卷四《考

清朝《重刊嘉庆江宁府志》中有关"上新河""中新河"的记载

水》："上新河，明初开，俗曰上河（旧志载，鲁肃墓在上新河，本明武生鲁维肃墓，朱潓《倦游集》辨之）。国初置龙江关于此，一曰上关，市廛辐辏，商贾萃止，竹木油麻，蔽江而下，称沿江重镇（王竹屿通守宅在此，有三山二水之堂，江帆在望，远趣偏多，见《待徵录》）。跨河有桥四，曰马头，曰崇安，曰拖板，曰螺师，水西流至此入江矣。其地北曰中新河。《方舆纪要》：官司船舫泊处也。俗省曰新河。明初，陈友谅侵金陵，趣江东桥（江东门外），舟师欲出新河口路，太祖命赵德胜跨河筑虎口城即此。又北曰下新河，其地为沙洲北圩（南为南圩），旧白鹭洲也。《丹阳记》引郦道元《水经注》注曰：江宁之新林浦西对白鹭洲（案，此与江水经三山句，今《水经注》无此文，存之，以见古书之逸）。《丹阳记》曰：洲在大江中，多聚白鹭，故名。地膏沃宜稻，明为军卫屯田处，故水利修矣。有水府祠，以祀河神，木客所萃止也。曩时端阳竞渡，画艍龙舟，彩旌箫鼓，春人幼葸，选胜一时，升平乐事矣。"

四、诗词歌赋

上新河待风

（明）陈复

一棹遥从日下回，上新河畔几徘徊。

水声只向西南去，风势不从东北来。

长夜独看淮浦月，故乡多望越城台。

天公若解行人意，早遣蒲帆数幅开。

上新河竹枝词（十二首）

（清）王友亮

按《郡志》，即古之白鹭洲也，洲自宋末渐长，合于东岸。

（一）

溪绕门前江绕楼，真同渔艇泛中流。

若非郡志分明载，谁识侬家白鹭洲。

（二）

去街十丈地皆屯，赁屋须将尺寸论。

可惜江干风月好，更无隙地著林园。

河北去街十丈，皆军地也。

（三）

一溪浅狭仅通潮，胜国粮艘此泊桡。

却笑村人循旧例，仍将小彴唤浮桥。

（四）

密栅高旗水一湾，行人遥认是龙关。

赖他舟筏常时集，点缀才成小市阛。

（五）

上元佳节兴堪乘，酒价还随烛价增。

准备缠头休浪与，居人相约待徽灯。

（六）

寒食家家祭扫来，梨花风卷纸钱灰。

最怜烈女坟前路，草满无人酹一杯。

毛烈女事，具《县志》。坟在新浮桥之南。

（七）

坝开四月水如天，两岸游人喜欲颠。

持比秦淮应较胜，龙船看毕又灯船。

（八）

水榭参差映碧杨，湛恩汪濊溯仁皇。

至今七月河南北，答谢家家供斗香。

旧有河房租，康熙中蒙恩蠲免。

（九）

人家以外有沙滩，十里周遭尽属官。

非陆非舟君记取，竹篱板屋是阑干。

徽商木筏聚此，为板屋以居，名曰阑干。

（十）

茅檐虽小惯藏春，底事娥眉不耐贫。

一掷黄金轻远去，小苏州半属徽人。

前明留京士夫多觅妾于此，谓之小苏州。

（十一）

生来口福不愁嘲，出水鱼虾便入庖。

压倒城中诸果蔬，紫菱白藕与青茭。

（十二）

地属沙洲忌久栖，堪舆家说岂无稽。

翠屏只借山横北，玉带徒夸水向西。

西北临江，惟借隔岸定山为屏障耳。水自城出，通万寿桥者，为西流水。

五、故事传说

乔彦杰一妾破家（节选）

（明）冯梦龙

　　明道二年春间，乔俊在东京卖丝已了，买了胡桃枣子等货，船到南京上新河泊，正要行船，因风阻了。一住三日，风大，开船不得。忽见邻船上有一美妇，生得肌肤似雪，髻挽乌云。乔俊一见，心甚爱之。乃访问梢工道："你船中是甚么客人？缘何有宅眷在内？"梢工答道："是建康府周巡检病故，今家小扶灵柩回山东去。这年小的妇人，乃是巡检的小娘子。官人问他做甚？"乔俊道："梢工，你与我问巡检夫人，若肯将此妾与人，我情愿多与他些财礼，讨此妇为妾。说得这事成了，我把五两银子谢你。"梢工遂乃下船舱里去说这亲事。言无数句，话不一席，有分教这乔俊娶这个妇人为妾，直使得：

一家人口因他丧，万贯家资指日休。

——《警世通言》第三三卷

上新河与萝卜响

王雩方　搜集整理

朱元璋占了金陵，声威可大啦！大有统一中国之势。占据长江中上游的陈友谅早就想夺天下，当皇上。这会儿见朱元璋的势力越来越大，心里很着急。非消灭朱元璋这个劲敌不可。于是，他急急匆匆点起十万零八千精兵，几百员战将，驾着战船，顺流而下，在金陵对岸浦口一带扎下水陆大营。要歇兵三日，过江攻城活捉朱元璋。

陈友谅的军师李目广用兵多年。他看出朱元璋占了金陵之后，天时、地利、人和都很有利。所以他不赞成这次出兵，无奈陈友谅不听他的话。这会儿见陈友谅又要急着过江攻城，他更加反对，劝陈友谅暂且在江北按兵不动，等待时机。可是陈友谅隔江相望，见江南虎头山顶，石头城上插满朱家军的旗号，眼都急红啦，哪里还听得进军师的话。非立即过江不可。李目广见劝解无用，不得不发出警告。指出，这样匆忙过江，只怕在江南连一块插枪的地方都得不到。这话把这位草头大王激怒了，竟和军师打起赌来：打过江去，果然如军师所说，得不到插枪之地，他把人头输给军师；打过江去打了胜仗，站住脚跟，他就砍了军师的脑袋。

第二天，陈友谅就下令渡江。本来他准备打一场恶战，谁想到朱家军简直就是山芋梆子——不顶打，十万人马一拥而上，在大胜关一带登了岸，一两个回合，朱家军就败过了江东桥。

江东桥架在江东河上，正冲水西门，是一座大木桥。当时江东河还是一条很宽的河，桥上车水马龙不断，桥下舟船往来如梭，是一个重要的交通枢纽。桥南侧不远便是碧波荡漾、风景秀丽的白鹭洲。从白鹭洲分出两股水，一股流过现在的上新河镇，经新河口入江；一条流过江东桥经北河口入江，这便是江东河。唐朝大诗人李白的诗句："二水中分白鹭洲"，指的就是这里。

且说陈友谅顺利过江，又打了胜仗，好不高兴。他把大营安在新河口，白鹭洲架起点将台，立即升帐，二话没说，先把军师拉出去砍了头。然后下令埋锅造饭，要在第二天一鼓作气攻下金陵。这天晚上，他美美地喝了一顿酒。杀了军师李目广，虽觉得有点冒失，可这是打赌赢来的，也还是心安理得，这一夜他睡得很踏实。其实，他中了刘伯温的计。

刘伯温是知己知彼善于用兵的军事家，但对这次陈友谅突然出兵来打，却出乎意料。因为自从朱家军占了金陵以来，军威正盛，士气正高，民心又顺，在这样的局面下，陈友谅匆匆出兵，是难得好处的，陈友谅胸无大谋，而军师李目广是应当看到这一点的。他纳着闷，登上虎头山顶，见陈营布阵分兵很不得法，心里明白了八九。一准是陈友谅急于取胜，不听军师的劝告，盲目出兵，把李目广排斥在外。他心里有了底，很快定下破敌之计，要在金陵城下消灭陈友谅的十万精兵。他向各位将领面授机宜，如此这般布置下去。不用说，陈友谅顺利过江，一战拿下江东河以西大片地区，这都是刘伯温安排好了的。过江以后，陈友谅又杀了军师，刘伯温更有十成把握。

次日黎明，陈友谅的军营中金鼓齐鸣，号角声声。三声炮响，陈家军分为水旱两路杀奔水西门。

水路先行，上千条战船，沿江边杀进江东河，要冲过江东桥，经白鹭洲逆水而上，对金陵形成包围，配合陆军攻城，陆军紧接着出动，明盔亮甲，刀光剑影，浩浩荡荡，真是兵是兵山，将是将海，铺天盖地杀将过来，要冲过江东桥，直逼水西门。

单说水路大军，军士们桨划如翅，船行如飞，先头船只很快到了江东桥下，却大吃一惊，原来一夜之间朱家军将原来的木桥拆掉，换成了一座石桥，桥孔窄小，不用说战船，连只小划子也休想过得去。前边的船停了，后边的船像野马一样往前冲，刹那间把江东河挤满了槽。

这时候旱路大兵也接近了江东桥头，但见江东桥前朱家军已经列好了阵势。短刀手、长枪手、钩镰手、大刀手严阵以待，马上将军勒马横刀，弓箭手射住阵脚，想冲过去，哪里那么容易。先头部队停下来啦，后续部队往上拥，也挤起来啦。

水旱两路被阻，探马飞报陈友谅，这个草头大王觉得大事不妙，急忙下令撤军。老天爷，哪里还撤的下来呀！河里是船碰船，船挤船，陆上是人推人，人撞人，全乱套啦！

陈家军乱了套，朱家军响了炮，只听三声号炮，江边的芦苇丛中，护城河里飞出大小战船，江东河岸边，站起无数弓箭手，水西门内拥出马步三军，呐喊着杀了过来，大刀、长枪、钩镰、弓箭，勇不可敌，锐不可当，这一仗杀得陈友谅好不伤心。

正在这时，猛听身后大营处"轰—轰—"连声巨响，大营变成火海。原来朱家军撤退前，在新河口两岸埋下大量火药爆炸了。陈友谅大惊失色，急忙奔回大营。哎呀！哪里还有营盘哪！到处是惨死的军士，血把河水染得暗红。陈友谅大叫一声昏了过去。等将士们把他唤醒，他冲着河水大叫一声：伤心啊！伤心河！从这以后，人们管这条河叫伤心河。

这一仗，陈友谅十万精兵全军覆没，只剩下十几个亲兵保驾，好容易趁夜晚找到一条渔船过江。

杀了一天，他又累又饿，要船家给他做点吃的。船家只有吃剩的半锅稀饭，找出几块腌萝卜干子给他下饭，陈友谅这会儿觉得腌萝卜干子比海参还好吃。他一手端着碗，一手拿着萝卜干子，边吃边想，想他浩浩荡荡的十万精兵，想他今天的惨败，想被他错杀了的军师李目广，真是悔恨莫及，如痴如呆。一个亲兵轻声问他想什么。他嚓的一声咬口萝卜干子，言语恍惚，答非所问地说："萝卜想。"这事传开了，南京人把腌萝卜干叫作萝卜想。

后来伤心河两边发展成了一个水陆码头，代替了大胜关，从上江放下来的大量木排在这里集散，人口也越来越多，人们觉得"伤心河"这三个字难听，慢慢变成了上新河。如今是一个两万余人的大镇。南京话"想"和"响"同音，萝卜想也变成了"萝卜响"。

　　——南京市文学工作者协会：《南京民间传说》，1984 年夏

胭脂河

胭脂河，1966 年正式定名为"天生桥河"，1978 年改称洪昌河，后来又恢复天生桥河一名。它是明太祖朱元璋定都南京后兴建的一项巨大的水利工程，距今已有 600 余年的历史。

胭脂河位于南京东南溧水区西部，流经今洪蓝镇、在城镇，沟通石臼湖和秦淮河两个流域，为古代著名的切岭运河之一。河道北起一干河的沙河口，穿过石臼湖与秦淮河的分水岭胭脂岗，向南至洪蓝埠，由毛家河经仓口流入石臼湖，全长 7.5 公里。

一、历史沿革

1368 年，朱元璋建都应天（今南京），南京成为全国政治、经济、文化中心。我国历史上漕运方向发生重大改变。靠近南京的太湖流域，自隋唐以来一直是全国最重要的经济区，水运发达，是明王朝最重要的经济区之一。朱元璋为将太湖流域的物资源源不断地运到南京，征调大批民工，疏浚胥河并开凿了胭脂河，从此太湖腹地的物资由太湖—胥河—胭脂河—秦淮河直抵南京，避免了由镇江溯长江而上遭遇覆舟之险。

明朝定都南京后，苏南、两浙漕粮要想运往南京，有三条运输线路：

第一条是水上运输线。漕船从太湖流域，经过荆溪河、胥河，到达固城湖，再经水阳江到达芜湖，然后，由芜湖顺流而下，到达南京大胜关，经南河运到南京城。这条运输线，路线较长，且胥河航道不畅，亟待疏浚。

明太祖朱元璋

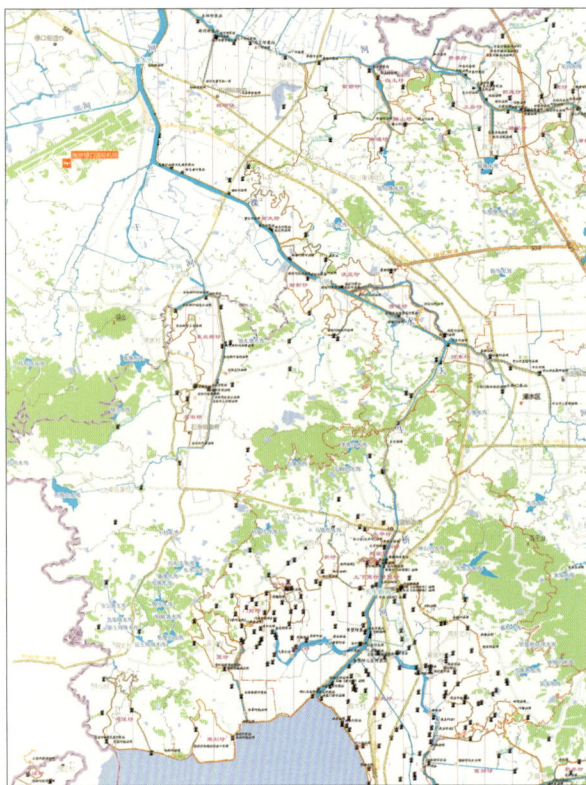

《溧水区水系图》中的天生桥河局部（南京市水务局）

第二条也是水上运输线。漕船经江南运河入长江，然后溯江而上到南京，因为镇江运道不畅，因此漕船或在无锡北折由江阴运河入江，或至常州北折经孟渎入江，然后溯江至南京。由于长江风大浪急，漕船常常倾覆。

第三条线路是水陆相结合的运输线。漕船沿江南运河北上至丹阳，因这时的破岗渎与上容渎都已废弃，在丹阳改用车辆翻越山岭，然后再经秦淮河转运至南京。这条线路虽避免了长江水道的风险，但中间的百余里陆路崎岖难行，费时费力。

洪武二十五年（1392），明朝政府首先疏浚胥河，漕船经过水路可以由太湖、胥河、固城湖直接到石臼湖，而南京有秦淮河，仅因秦淮河与石臼湖之间有胭脂岗所阻，水路未通。洪武二十六年（1393），又开凿胭脂河，沟通石臼湖与秦淮河水路，从此江浙漕粮经太湖—胥河—固城湖—石臼湖—胭脂河—秦淮河至南京的漕运水路全线贯通，满足了居住南京的皇室、勋戚、官宦、军队、富商大贾以及为他们服务的各色人等所形成的庞大消费群体，对包括粮食在内的各种物资的需求。

据《明太祖实录》卷二二九"洪武二十六年秋七月"条记载：洪武二十六年（1393），"命崇山侯李新往溧水县，督视有司开燕脂河。上谕之曰：'两浙赋税，漕运京师，岁实繁浩。一自浙河至丹阳，舍舟登陆，转输甚劳；一自大江溯流而上，风涛之险，覆溺者多，朕甚悯之。今欲自畿甸疏凿河流，以通于浙，俾运输者不劳，商旅获便。故特命尔往督其事，尔其莅事惟勤，役民勿暴。'新顿首受命而行。暨河成，人皆便之"。

凿河工程于洪武二十六年（1393）开工，洪武二十八年（1395）完工。河道最深处 35 米，底宽 10 余米，上部宽 20 余米。开凿这样一条人工运河，要经过长达 4.5 公里，高度为 20—35 米的胭脂岗。胭脂岗地质复杂，由砂岩、砾岩及部分页岩组成。在不具备爆破技术的施工条件下，要在岗上向下开凿深 30 余米、底宽 10 余米的河床，其工程之巨，耗资之大，在当时水利建设工程上实属罕见。

主持开凿胭脂河工程的是崇山侯李新。李新，濠州人。跟从朱元璋渡江，多次立功。战龙湾，授管军副千户。取江陵，进龙骧卫正千户。克平江，迁神武卫指挥佥事，调守茶陵卫，屡迁至中军都督府佥事。"十五年，以营孝陵，封崇山侯，岁禄千五百石。二十二年命改建帝王庙于鸡鸣山。……二十八年以事诛。"（《明史》卷一三二《李新传》）

朱元璋委派崇山侯李新负责开凿胭脂河，一方面是因为李新具有主持建造明孝陵和鸡笼山帝王庙的大型工程实践经验；另一方面，则是反映了明王朝对漕运的重视。令人不解的是，洪武二十八年（1395）胭脂河工程完工后，李新便被朱元璋诛杀。

胭脂河所在位置恰是秦淮河流域与石臼湖的分水岭，这里原有一道西北—东南走向、高 30 多米的石冈，因冈岩呈赤色，因此俗称胭脂岗，凿冈所成之河称为胭脂河。胭脂岗南起洪蓝镇竹山村西，北至在城镇缸窑坝村东，长约 4.5 公里。沿河地面高程为 25—40 米。除开河时出土的堆积层外，原石冈段地面高程 20—35 米。要开挖深达 30 米左右的人工河，不仅任务重，期限也很急迫。李新采取了"烧麻炼石，破块成河"的办法，这在当时缺乏爆破技术的历史条件下，不失为一个好办法。现在胭脂河两岸山冈上将近 7 万平方米的范围内，还堆积着当年切岭时开凿出来的石块，大的重达十余吨，在当时没有起重机械的条件下，全凭服役民工齐心协力拖拽而出，可以说，整个工程皆由广大民工的血汗凝成。据史料记载，当年为了开凿胭脂河，参加者"六郡民工"被"役而死者万人"，可以想象施工的艰辛。民间相传，在天生桥东北冈阜之下，今名为凤凰井景区（过去称作荷花塘）的地方即是当年的"万人坑"遗址，也就是当年服役而死的民工的丛葬地。

胭脂岗一带岩层十分坚硬。据溧水地方志记载，开山的民工们沿用着一千多年前的古老方法，利用热胀冷缩的原理，焚石凿河。"火焚之，水激之"，用铁钎在岩石上凿缝，将麻嵌入缝中，浇上桐油，点火焚烧，直到岩石通红，泼上冷水，热胀冷缩的原理使岩石形成了一条条裂缝，再将石块撬开，搬运出去。"烧苘（麻）炼石，破块成河"形象地概括了当年施工的原始方式。

在开凿胭脂河时，工程的设计者选择两处石质最硬、地势最高的地方留存下来，作为人行通道，由此留下了一南一北两座桥（一座是现在的天生桥，另一座在今天生桥套闸处）。"以巨石面留为桥，中凿石孔十余丈，以通舟楫，桥因势而成，故名天生"，这就是著名的天生桥。这样做，一方面，可以使开河过程中两岸交通不受影响；另一方面，减少了一定量的石方工程；同时，又节约了开河后建桥的资金，可谓一举三得。可惜南桥早在1528年便崩塌，仅余北桥。天生桥为天下一绝，有鬼斧神工之妙。现存的天生桥长34米，桥面宽8—9米、厚7—8.9米，桥面离水约35米，南北倾斜，桥洞略呈梯形，宽12米，高20余米，犹如"长虹卧波"，据说这样的桥中国仅此一座。现在此处已成为一大胜景。天生桥是我国仅存的古代人工运河上，横跨两岸巨石

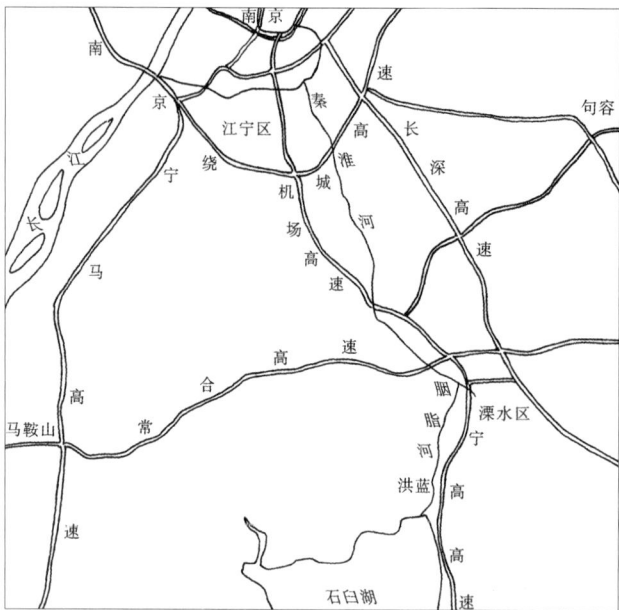

胭脂河位置示意图（《南京溧水胭脂河考古调查报告》，《南京文物考古新发现》第四辑）

而成的天然桥梁。

关于胭脂河名称的由来，民间相传，秦淮女仙曾泛舟河上，信手将胭脂点染在崖壁上，从此，这条河便有了个美丽的名字——胭脂河。其实，这是由于几千万年前的沉积岩石中，含有的铁质被氧化的结果，是大自然涂抹的颜色。

胭脂河自明朝开凿后，曾经多次堰塞，又多次疏浚。就我们所搜集到的史料而言，就有多次。

永乐十九年（1421），明成祖朱棣将都城迁往北京，从此江浙漕船不到南京，复由京口渡江运至北京，胭脂河作为国家漕运工程遂失去其重要作用，但作为区域水利工程仍在发挥作用。

此后，由于胭脂河的地位下降，维护管理不善，河道逐渐湮塞。据《明史》卷八八《河渠志》记载：正统五年（1440），"胭脂河者，溧水入秦淮道也。苏、松船皆由以达，沙石壅塞，因并浚之"。正统五年的这次疏浚，距明初开凿此河仅47年。

嘉靖七年（1528）春，天生桥南桥突然崩塌。据《嘉靖高淳县志》记载：嘉靖七年春，"天生桥南桥忽崩摧，盖岁受风雨剥蚀，抑轮蹄蹂躏之久且众也"。巨大的岩石桥面崩落河中，使河道淤阻更加严重。

万历十五年（1587）夏，胭脂河因"大水，胭脂冈崩裂数百尺，填塞河道。湖水大涌，（高淳县）五邑田圩皆成广阳侯之居"。万历二十五年（1597），高淳知县丁日近主持疏浚河道，又复通水。因当地民众贪图小利，人为搬石块置于河中造成阻塞河道，影响了洪水下泄，为此官府出面禁止，立禁约碑于胭脂河畔："巡抚应天等府都御史朱为督抚地方事，照得天生桥上关皇陵，下系高淳、当涂等县水利，国家之凿斯河也，良有深意。迩年乃以堕石阻塞，至徽宁诸水不得绕钟山，而高淳诸邑遂沮洳为患……如有地方居民，故将石块填塞河道以妨水利者……从重处治，决不轻恕。"

到清朝嘉庆年间，"胭脂河运废，而水未尽涸"。《光绪溧水县志》称："胭脂河……地踞高阜，淤塞已久，今河道断绝。"据此我们推测，胭脂河的淤塞断流当在明末清初。

民国时期，亦曾有过多次疏浚之议，均未实行。

1984年，在金陵新四十景评选中，胭脂河以"凝脂沉霞"被评为"新金陵四十景"之一，同时入选的楹联写道："落红阵阵，色染微漪，点三篙，添无穷画意；余霞散绮，光揉细浪，垂一线，钓不尽诗情。"

1988年，"胭脂河—天生桥"被列为江苏省文物保护单位。

二、河流现状

中华人民共和国成立后，胭脂河河道湮塞。朱偰《中国运河史料选辑》"编者按"写道："编者曾亲往实地调查，现在河道虽然埋塞，然加人工疏凿后，仍可通航。"

1966年10月，溧水县人民委员会经镇江市专员公署向省水利厅报送了《天生桥河道工程规划》文件，次月，经江苏省人民政府批准，由镇江地区主持，溧水、江宁、句容三县共同疏浚。工程需建设套闸、桥梁并疏浚河道，省级投资100万元，土石方工程由受益县（江宁、句容、溧水）共同承担，各负责工程量的30%、20%和50%。土石方工程于1968年10月动工，1971年春全部完成，历时三年。在南天生桥旧址处，建天生桥闸套闸（上下各一闸）一座，按六级航道标准建造，1972年完成。从1966年开始至1972年为止，前后历时六年浚深、拓宽胭脂河，使其在防洪、引水抗旱、航运和引清水入南京城方面，重新发挥重要作用。

关于胭脂河的历史地位和作用，朱偰《中国运河史料选辑》一书"编者按"写道：

胭脂河与天生桥

明初建都南京，两浙和太湖一带漕运，都由东坝溯胥河而上，经固城湖、石臼湖，再由天生桥河出溧水，下秦淮河，直达南京。所以当时东坝上下这条运河和天生桥河，沟通太湖和秦淮河，西出芜湖，直达大江，在运输上曾起重要作用。天生桥系一天然石桥，下面是很深的峡谷，确系人工凿成。

三、遗产资源
洪蓝埠

洪蓝埠即今天的洪蓝镇，位于南京市溧水区南部，地理位置优越，历史文化悠久，是江苏省百家名镇之一。境内有无想寺、天生桥、蒲塘桥和傅家边等著名景点。

洪蓝埠历史悠久。据史料记载，隋炀帝大业年间，江南义军首领杜伏威率军来到这里，在山上垒石为城，屯兵固守。据传，杜伏威一位名叫尤氏的后人在胥河边落户，其住处被称为尤家渡，至今已有 1400 多年历史。北宋仁宗年间，有一位姓洪名蓝的木材商人，在尤家渡修建栈桥，并于岸边建茅屋，供应茶汤，方便行人休息。后人为了感激他的恩德，将尤家渡更名为洪蓝埠。"洪蓝"一名便一直沿用至今。明初，朱元璋下令开通胭脂河，河东西两岸，商贾云集，洪蓝埠一下子成了京畿枢纽，迎来了繁盛期，清光绪八年的《溧水县志》记载："时全县人口稠密，洪蓝为首。"古代人口的多寡是衡量一个地区经济实力的重要指标，可见洪蓝埠已经成为当时溧水县最为繁华富庶的集镇。

洪蓝埠现存不少遗迹，洪蓝埠民居分布于洪蓝镇洪蓝桥以南的胭脂河两岸，为晚清至民国时期的民居，目前保存数量不多，而且由于长期无人居住，年久失修，保存状况不佳；洪蓝土地庙，位于洪蓝桥西端南侧，坐北朝南，分为前后二殿，内供城隍爷和洪蓝土地神；土墩墓，位于洪蓝镇上头刘村北约 150 米，平面近圆形。

洪蓝埠还有一些具有地方特色的非物质文化遗产。姜家村的打水浒，讲的是水浒一百零八将的故事，动作刚猛，舞风剽悍，表现了当地百姓的尚武风气；蒲塘桥庙会上的抛叉，是一个传统表演项目，表演者手持三股钢叉，呛啷作响，惊险异常；踩高跷主要在庙会上表演，它的最大特色是高跷的高度达到了 1.5 米，演员装扮成八仙、《西游记》等人物，显得高高在上，十分令人瞩目。

四、文献史料

《明太祖实录》卷二二九"洪武二十六年秋七月"条："命崇山侯李新往溧水县，督视有司开燕脂河。上谕之曰：'两浙赋税，漕运京师，岁实繁浩。一自浙河至丹阳，舍舟登陆，转输甚劳；一自大江溯流而上，风涛之险，覆溺者多，朕甚悯之。今欲自畿甸疏凿河流，以通于浙，俾运输者不劳，商旅获便。故特命尔往督其事，尔其莅事惟勤，役民勿暴。'新顿首受命而行。暨河成，人皆便之。"

《明史》卷八六《河渠志四》："洪武二十六年尝命崇山侯李新开溧水胭脂河，以通浙漕，免丹阳输挽及大江风涛之险。而三吴之粟，必由常、镇。"

《明史》卷八八《河渠志六》："（正统）五年，修太湖堤，海盐海岸，南京上中下新河及济川卫新江口防水堤，漷县、南宫诸堤。筑顺天、河间及容城杜村口、郎家口决堤。塞海宁蛎岩决堤口。浚盐城伍祐、新兴二场运河。初，溧水有镇曰广通，其西固城湖入大江，东则三塔堰河入太湖。中间相距十五里，洪武中凿以通舟。县地稍洼，而湖纳宁国、广德诸水，遇潦即溢，乃筑坝于镇以御之，而堰水不能至坝下。是岁，改筑坝于叶家桥。胭脂河者，溧水入秦淮道也。苏、松船皆由以达，沙石壅塞，因并浚之。"

《明史》卷一三二《李新传》："李新，濠州人。从渡江，数立功。战龙湾，授管军副千户。取江陵，进龙骧卫正千户。克平江，迁神武卫指挥佥事，调守茶陵卫，屡迁至中军都督府佥事。十五年，以营孝陵，封崇山侯，岁禄千五百石。二十二年命改建帝王庙于鸡鸣山。新有心计，将作官吏视成画而已。明年遣还乡，颁赐金帛田宅。时诸勋贵稍借肆，帝颇嫉之，以党事缘坐者众。新首建言：公、侯家人及仪从户各有常数，余者宜归有司。帝是之，悉发凤阳隶籍为民，命礼部纂《稽制录》，严公侯奢侈逾越之禁。于是武定侯英还佃户输税，信国公和还仪从户，曹国公景隆还庄田，皆自新发之。二十六年，督有司开胭脂河于溧水，西达大江，东通两浙，以济漕运。河成，民甚便之。二十八年以事诛。"

明朝《万历应天府志》卷一五《山川志》："胭脂河，西十里，国初定鼎金陵，欲通苏浙粮运，乃命崇山侯李新凿胭脂冈，引石臼湖水会秦淮，以入于江，自永乐时迁都，运道废。"

明朝《万历溧水县志》卷四《水类》："胭脂河，西一十里，国初崇山侯李新焚石凿河，石皆赤，故名。"

明朝《万历溧水县志》卷四《杠梁》："天生桥，西一十里，高十二丈，阔七丈五尺，旧有南北二桥，今所在者，北桥也。洪武二十五年，太祖命崇山侯李新凿河，通苏浙运道，桥因势而成，故名天生。相传云李新尝私于民家，舍平陆，焚石凿之，役而死者万人。太祖微行至，立诛之，以报役死者。"

清朝《康熙江宁府志》(于成龙本)卷八《山川下》："胭脂河，西十里。明初定鼎金陵，欲通苏浙粮运，乃命崇山侯李新焚石凿河，引石臼湖水，会秦淮以入于江。自永乐迁都，运道废。"

清朝《重刊嘉庆江宁府志》卷七《山水下》："西北流过溧水城，东北过乌刹桥，与明胭脂河合。《建康志》引《祥符江宁图经》：淮水去县一里，其源从宣州东南溧水县乌刹桥西入。旧府志：胭脂河，溧水县西十里，明初定鼎金陵，欲通苏浙粮运，乃命崇山侯李新焚石凿河，引石臼湖水会秦淮以入于江，自永乐迁都，运道废。胭脂河首引高淳石臼湖水，西入溧水界，石臼湖详中江下。又东至洪蓝埠入山，又东北流过天生桥。明李新所凿也。上以巨石面留为桥，中凿石孔约二丈许，以通舟，然其地高石碍计，洪武建文时名曰通漕，而实多涸，民必以陆挽济之，其病实甚，此高淳所以必改折漕也。"

清朝顾祖禹《读史方舆纪要》卷二〇《江南二·溧水县》："胭脂河，县西十里。其地有胭脂冈，因名。明洪武中，议通苏浙粮运，命崇山侯李新凿开胭脂冈，引石臼湖水会于秦淮，以为运河。永乐初废。"

清朝夏燮《明通鉴》卷一〇"洪武二十六年九月"条："是月，命崇山侯李新开胭脂河以通浙运。谕之曰：'两浙赋税，漕运京师，岁费繁浩。一自浙河至丹阳，舍舟登陆，转输甚难；一自大江溯流而上，风涛之险，覆溺者多。今欲自畿甸近地凿河流以通于浙，俾输者不劳，商旅获便。故特命尔往督其事。'自此漕运悉由常、镇矣。"

　　清朝《光绪溧水县志》卷二《舆地志·山川》："胭脂河，县西十里。明太祖定鼎金陵，欲通苏浙粮运，自东坝由石臼湖入，以避江险，乃命崇山侯李新凿河，引湖水，会秦淮以达金陵。河自洪蓝埠入山，东北流过天生桥出山，受山溪水，又北流过沙河桥，西北入于淮水。"

　　清朝《光绪高淳县志》卷三《山川下·水利》："天生桥河虽属溧水，乃石臼湖东北水道，为淳邑要害。明洪武二十六年，以两浙漕运转输甚艰，乃命崇山侯李新开溧水胭脂河。万历十五年，大水，山崩断流。二十五年，知县丁日近以乡绅张应亮、生员赵邦彦呈请疏凿，立有禁约碑。今又埋塞。"

　　《民国高淳县志》卷三《山川下·水利》："天生桥河虽属溧水，乃石臼湖东北水道，为淳邑要害。明洪武二十六年，以两浙漕运转输甚艰，乃命崇山侯李新开溧水胭脂河。万历十五年，大水，山崩断流。二十五年，知县丁日近以乡绅张应亮、生员赵邦彦呈请疏凿，立有禁约碑。今又埋塞。"

五、碑刻铭文

《禁约碑》

　　巡抚应天等府都御史朱为督抚地方事，照得天生桥上关皇陵，下系高淳、当涂等县水利，国家之凿斯河也，良有深意。迩年乃以堕石阻塞，至徽宁诸水不得绕钟山，而高淳诸邑遂沮洳为患，凿者每以费繁中止，近该本院采访群情，移檄高淳县知县丁日近、当涂县知县邓光祚，躬亲勘验，议以工费，高淳七分、当涂三分出办而经营其事，实自高淳主之缘。庶民乐于子来，故河工不五十日，而告成事。第此河地辖溧水，利害无关，诚恐附桥居民，希图盘剥商货小利，辄阴肆下石阻坏，则前功顿弃，何以垂永久之利，合行禁谕，为此牌。仰本县官吏照牌事理，即将前项缘由刊刻碑石，竖于天生河桥畔。如有地方居民，故将石块填塞河道以妨水利者，许高淳、溧水二县掌印官，不时验实申报，以凭拿解，从重处治，决不轻恕。须至牌者，万历二十二年，高淳县知县丁日近，县丞艾有骆立石。

　　——（清末民初）刘春堂修、吴寿宽纂，（民国）袁季梅续印，南京市高淳区古籍研究会整理《民国高淳县志》卷三《山川下》

《重浚天生桥碑记》

（明）冯梦桢

圣祖定鼎金陵时，京口尚未开通。陆运者，起云阳。而水运者则由江阴出大江，溯波涛五六百里，或蹈不测。圣祖悯之，乃令开高淳之广通坝，置闸启闭，而凿溧水胭脂冈二十里成河，上跨天生桥。自有此河，吴浙之运，皆由固城等三湖，直达秦淮，称便。计已后成祖鼎定燕京，开京口，置闸通吴浙运道，而言水利者祖单锷、苏轼成书仍筑五堰，以成吴浙陆海之饶。于是宣歙之溪及三湖之水，皆不入太湖，而逆达之江，高淳等五县圩田半为蛟龙之宅矣。然犹赖天生桥一线之流，可以杀湖水入江之势，不大至于横决。则此之开塞，其关系高淳等县之利害，盖尤要已。万历丁亥夏，大水。所谓胭脂冈者，崩裂数百尺，填塞河流。湖水大涌，而五邑仅存圩田皆以广阳侯之居可叹也。于是五邑有司，以浚河请，不啻如拯溺救焚。即五邑之民，不惮征缮以待上命，而文移往来动成寝阁。又五六年，丁侯至，初下车进父老问民疾苦。佥曰：无如浚天生桥河之急。侯曰：然。遂条上便宜两台。时抚臣朱公鸿谟是侯议，檄侯以高淳之赋首事，而当涂值水冲利害共之，量助工之三。侯奉命星驰相度，成算在胸，谓民资不可急科也，借官帑编银以宽之。谓若役不可法绳也，选大姓以督之；谓财力不可令侵冒也，委丞二以监之。始事于今岁二月十六日，休工于四月八日，费仅六百三十金有奇，而大役已讫，河流复通。报成于朱公，大喜神速。仍立碑示有擅利而窃下土石堙河流者，罪如律。幸圣祖之远谟，五邑之永利，庶几弗坏。然非丁侯之精敏，与朱公之委任，其功终不成。余以此叹任事者之难，而任任事者尤难之难也已。

——（清末民初）刘春堂修、吴寿宽纂，（民国）袁季梅续印，南京市高淳区古籍研究会整理《民国高淳县志》卷三《山川下》

六、诗词歌赋

过胭脂河

（元末明初）陶宗仪

胭脂山头平劈破，一道长溪此中过。

匠人十万斧凿功，疑是六丁天所课。
危桥挂空若生成，石壁千仞开锦屏。
两边罗列八九里，吴艎蜀艒西东征。
四方职贡纷联络，扬子大江风浪恶。
九重宵旰劳圣心，特策有司亟兴作。
左通银墅右沙河，滔滔湛湛皆恩波。
可怜伊昔六代时，无有及斯竟若何。
老臣挟书朝帝所，拭目奇观喜欲舞。
稽首作歌颂神武，磨厓镌刻昭万古。

过天生桥

（明）王弼

千峰飞峙若龙门，乱石巉岩似虎蹲。
凿后定应元气泄，看来竟觉地维分。
两崖空溅奸臣血，一派长流圣主恩。
今日扬舲泛秋邑，败芦残菊自黄昏。

石梁吟

（明）姚希孟

　　十崖崚巇，万壑谽谺，国初望气者言地灵异，又言溧方巽位独无朝宗之水，于是上命崇山侯李新督六郡人民，穷日夜凿之，烧麻炼石，破块成河，引石臼湖水过此，落胭脂河以趋金陵。迨劳夫枕藉，李侯支解，而工乃竣。石梁嵌空，地灵遂泄，余家西去十里许耳，至今人文寥落，户口食贫，说者谓穿凿所致也，吟以哀之。

高山激水訇雷霆，巨灵铁鞭役五丁。
阴崖洞凿石梁横，蜿蜒天堑悬窈冥。
古藤累垂风洒洒，鸺鹠蝙蝠啼昏夜。
古血惊魂石上痕，时闻鬼哭寒松下。

运粮河

南京地区有多条运粮河，均是人工运河。

一、历史沿革

相传明太祖朱元璋为从南京东郊运粮至城内，特开此河，故名。

据《南京市白下区志（1986～2005）》（方志出版社 2011 年版）记载："（该河）系人工河。位于光华路街道办事处东南 1.75 公里处，在区境内，东起杨晏桥，西至杨庄村河沿二埠，与秦淮河交汇，全长 4.1 公里，流经区境 2.5 公里，宽 40—100 米。明代为运粮水道，故名运粮河。今用作泄洪灌溉，河上有杨晏桥、过兵桥、浮桥、小水关桥等。"

二、河流现状

据《南京水利志》记载："运粮河，在南京，纳紫金山南麓、青龙山以西和其林门一带岗丘之水，并汇紫金山沟、百水河来水在七桥瓮汇入秦淮河。"运粮河是今天玄武区与江宁区的界河，从区界东南端向西流经区境约 1910 米，河北堤是区内历年防洪重点地段。1999 年，将堤岸加宽、加高，堤、路两用。

2015 年 11 月 23 日，秦淮东河工程启动仪式正式启动，秦淮东河工

江宁运粮河大桥及运粮河

《秦淮东河工程总体布局示意图》中的运粮河（南京市水务局）

程是时隔近40年后秦淮河流域开挖的第二条泄洪通道，将大大缓解南京主城和仙林、东山地区的防洪压力，并形成环绕南京主城的清水廊道。秦淮东河工程计划分两期实施。一期工程先行贯通运粮河—新开河—九乡河线路，线路长31.8公里（含隧洞2.6公里）。一期工程建成后，将实现秦淮河经运粮河至九乡河入长江的河道联通线路，可分泄洪水约每秒150立方米，初步缓解秦淮河流域、南京主城和东山、仙林副城的防洪排涝压力，治理河段的水生态环境也将得到有效改善；二期工程实施中心河开挖7.8公里，七乡河拓挖14.4公里（含隧洞2.0公里）。完成后，秦淮东河工程可发挥全部效益。整个工程计划分两期实施，十年完成，工程建成后将有效缓解南京主城和仙林、东山副城防洪压力，秦淮河流域达到50年一遇的总体防洪能力。

此外，高淳境内也有运粮河。据1988年新编《高淳县志》和《南京水利志》等书记载：运粮河，自费家嘴至杨家湾段，流经胜利圩东北，北流经当涂县入长江。在高淳区境内长5.6公里，流域面积10平方公里。

高淳运粮河开挖时间至少不晚于清代。据清朝刘春堂修、吴寿宽纂《民国高淳县志》卷三《山川下》记载："运粮河：一道在石臼湖旁，与当涂之塘沟交界，向分杨罾、夏网、施筏、孙篓，捕鱼完课。乾隆三十年，奉督宪高示立碑。"

高淳运粮河是沟通高淳官溪河和石臼湖的重要水道，也是高淳淳溪镇与南京城水上交通的生命线。据《南京水利志》记载："官溪河，东连固城湖，西经杨家湾船闸接运粮河入长江，长 8.7 公里，为高淳至当涂的主要航道。流域面积 24 平方公里。"

三、遗产资源

七桥瓮

七桥瓮，又名七瓮桥，因桥有七孔而得名。位于南京市秦淮区红花街道光华门外的运粮河上，建于明正统五年（1440），是南京地区现存规模最大的砖石构筑拱桥。2013 年被列为全国重点文物保护单位。

七桥瓮是一座不等跨半圆石拱桥，共有 7 个桥孔，全长达 99.84 米，宽 13 米，桥身酷似弯弓，全部由青石花岗岩叠砌，桥身质地坚固。中间桥瓮为最大，其余两两相对，依次缩小。现存的七桥瓮依旧保持着明代的原貌，桥墩、桥瓮和兽头等均是原物。桥瓮上方桥耳两侧还有 16 只精雕的螭首兽头，堪称中国古代拱桥中的杰作。附近现已开辟为七桥瓮生态湿地公园。公园东起胜利村路南下，西至苜蓿园大街南下，北起石杨路，南至纬七路，占地总面积约 1000

七桥瓮

七桥瓮文物保护标志碑

亩，由秦淮河与运粮河围合而成。公园以保持原有地貌、沟通水网、保护湿地、生态造林为主要手段，使600年的明代古桥、精致的雕塑、潺潺的跌水池、蜿蜒的木栈道、新颖别致的观鸟屋巧妙融合，充满了生机与野趣。

清代：衰落期

　　清代的南京被降为江宁府，是江南的政治、经济、军事和文化中心。清朝两江总督驻节江宁府城，对于原有的水上交通运输网继续沿用维护，除了在长江以北开凿了用于航运、灌溉、抗旱、排涝的朱家山河和会通河外，几乎没有更多的作为。

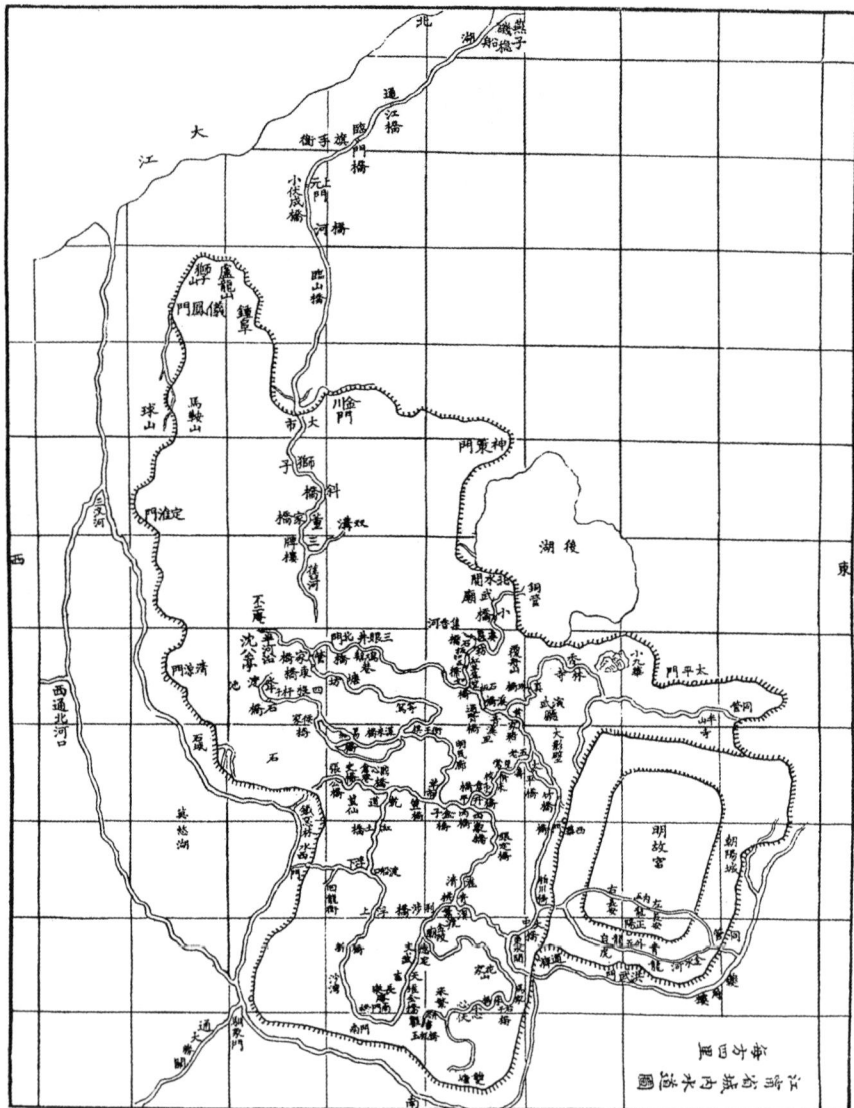

江宁省城内水道图（《赤山湖志》）

206

朱家山河

朱家山河位于浦口区境内，是滁河分洪入长江的人工河道。上通天然河，下连黑水河，统名朱家山河。因自朱家山凿开，故名朱家山河。

一、历史沿革

滁河流域地形狭长，干流护坡平缓，而支流源短流急，沿河无湖泊积蓄洪水。每当遇到暴雨，滁河流域常常洪水泛滥成灾。因此，历朝历代对滁河泄洪问题十分关注。

早在成化十年（1474），明朝政府就决定开通"江浦北城圩古沟即天然河"与"浦子口城东黑水泉古沟即黑水河"之间的山冈，将滁河和大江连接起来，以利于抗旱排涝。但不知是何缘故，这一决议一直没有得到落实。

明朝嘉靖二十年（1541）、隆庆二年（1568）、万历元年（1573），又多次议论开挖此河，也都没有结果。

清朝建立后，康熙十九年（1680）、雍正五年（1727），江浦县人俞宏道多次上书请求开挖此河，均议开未果。

雍正十二年（1734），两江总督高晋拨款二千七百余两开挖此河，不久河道就湮塞。

乾隆十九年（1754），两江总督鄂容安再次重修，拨款四千余两，未久又湮塞。

嘉庆九年（1804），两江总督陈大文令布政使康基田督浚，拨款四千余金，工虽告竣，实则未通。

光绪四年（1878），两江总督沈葆桢命令浦口防军统领吴武壮以所辖军士，分段挑挖一年有余，后因驻军移防他地而中止。

光绪八年（1882），左宗棠担任两江总督，采纳尊经书院院长薛时雨的建议，再次派军士挑土凿石，历时 18 个月告成。其流经浦口者，自碧泉至旧大功桥，河道仍旧；而大功桥以下，则改由六合境之晒布场，江浦境之湾头街、祝家塘、康家圩而西入四泉河，黑水河下流之故道遂废。

朱家山河经过左宗棠的开通，不仅沿江圩田平时均受其利，即使山水突然到来，也使当地百姓免遭庐舍牲畜漂没之灾，而且运输粮食等各种物资的货船，沿着朱家山河航行，避免了长江风高浪急的覆舟之险，于农于商堪称两便。

二、河流现状

1935 年，因长江水道变迁，开挖老江口至浦镇东门段以沟通长江。

1971 年冬至 1972 年，江浦县、浦口区对河道进行全面疏浚挖深，同时改建东门黑桥，兴建老江口控制闸，恢复朱家山河分洪量达到每秒 100 立方米。此后又多次疏挖整治，提高了行洪和抗旱能力。

据《江浦县志（1988—2001）》（方志出版社 2010 年版）记载："朱家山河，旧名黑水河，系由北城圩古沟浚拓而成的分滁洪入江的人工河，北起北城圩张堡，经板桥、浦口，南入长江，全长 18.1 公里。境内长 8 公里，水面面积 5 公顷，行洪流量达 100 立方米 / 秒，受益农田面积 1300 公顷。"

2018 年 6 月 23 日经过实地考察，朱家山河河流两岸分布有居民楼、工厂、高架桥，该河整体水质较差，河水浑浊，流经中国中车浦镇车辆厂前面

朱家山河

的一段河流污染尤其严重，水中杂草丛生，水体发黑，有异味，亟待整治。而在泰山街道处的河流因为水利工程建设，河道为混凝土护坡，河道开阔，水质较好。

三、遗产资源

泰山庙

南京泰山庙位于浦口区泰山街道，邻近朱家山河。泰山庙始建于明初，原名"东岳庙"，人们习惯称之为泰山庙，它起先供奉的是"东岳大帝"，即道教泰山神黄飞虎。传说黄飞虎原为殷纣王的臣子，后遭陷害而投奔周武王，在讨伐战争中立下卓越战功，但不幸牺牲，被姜子牙封为东岳大帝，总管人间吉凶祸福。传说黄飞虎有个女儿，人称泰山碧霞元君，能为人间带来众多福祉，泰山庙后又供奉她的神像。受佛教影响，泰山庙从原先的道教场所逐步转变为供奉佛像为主、供奉道教神像为辅，成为一座"释道合一"的寺庙。

明初所建的泰山庙毁于清咸丰年间太平天国战火。同治五年（1866）庙内僧人德缘化募重建泰山庙，但只有中殿和后殿等建筑。光绪五年（1879）黄仕林修建了从山脚到中殿门口的132级青石台阶，民国二十五年（1936）泰山庙重修一次。1952年，泰山庙神像被山下农民清理干净，只剩下空空庙堂。其后，泰山庙所在的宣化山顶为部队营区所占，直至20世纪80年代中期。1986年，南京鸡鸣寺释农月来此，主持修复了泰山庙明清建筑，陆续修建了高5米的简易山门、山门边门面房和泰西路边一段院墙等建筑，泰山庙正式恢复了佛教活动。从1999年开始，泰山庙陆续拆掉原有建筑，现在的建筑物基本上是新建的。

泰山庙虽几经沧桑，但泰山庙会一直兴盛不衰。泰山庙祭祀的日子是每年农历三月二十八日，这天是黄飞虎的生日，也是庙会前后三天的正日子。传统庙会之时，江北四乡八镇民众齐聚这里，上庙进香祈福，交流农副产品，观看文艺表演，庙会期间泰山庙和东门街道上人山人海。当人们抬着东岳大帝和泰山碧霞元君的神像"出会巡街"时，舞龙、耍狮、路花船、踩高跷等紧随其后，一路上鞭炮锣鼓不绝于耳，万民瞻仰欢呼雀跃，至此庙会达到高潮。有时，人们还会将西边城隍庙的城隍老爷、北边都天庙的菩萨神像一起抬出来巡街。"文革"期间，庙会仍年年进行，只是不允许上香拜佛。近年来，政府为保证群众安全，对庙会进行干预和疏导，庙会的规模已难现历史盛况。

四、文献史料

清朝《光绪江浦埤乘》卷三《山水中·河》："黑水河，源出墨泉（即今碧泉，详后井泉），因名。其流旧绕浦口镇东北，过宣化桥（详后桥梁）入江。今自朱家山凿开，上通天然河，下连黑水河，统名朱家山河。明成化十年，廷臣会议：江浦北城圩古沟（即天然河），北通滁河；浦子口城东黑水泉古沟（即黑水河），南入大江。二沟相望，冈垅中截，宜凿通成河，旱引涝泄，诏从之（《明史·河渠志》）。嘉靖二十年，议通黑水河，寻以见石而止。隆庆二年，来安人王来建议复开，忭按院意，多方难来，卒置于狱。万历元年，来复上言，事得行，又以用非其人而罢。国朝康熙十九年、雍正五年（邑人俞宏道禀请），均议开未果。十二年，两江总督高晋始用帑金二千七百余两开之，旋塞。乾隆十九年，总督鄂文端复兴大工，用帑金四千余两，未久仍塞（以上均约《来安县志》）。嘉庆九年，总督陈大文檄布政使康基田督浚，用帑亦四千余金，工虽告竣，实则未通（陈秋水碑记）。光绪四年，总督沈文肃檄浦口防军统领吴武壮以所辖军士，分段挑挖年余，以移防而止。八年，侯相左文襄来督两江，用尊经院长、全椒薛时雨言，复大发军士挑土凿石，阅十有八月告成。其流经浦口者，自碧泉至旧大功桥（详后桥梁），河道仍旧；而大功桥以下，则改由六合境之晒布场，江浦境之湾头街、祝家塘、康家圩而西入四泉河（详见下），而黑水河下流之故道遂废（今宣化桥迤北、迤南一带干河影皆是）。"

清朝陈作霖《可园文存》卷四《续开朱家山河工议》："窃谓滁河之水发源于定远之大横山，由滁西之清流河，汇丰山诸水东流而过乌衣、全椒、来安之水皆入焉，名曰三汊河。三汊河下十里曰张家堡，已入江浦界，而不能遽及江，复萦纡盘折，流及六合之瓜步口，然后与江相会。每逢夏秋之交，淫雨骤至，山水暴涨，则决堤防，坏庐舍，人民牛马咸罹其殃。举数万顷耕稼之地，不逾时而荡为巨浸……所望筹巨款，拨防军，俾前此之力，不致虚糜，一篑之功，不致终废，要在断之不疑而已。"

五、诗词歌赋

过朱家山新河感事

（清末民初）陈作霖

渡江过宣化，遂至朱家山。

两崖土若削，一水流其间。

昔明有王来，创议开此道。

涨水泄全滁，出江途不绕。

巨耐六合人，虑亏关市征。

万计肆阻挠，百年终无成。

桓桓恪靖侯，秉钺来江左。

薛君申前说，军符急如火。

乃调临淮卒，凿此水中矶。

除石如除寇，跑药供指挥。

所当无不破，空中雷电飞。

从兹平陆地，变为川渺弥。

蓄水有三桥，舟行皆坦夷。

因思天下大兴作，必有人焉相倚著。

是河开通湘阴功，实赖桑根抒伟略，

一谋一断经济同。

我曾亲见两钜公（左文襄公、薛桑根师），今乃来此乘长风。

会通河

　　会通河在浦口区珠江镇（原江浦县城）以南，濒临长江，今湮塞。

　　清朝《光绪江浦埠乘》卷三《山水中·河》载："会通河在治南，濒江，上通乌江，下通浦口，长一百二十余里。大江自天门、采石而下，至三山矶，愈奔腾悍激。旧凿会通河，所以承其委而杀其势也，今塞。"同书注："按：今名小西江、长河，同治元年，豫胜营李世忠载盐上溯，避外江九洑洲下关贼炮，因自二漾口以西开至县南门外石闸，转达龙王庙长河沿以出口。"

会通河（《光绪江浦埠乘》）

历代运河的类型

　　南京历史上自春秋时期伍子胥开凿胥河，至清代为止，共有20多条运河。由于统治者或开凿者开凿目的不同，这些运河发挥的作用各异。有的千年流淌，有的昙花一现。现根据历史资料的记载，结合实地调查材料，对这些运河的类型和特点做一分析。

　　南京的运河根据其最初的开凿目的，大致可以分为四种类型。

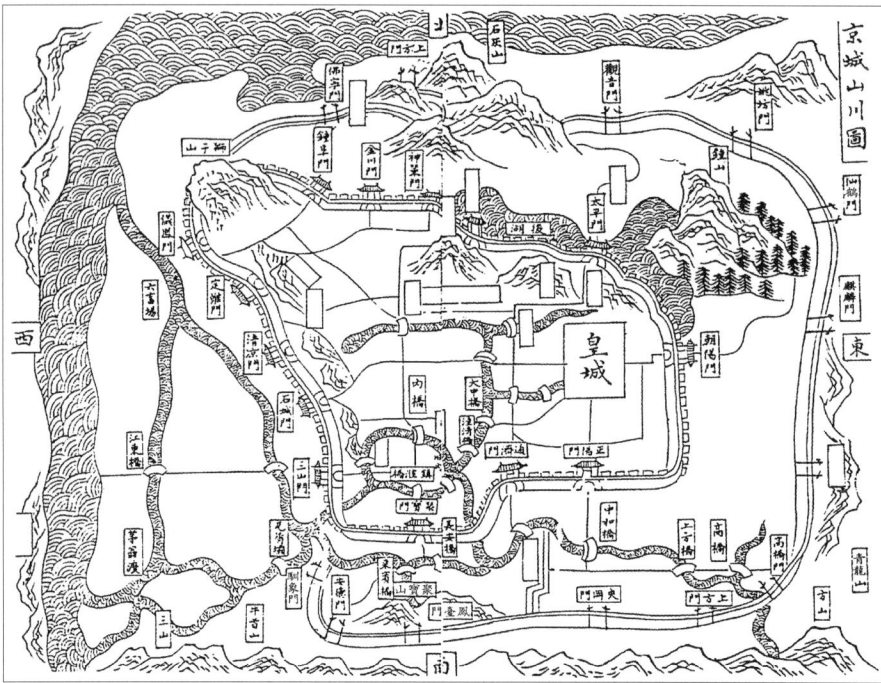

京城山川图（《洪武京城图志》）

战争之河

以胥河、便民河、芦门河、岳子河为代表。目前胥河、便民河、岳子河仍在发挥着作用，但功能已经发生了巨变。

胥河开凿于春秋时期，位于今天的高淳区境内。据水利专家单锷所撰的《吴中水利书》云："公辅以为伍堰者，自春秋时，吴王阖闾用伍子胥之谋伐楚，始创此河，以为漕运，春冬载二百石舟而东，则通太湖，西则入长江。"相传胥河开通后，吴国六万水军由太湖出发，沿着胥河悄悄西进，最后突然出现在巢湖楚军面前，结果五战五捷，攻破楚都郢，最终伍子胥报了杀父杀兄之仇。

唐末景福二年（893），五代十国之一杨吴国的建立者——杨行密在宣州（安徽宣城）被孙儒围困，他的部将台濛在胥河上修筑五堰控制水流，运输粮食，最后击败孙儒，解了杨行密之围。清朝顾祖禹《读史方舆纪要》卷二〇《江南二·溧阳县》写道："唐景福二年，孙儒围杨行密于宣州，行密将台濛作鲁阳五堰，拖轻舸馈粮，故得不困。"

随着历史的发展，胥河的功能也发生了巨大变化。春秋时期，伍子胥开凿胥河的目的是出于战争的需要。后来，胥河成为一条重要的交通运输线。单锷《吴中水利书》写道："自后相传，未始有废。至李氏时，亦常通运。而置牛于堰上，挽拽船筏于固城湖之侧。又尝设监官，置廨宇，以收往来之税。"到了明朝，随着朱元璋定都南京，疏浚胥河并开凿胭脂河之后，太湖流域和浙东地区的粮食等物资，通过漕船，源源不断地经过胥河运抵南京，胥河成为漕运之河，

运输船队通过东坝旧址（从东坝戏台附近拍摄）

便民河（从摄山桥上拍摄）

是明朝都城南京的生命线。

便民河位于今天的南京市栖霞区栖霞街道和龙潭街道境内。相传南宋时期，金国将领完颜宗弼（金兀术）率领的十万金兵被南宋抗金名将韩世忠围困在河道湮塞的建康（今南京）东北死水港黄天荡，于是命令士兵用刀枪连夜凿开老鹳河故道，金兀术率领金兵从这条河中仓皇北逃。从此，金兵在之后150年内再没有渡过长江。由于这条河是用刀枪挖掘的，所以称为"刀枪河"。便民河本是金兀术为摆脱南宋军队的围困而开凿，后来成为一条灌溉和交通运输之河，历代屡有疏浚。据《同治上江两县志》记载，清朝乾隆年间，以河道浅窄而疏浚，赐名便民港。同治年间，又重新疏浚。便民河上连龙潭、句容，下注长江，与长江平行，可以避开黄天荡之险，做生意的商人得其运输安全方便，当地百姓得其灌溉之利，因此称为"便民河"。

芦门河在今天南京城东北栖霞山附近一带，系南宋建炎年间（1127—1130）金兀术所开凿。开凿的目的是为了摆脱南宋军队的包围，由水路逃回北方。芦门河早已湮没无闻。

岳子河始挖于南宋绍兴年间（1131—1162），位于六合区瓜埠镇和长芦镇境内。相传金兀术驻兵瓜步，岳飞遣其子岳云率士卒由河子沟凿此河，从金兵的背后突然袭击，金兵败逃。今天的岳子河，河道非常宽阔，是滁河下游入江水道之一。

漕运之河

以破岗渎、上容渎、运渎、长芦河、靖安河、南河、胭脂河、上新河、中新河、下新河、运粮河为代表。这类运河在南京的运河中数量最多。除了南京城内的运渎、运粮河之外，其他河流均是为了避免长江风涛之险而开凿。目前留存下来的有运渎（仅存一小段）、靖安河、南河、胭脂河和运粮河，功能由漕运转变为灌溉、抗旱、排涝等。

运送各种物资供应京师和边防的漕运制度，是我国秦朝以后历史上特有的国家基本制度。漕运最理想的运送方法是水运，因此，开凿人工运河并维护其正常运行，成为历代王朝最关注的水利工程。定都南京的王朝和政权也不例外。即便是在分裂的魏晋南北朝时期，区域性运河的开凿仍然十分发达。"漕运自产生之日起，便是一项社会性很强的经济活动，触及到社会的许多领域，诸如国家政局的稳定、战争的成败、农业经济的发展、商业经济的繁荣、交通运输的畅达、区域社会的开发、社会生活的安定等等。尤其是封建社会中期以后，漕运发挥越来越广泛的社会动能，粮食的运输仅只是漕运的一种形式，漕运实则已经转变为统治者手中调节器，对社会进行广泛的调控，对许多不安定的社会因素和失衡的社会现象，统治者都借助和倚重漕运（或漕粮），以达到平息和制衡的目的。此外，漕运还起着一些不属于封建朝廷控制范围、客观上却十分积极的社会作用，诸如促进商品的流通、刺激商业城市区的繁荣、促进商业性农业的发展、加强各地经济文化的交流等。"（邹逸麟：《运河在中华文

句容西小溪村旁的二圣水库是破岗渎的一个组成部分

明发展过程中的作用》，《浙江学刊》2017年第1期）

破岗渎（破冈渎）开凿于孙权在位时期，前后使用了三百余年。它从孙吴都城建业（东晋南朝时称建康，今南京），经方山、句容，穿越太湖直达浙东的绍兴，直接沟通了建业与三吴（太湖流域和浙东地区）之间的水路交通，使三吴地区的漕船不需经过京口（今镇江）逆流而上百余里，而可以由这条运河将粮食等物资直接运到建业，避免了因长江风浪造成的漕运损失，确保都城建业的粮食等物资供给。从此，六朝都城建康"舟车便利，无艰阻之虞；田野沃饶，有转输之籍……进可以战，退足以守"（《建康实录》卷二）。破岗渎堪称六朝建康城的水上交通生命线。

南朝梁武帝萧衍在位期间（502—549），为避太子萧纲讳，将破岗渎改名为破墩渎，予以废弃。同时，为了满足都城建康（今南京）对粮食等大量物资的需求，避免长江航运的风险，开凿上容渎取代破岗渎。上容渎是南朝梁时连接建康城和太湖流域、钱塘江流域的最重要的一条水上交通生命线，前后使用了约50年。

运渎位于六朝建康城内，北接潮沟西支，南连秦淮河，是向宫中仓城运输物资的重要通道。运渎开凿于孙吴赤乌三年（240）。据唐朝许嵩《建康实录》卷二记载：吴赤乌三年（240），"十二月，使左台侍御史郗俭监凿城，西南自秦淮，北抵仓城，名运渎"。

长芦河，故道在今天的六合区长芦街道和瓜埠街道境内。始凿于北宋真宗天禧年间（1017—1021），由范仲淹、张纶开凿，目的是使运输物资的漕船避开长江风涛之险。

靖安河，一名古漕河。位于南京城西北栖霞山以东栖霞街道和龙潭街道境内。开凿于北宋徽宗宣和六年（1124），长达80里，与长江平行，使南京的物资可以直接穿过长江，进入仪真新河，抵扬州城下，取代了长江航运150里之险。

元朝时期，为了避南京大胜关长江之险而开凿的南河，又称阴山河，起自南京城西南的赛虹桥，终点是大胜关。历史上，它是南京西南内河通往长江的一条重要漕运通道，也是明清时期从上江（长江中上游）向南京运输物资的主要水道。直到今天，它仍然是南京城西南部一条重要的抗旱排涝河流。

1368 年，朱元璋建都应天（今南京），南京成为全国政治、经济、文化中心。我国历史上漕运方向发生重大改变。靠近南京的太湖流域，自隋唐以来一直是全国最重要的经济区，因其水运发达，也是明王朝最重要的经济区之一。朱元璋为将太湖流域的物资源源不断地运到南京，征调大批民工，疏浚胥河并开凿了胭脂河，从此太湖腹地的物资由太湖—胥河—胭脂河—秦淮河直抵南京，避免了由镇江溯长江而上遭遇覆舟之险。

南河（从河西大街东端与凤台南路交界处的桥上拍摄）

上新河、中新河、下新河是明太祖定都南京后，在南京城西滨江地带开凿的三条河流。《万历应天府志》卷一五《山川志》云："自大胜河以东，有水数曲，达于秣陵，曰响水沟、灯盏沟、上新河，次曰中新河，次曰下新河。国朝所开，皆濒江要地。"这些河流主要用途是沟通长江与南京城的航运。它们是明清时期从上江（长江中上游）向南京运输物资的主要水道。

明清时期，南京地区还开挖有多条运粮河，用来运输粮食等物资。

城防之河

　　这类河流主要有杨吴城濠、外秦淮河（属于秦淮河的一部分）、南唐护龙河、明御河。这些河流，其功能随着时代的变迁，由拱卫城市和皇宫之河，变成城内外重要的交通运输通道和排涝、灌溉之河。

　　六朝时期，建康都城周围没有护城河，而是利用自然山川形胜。史称："其地据高临下，东环平冈以为固，西城石头以为重，带元武湖以为险，拥秦淮、青溪以为阻。"（《景定建康志》卷五《建康图·辨建邺》引南宋陈亮上孝宗皇帝万言书）但是在台城（宫城）周围掘有护城河，护城河上架有狭窄的桥梁。战时，护城河对于拱卫建康宫城具有举足轻重的作用。

　　五代十国时期，南京先后是杨吴西都和南唐国都。从杨吴时期到南唐建国后，在都城周围修建了完善的护城河。史称杨吴城濠，包括今天

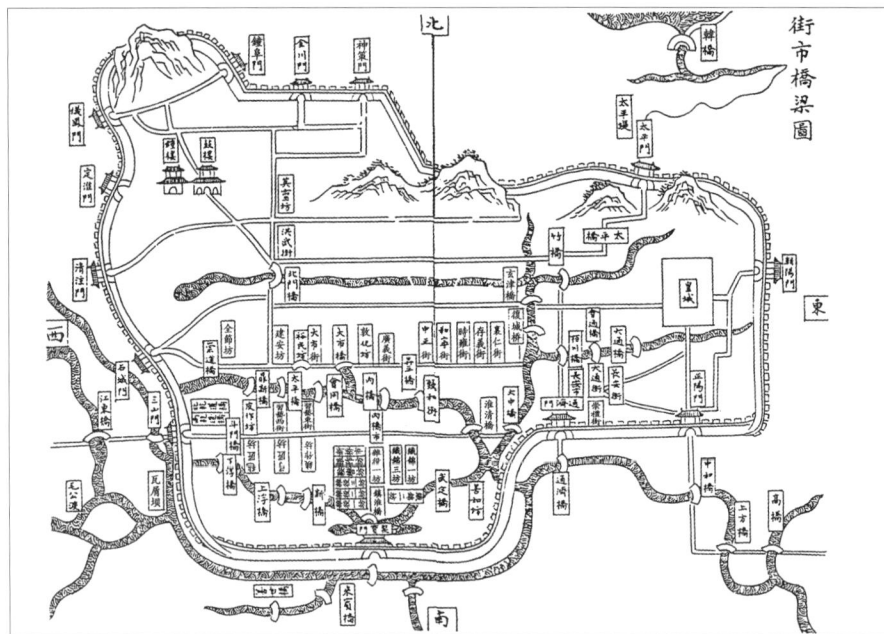

明朝《洪武京城图志》中的《街市桥梁图》

的内秦淮河的北段、内秦淮河的东段和外秦淮河。因始凿于杨吴权臣徐知诰（后来成为南唐开国皇帝）为昇州刺史时期，故名。到了明朝后期，护城河因居民侵占河道，日益狭窄，仅通小船往来。明朝顾起元《客座赘语》称："留都自秦淮通行舟楫外，惟运渎与青溪、古城壕可容舴艋往来耳。"南唐都城护城河，由最初的军事防御屏障，变成重要的城市交通和运输通道。

南唐时期，宫城四周有护龙河环绕。河上有桥。宋朝周应合《景定建康志》卷一六《疆域志二·桥梁》记载，南唐宫城正南有虹桥（今内桥），东有东虹桥、日华桥，西有西虹桥、月华桥，北有小虹桥（亦称飞虹桥），跨护龙河之上。宫城南面的护龙河利用原有的河道运渎和青溪的一段，并将运渎和青溪连接起来，形成今天的内秦淮河中段；东、西、北三门的护龙河，与古青溪、潮沟、运渎等水源贯通。

明朝定都南京后，在京城城墙之外，疏浚、拓宽、开凿护城河（包括外秦淮河）；在皇城之西，疏浚杨吴城濠东段（内秦淮河东段）。尤为引人注目的是，在宫城之外，开凿御河（又叫金水河）。明御河在明亡后，变成南京城内的一条交通运输通道和供水、排涝之河。

生活之河

这类河流主要有青溪、潮沟、城北渠（珍珠河）、进香河等，它们潆绕在都城内外，与秦淮河一起构成一个环形的水上交通网，为居民和游客提供生活上的便利。

青溪又名清溪、东渠，发源于钟山，北通潮沟，南入秦淮河。青溪最初是一条天然河流，吴大帝孙权定都建业后，对其进行拓宽、疏浚和改造，使其成为一条人工与自然双重性质的河流。自杨吴在金陵筑城，其水遂一分为二。青溪因迂回曲折，连绵十余里，故有"九曲青溪"之名。

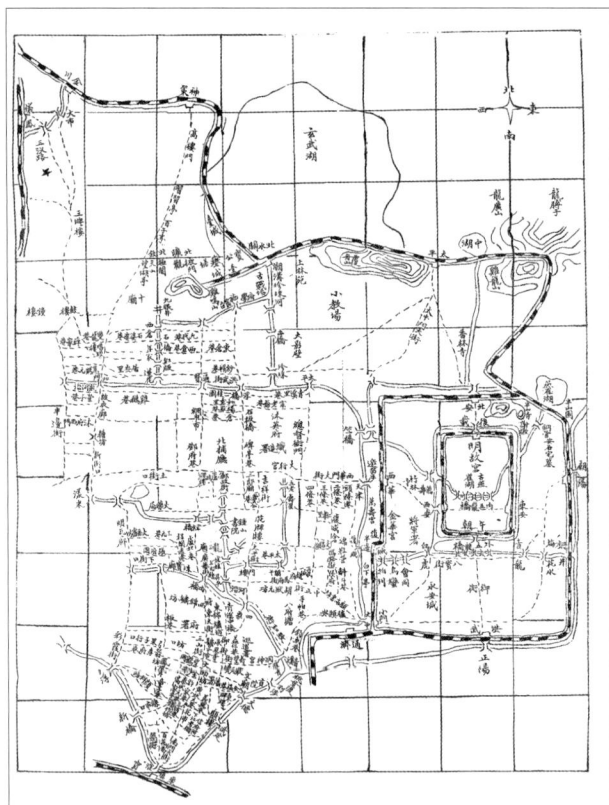

民国陈诒绂《钟南淮北区域志》中的青溪、运渎、潮沟、城北渠（珍珠河）、杨吴城濠、护龙河等

孙吴时期，尚书孙场、尚书令江总的住宅，当时并列在青溪旁。东晋时期，豪门贵族多居住在"青溪左及潮沟北"。史载，东晋丹阳尹（相当于南京市长）郗僧施泛舟青溪，每一曲作诗一首，成为一时的美谈。六朝时期，在青溪埭侧，建有神祠，供奉着东汉秣陵尉将子文的妹妹青溪小姑。隋唐之后，又加上了隋炀帝平陈时在青溪栅被斩首的陈后主宠妃张

《东晋都建康图》中的青溪（明朝陈沂《金陵古今图考》）

丽华和孔贵妃。此后，唐朝大诗人王昌龄、清代"秦淮八艳"之一的顾眉生等人，均居住在青溪旁。

潮沟是吴大帝孙权在南京城内开凿的一条重要人工河道。它北通玄武湖，将江潮引入南京城，故名潮沟。又因为位于建康宫城以北，故又名城北堑、城北沟。潮沟北通玄武湖；东连青溪，入秦淮河；西至仓城，与运渎相接。潮沟将南京城内的两大水系——秦淮河水系和金川河水系连为一体。整个六朝时期，潮沟都是建康城的一条重要水道，对于维持建康城内的水路运输和水量平衡起到了积极作用。

珍珠河开凿于吴后主孙皓在位时期。他在孙权修建的皇宫——太初宫的东面，修建了一座规模更大、功能更全、装饰更加豪华的宫殿——昭明宫，宫内亭台楼阁、假山奇石应有尽有。为了满足自己穷奢极欲的生活，他下令开凿城北渠（又名珍珠河），连通潮沟，将玄武湖之水引入宫内，环绕在殿堂周围，营造出一派皇家园林的气息。在清代，珍珠河以"珍珠浪涌"被列为"金陵四十八景"之一。

进香河开凿于明朝，其前身是孙吴赤乌三年（240）吴大帝孙权开挖的人工河道运渎的一部分。明初朱元璋定鼎南京，扩建南京城，为纪念当年追随其征战殁亡的功臣，朱元璋敕令于鸡笼山建功臣庙，并将历代帝王、名臣，及都城隍庙等，悉数移建鸡笼山（鸡鸣山）南麓。与此同时，开掘加宽运渎北段河道，使之与杨吴城濠（内秦淮河北段）相通，以利官民乘舟赴鸡笼山"十庙"拜谒先贤，进香祭祀。因当年的进香者皆由此河而来，故名进香河。明朝晚期，进香河一度淤塞，后被重新疏浚。1949 年中华人民共和国成立后，进香河依然流淌不息，其北端以地下涵洞与北源之水相通，南端与杨吴城濠相连。直到 1958 年拓宽北京东路时，才将进香河改为暗沟。

历代运河的作用

　　纵观南京 2500 年的建城史和 450 年的建都史，南京兴，运河兴；南京衰，运河衰。南京的城市发展进程与运河的兴衰紧密相连。南京的胥河、破岗渎、上容渎和胭脂河等一系列运河工程，充分体现了我国古代劳动人民的聪明和才智，为维护和巩固多民族国家的统一和发展，以及地区之间经济和文化交流发挥过重大作用，同时客观上为中华文明的延续发展做出了重大贡献。南京历代运河在历史上发挥的作用，主要体现在以下三个方面。

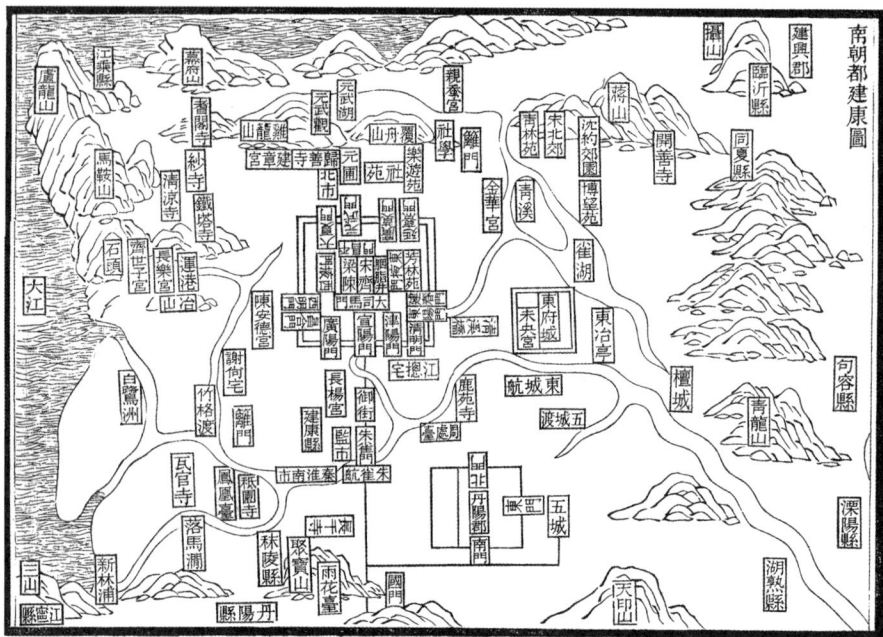

南朝都建康图（明朝陈沂《金陵古今图考》）

运河塑造了南京的城市空间格局

根据前人的研究，六朝时期、杨吴—南唐时期和明朝初年，是对南京城内河道水系影响最大的三个时期（石尚群、潘凤英、缪本正：《古代南京河道的变迁》）。一方面，运河的开凿塑造了南京的城市空间格局；另一方面，南京城市空间格局的变化又催生了运河的开凿。

在六朝定都南京的三百余年时间里，统治者在修建周长"二十里一十九步"的建康都城和周长"八里"的宫城（又称台城）的同时，通过充分利用天然河道长江、秦淮河，有计划地大力改造天然河道青溪，并开凿人工河道运渎、潮沟、城北渠（珍珠河），以及沟通建康和经济富庶的三吴地区（吴郡、吴兴和会稽）物资往来的破岗渎、上容渎，构建了建康城内外相互连通的水上交通网络。三吴地区的物资，通过破岗渎（上容渎）—秦淮河—运渎，运抵仓城，确保了建康城的军用和民用需求。

这些天然河道和人工河道在城市给水排水、交通运输、军事防御、农田灌溉等方面都发挥了积极作用，在便利城内运输的同时，也确定了建康都城的范围，这就是西以运渎为界，北以潮沟为堑，东以青溪（一段）为限，南以天然河道秦淮河为险。据南宋陈亮上孝宗皇帝万言书云："其地据高临下，东

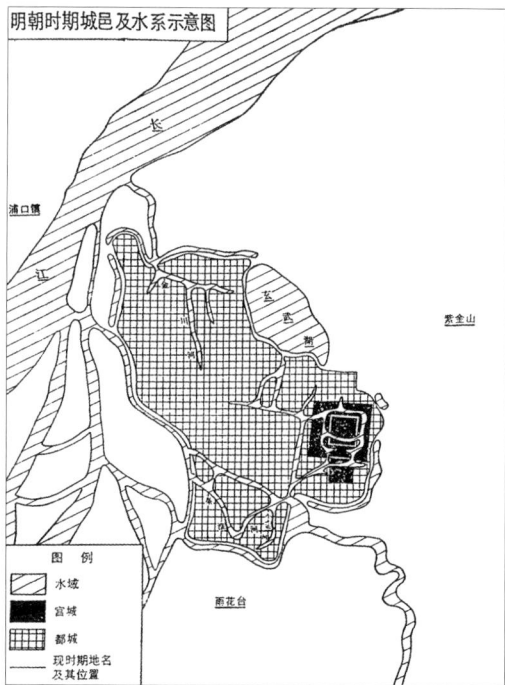

明朝时期城邑及水系示意图（石尚群等《古代南京河道的变迁》）

环平冈以为固，西城石头以为重，带元武湖以为险，拥秦淮、青溪以为阻。"
（《景定建康志》卷五《建康图·辨建邺》）

　　杨吴、南唐时期，修筑金陵城和皇宫，向南将秦淮河下游纳入城墙范围之内，都城规模进一步扩大。与此同时，开凿杨吴城濠（包括外秦淮河和内秦淮河东段、北段）、护龙河，再次改变了南京的城市水系，最终形成的河道水系直接影响到明代南京的城市形态与空间。

　　明朝朱元璋在称帝定都南京前后，首先是在南京城东修建皇宫，在皇宫周围开凿御河。接着，利用南唐城墙的南段、西段修建长达35.267公里的南京城，并把南京城向北拓展到江边，将秦淮河、金川河、青溪、运渎、潮沟、杨吴城濠的北段和东段包入城内，同时，在南京城外利用原有的杨吴城濠南段、西段和东段一部分，以及天然的河湖，疏浚、拓宽、开凿护城河。在南京城内，疏浚南唐护龙河以及杨吴城濠的北段和东段，开凿进香河，形成一个纵横交错的城市河道水网。南京的城市空间形态和布局，经过明朝的规划建设，一直沿用到今天。

运河改变了南京的城市经济模式

在南京建都史上，六朝时期和明朝初年的运河，不仅促进了南京经济的发展，更为重要的是，改变了南京的经济模式。

六朝时期，是江南经济开发和发展的重要阶段。这一时期江南经济的发展大致经历了孙吴、东晋和南朝三个时期（许辉、蒋福亚：《六朝经济史》，江苏古籍出版社 1993 年版）。随着建康成为都城，以建康为中心的江南经济迅速发展起来。其原因有二：一是南方政局较同时期的北方和长江上游稳定，为经济发展提供了良好的社会环境；二是大批北方人口的南迁，不仅带来了大量劳动力、先进的生产工具和生产技术，还带来了社会财富的转移，为南方经济的发展提供了资金。经过六朝三百多年的开发，到了唐朝中期之后，长江中下游地区成为我国继黄河流域之后的又一个经济重心区。

六朝建康经济的腾飞，得益于以建康为中心的水上运输体系的形成。从当时建康城内外的交通来看，破岗渎（包括上容渎）与秦淮河、青溪、运渎、潮沟形成一个跨地域和环绕建康都城的水系，为都城提供给水、排水和运输上的便利。从当时南京城与外地的交通来看，六朝之前主要是通过长江与周边地区发生联系。到了孙吴赤乌八年（245），吴大帝孙权派校尉陈勋率三万屯田兵"凿句容中道，至云阳西城，以通吴、会船舰，号破冈渎"。破岗渎的开凿，接通了都城建业与经济最为富庶的三吴地区（吴、吴兴、会稽）之间的交通航道，加强了南京与三吴之间的联系，使三吴地区的物资不需逆江而上便能运来南京，避免了长江航运的风险。

由于六朝时期南京的都城地位以及它所处的水上运输中心的位置，再加上经商是当时的一种社会风尚，所以，南京的经济模式发生了实质性的变化，商品经济迅速发展，很快便发展成为名震大江南北的商业都会。

商业的兴盛首先是通过市场繁荣反映出来的。六朝建康的市场基本上都集中在秦淮河两岸。《隋书·食货志》云"淮水北有大市百余，小市十余所"，说的就是秦淮河北岸不仅有大型的市场，还有小型的市场

明朝《南都繁会图卷》描绘了南京城市经济的繁荣

十多处。建康的市场多种多样。除了纱市之外，牛马市、谷市、蚬市、盐市等专业集市"皆边淮列肆"，即设在秦淮河两岸。

早在孙吴时期，建业城内就已是店肆林立，百货齐全，商贾云集，不仅有本地特产，还有域外输入的珍稀物品。东晋南朝时期，前来都城建康的"贡使商旅，方舟万计"（《宋书》卷三三《五行志》），"市廛丰富，充积珍宝"（《梁书》卷五四《诸夷传》）。海内外的商人云集建康，从事商业活动。东晋安帝元兴三年（404），"涛水入石头，商旅方舟万计，漂败流断，骸胔相望"。一次水灾，竟然使数以万计的商船遭到灭顶之灾，都城建康商船之多、贸易之繁荣于此可见一斑。

隋灭陈后，对建康城"平荡耕垦"，将南京夷为农田，并将连接秦淮河与三吴之间的破岗渎湮塞废弃，建康由于都城地位的丧失，商业都会的地位随之也丧失了。秦淮河上昔日繁忙的水运景象就像六朝金粉一样飘散了。在隋炀帝开凿大运河之后，以建康为中心的水运体系被大运河所取代，形成以扬州为中心的水上运输网络体系。扬州取代建康，成为隋唐时期南方的政治、经济和文化中心。

1368年，朱元璋将应天府改称南京，并在南京称帝，建立明朝，这是南京第一次成为全国统一的政治、军事、经济、文化中心。明太祖定都南京，使我国历史上自隋唐以来形成的南粮北运的漕运方向发生重大改变，变成以南京为中心的东粮西运的格局。从此，全国性的政治中心与经济中心统一起来。

明朝是一个大一统的王朝，最初的政治中心在南京。为了支撑南京中央政府和军队的运转，包括粮食在内的各种物资，需要从经济重心地区调拨、输送。从隋唐时期开始，长江中下游地区成为我国又一个经济重心地区。鉴于沟通太湖流域和浙东的破岗渎和上容渎久已湮塞，朱元

南都繁會景物圖卷

[明] 仇英 制

璋为将太湖流域和浙东地区的物资源源不断地运到南京，征调大批民工，疏浚高淳境内开凿于公元前6世纪的胥河，并开凿了溧水境内的胭脂河，从此太湖腹地的物资由太湖—胥河—胭脂河—秦淮河直抵南京，避免了由镇江溯长江而上遭遇覆舟之险。与此同时，朱元璋在南京城西滨江地带开凿了上新河、中新河、下新河，用于沟通长江中上游与南京城的航运。

胥河、胭脂河的开凿使南京与太湖流域连为一体，上新河、中新河、下新河以及元代开凿的南河则加强了南京与长江中上游的联系，促进了南京的商业兴盛。在明朝画家仇英绘制的《南都繁会图卷》中，描绘了1000多个不同职业的人物，以及109个店招和匾额。从左边的郊区农村田舍开始，到右边的皇宫为止，以城中的南市街和北市街为中心，表现纵横交错的街市、蜿蜒曲折的秦淮河、林立的市面店铺、林林总总的店招和匾额、摩肩接踵的车马行人，堪称南京经济发达、商业繁荣的真实写照。

明成祖迁都北京后，南京作为留都，六部犹存，其地位仅次于北京。尽管中国漕运的方向再次发生重大改变，由以南京为中心变为以北京为中心，但是，南京基于其得天独厚的地理位置，以及完善的水上运输网，经济持续发展，商业依旧繁荣，南京的经济模式呈现出外向型的特征，商品不仅在国内市场广受欢迎，在国际市场也享有很高的美誉度。

17世纪初来到南京的葡萄牙传教士曾德昭（1585—1658）在《大中国志》一书中称：在国内外市场上，任何货物，特别是纺织品，只要说是产自南京，便能卖个好价钱。《金瓶梅》中孟玉楼的八步雕花大床就是南京出厂的，葛员外女儿的嫁妆也是"南京床帐箱笼"……南京的产品成为财富和地位的象征。

德国学者贡德·弗兰克在《白银资本》中，以我国太仓（郑和下西洋的起锚地）为经济中心，以长江流域和中国南方作为最核心的一圈，画了一个"同心圆"，南京正处在这个"同心圆"的最核心的一圈。这个"同心圆"辐射到东亚朝鲜半岛和日本，以及中亚、东南亚更广大的地区；它的外围甚至扩散到欧洲和南美洲。

在日本，有大量以南京命名的词汇，如南京虫（臭虫）、南京布、南京袋（麻袋）、南京拳（划拳）、南京钱、南京豆、南京鼠、南京米、南京锁、南京玉、南京棉、南京船等。至清代早中期，在日本，"南京人"成为"中国人"的代名词，"南京町"一度成为"中华街"（唐人街）的代名词。

值得一提的是，运河还催生了沿线城镇的发展，如高淳胥河沿线的定埠镇、东坝镇、固城镇、淳溪镇，溧水胭脂河沿线的洪蓝镇，建邺区上新河口的上新河镇等。

运河丰富了南京的城市文化

水脉和文脉相依相生。历代运河不但在政治、经济、军事等方面对南京产生了深刻的影响，同时也丰富了南京的城市文化。

从现存的方志、野史、笔记中，我们能够找到不少有关南京运河的碑刻铭文、诗词歌赋、民间传说等，运河文化内涵在得以彰显的同时，也成为南京地域文化中的重要组成部分。以下试举几例。

反映胥河文化的形式多样。碑刻铭文，有宋代《溧水州五堰河碑》和清代《创建马头碑》《重修下坝刘公桥石堰碑》三通，反映了胥河繁忙的航运景象和重要的水利作用。诗词歌赋，有清人韩仲孝、胡蛟之和胡杨祖的四首诗歌，多凭吊怀古之作，一定程度上提升了胥溪河的历史地位与价值。胥河的水利兴废，甚至超出了区域范围，进而影响到下游的溧阳、宜兴、苏州地区。有两首流传至今的民谣，称："宜兴溧阳，终究不长；东坝一倒，性命不保。""固城湖边东坝倒，北寺塔前稻草漂。"至于民间传说，则多围绕着开凿胥河的伍子胥而展开，反映出高淳人民对这位历史人物的崇敬与敬仰，并将其纳入到南京地域文化的叙述范畴中来（高淳区文物保护与文博研究濮阳康京工作室编著：《高淳民间故事散记》，南京出版社2016年版）。

秦淮文化是南京城市文化的代表。1923年8月，著名文人朱自清、俞平伯结伴泛舟杨吴城濠，以同一题目各自写下一篇《桨声灯影里的秦淮河》。其中，朱自清的一篇成为散文中的经典，文中对大中桥到复成桥之间河道上景况的描写，以及对于秦淮风物的叙述，使读者充分领略到秦淮文化的独特魅力，也为南京历史文化增添了一笔宝贵的财富。

运河文化还催生了新的城市文化符号。进香河虽然长度有限，但却被文人雅士屡屡提及，成为一个著名的城市地标。清朝吴敬梓在《儒林外史》第四十一回写道："国子监的武书，是四月尽间生辰，他家中穷，请不起客。杜少卿备了一席果碟，沽几斤酒，叫了一只小凉篷船，和武书在河里游游。清早，请了武书来，在河房里吃了饭，开了水门，同下了船。杜少卿道：'正字兄，我和你先到淡冷处走走。'叫船家一路荡到进香河，又荡了回来，慢慢吃酒。"清朝上元人张汝南《江南好辞》咏进香河沿线的九眼井："江南好，十庙好游场。蒋庙桥边绕水味，舞云径畔好风凉，清景胜寻常。"同时注云："山右有蒋庙桥，桥下有九眼井，桥边茶肆取此水。山左有舞云径。此处山寺藏红，溪杨摇绿，最堪游咏。"（卢前：《南京文献》第4册）可以说，通过这些文学意象上的建构，进香河不再仅仅是一条具体的河流，而是成为一个城市文化符号，永久地驻扎在人们的心里。

需要着重提出的是，在当代生态中国建设的过程中，南京运河沿线流传下来的船闸、码头、堤坝、仓库、桥梁、戏台、庙宇、出土文物、文化遗址等物质文化遗产，以及东坝马灯等非物质文化遗产，成为重要的遗产资源，对今天的大运河文化带江苏段建设，具有重要的历史、科技和文化艺术价值。

历代运河的遗产价值与活化利用

　　南京历代运河在不同时代为南京这座城市的产生、发展与壮大，以及区域文化的萌芽、形成与兴盛，注入了源源不断的动力和源泉。时至今日，尽管运河昔日的功能已经发生了较大的改变，有的河道甚至早已湮灭无存，但作为线性文化遗产，南京的运河历经岁月洗礼，仍在南京文化建设和经济发展中发挥着积极的作用，是我们必须倍加珍视的宝贵财富。

　　我们通过对胥河、破岗渎、胭脂河（天生桥河）、便民河、靖安河等南京历史上的运河逐一考察（当代开凿的运河姑置不论），结合文物考古部门的调查，认为南京历史上的运河，具有丰富的历史、文化艺术和科技价值，兼具文化、航运、灌溉、泄洪、旅游等功能。特别是运河沿线文化遗产丰富，既有不同时代物质文化遗产分布，又有众多的非物质文化遗产留存，构成了非常重要的文化生态廊道。下面就以胥河、破岗渎、胭脂河（天生桥河）为例做一阐述。

遗产价值

南京历代运河的遗产价值，主要包括物质文化遗产价值、非物质文化遗产价值、生产与生活基础设施价值和旅游价值四个方面。

一、物质文化遗产价值

物质文化遗产，又被称作有形文化遗产，即传统意义上的文化遗产。根据《世界遗产公约》，主要包括历史文物、历史建筑和人类文化遗址三大类。一般而言，物质文化遗产具备历史、文化艺术和科技价值，有的还具有思想价值和经济价值。

我们通过一系列调研发现，南京运河沿线及其周边地区，存在着丰富的古遗址、古墓葬、古津埭、古涵闸、古桥梁、古村镇、古建筑等。这些物质文化遗产，其历史价值体现在，它们是历史时期南京地区人类实践活动的产物，深深地打上了当地人类活动的历史印记，反映出地域开发的历史进程和人类文明的演进轨迹，同时能够对正史记载起到拾遗补阙的作用，以帮助人们更全面地认识南京地方史；文化艺术价值体现在，

《高淳县文物古迹分布图》可见胥河沿线文物古迹分布状况

它们能够反映所承载的南京地域文化的审美特点和审美取向，其本身能够给人以审美的愉悦和快乐；科技价值体现在，它们能够从不同角度和侧面展现当时南京地区的科学技术和生产力水平，反映那个时代南京社会经济、军事和文化状况。

古遗址如胥河沿线的固城遗址，坐落在今天高淳区政府所在地东面约 10 公里处的固城镇，遗址分属周家庄村、新建村、限马宕村及海滩头村。南临固城湖和胥河（古丹阳河）。因建于濑水（又名溧水）之渚（水中间的小块陆地）而得名；又因城池有内外两重，异常坚固，故名固城。固城初名濑渚邑，又名陵平城、平陵城、子罗城、楚王城。最初是吴国所筑，后为楚国占领。周敬王十四年（前 506），吴王阖闾派伍员领兵伐楚，吴军攻克江北棠邑后，又占领江南的固城，一把大火烧毁固城中的楚王行宫，固城沦为废墟。1988 年，考古工作者对固城遗址进行了调查发掘。考古发现表明，固城城址呈长方形，用黄土夯筑，有内外两重城垣。外城（罗城）城垣实测南北长约 800 米，东西长约 1000 米，周长 3915 米，保存较完好的北垣基宽约 40 米，残高 4—9 米，顶宽 25.5 米；城中偏西为子城，南北长约 121 米，东西宽约 196 米。在固城周围曾经发现过 140 余座商周时期的土墩墓，附近还有湖熟文化遗址的分布。在固城内外，发掘出土了大量西周至春秋、秦汉时期的文物，如编钟、鼎、戈、剑等青铜器，原始青瓷器，几何印纹陶、瓦当、砖以

固城遗址北部高地（南京市考古研究院）

固城遗址中部调查发现的陶片（南京市考古研究院）

及楚国的钱币郢爰等。固城是南京历史上在长江以南建立的最早的一座城邑，比越国的越城早69年，比楚国的金陵邑早208年。南宋周应合《景定建康志》称："此城最古，在越城、楚邑之先。"固城遗址于1992年被公布为市级文物保护单位；1995年被公布为省级文物保护单位；2013年5月，被国务院列为第七批全国重点文物保护单位。

近处为方山津，远处为方山

古墓葬如胭脂河周边的土墩墓，位于洪蓝镇上头刘村北约150米，平面近圆形；万人坑遗址，目前已被建设为天生桥风景名胜区内的凤凰井景区，地表已不见任何墓葬遗址；

方山埭位于句容河上（从秦淮河大桥的塔楼上拍摄）

昭仪将军墓，由于年代久远，此墓具体位置已无迹可寻，大致可判定位于胭脂河东面或东南面一里处；下思桥墓葬区，位于下思桥周围，距河道50—200米不等，此段河道河堤上可见少量砖块、瓦片、瓷片等，还有大量现代墓葬分布，极有可能是一片长期使用的墓葬区。（南京市考古研究所、南京市溧水区博物馆：《南京溧水胭脂河考古调查报告》，载南京市博物总馆、南京市考古研究所编著《南京文物考古新发现》第四辑，文物出版社2016年版）

古津埭如方山津和方山埭，位于秦淮河上游句容河与溧水河两源的交汇处，遗迹今已无存，大致位于今方山西南侧一带的湖熟街道龙都社区西北村与秣陵街道新圩村之间。方山津是当时建康城的两大"海关"之一,与石头津齐名。方山埭是破岗渎 14 个梯级航道之一,也是破岗渎的起点。所谓"埭",就是横截水流所筑的土坝,保证埭与埭之间的河道维持足以行船的水量。为了船只能顺利地过埭,埭的两侧筑成较缓的坡状,顶部呈圆弧状,船只过埭时需要人力或畜力牵引。六朝时期,破岗渎的开凿与运营具有很高的科技价值,是世界上有明确记载的巴拿马式运河的第一例。

古涵闸如破岗渎沿线的赤山湖,该湖曾是调节秦淮河以及破岗渎水源的重要水体,今赤山湖管委会毛家村北约 50 米处,有民国二十五年(1936)建造的赤山闸 1 座。闸长 16 米,宽 4 米,高 11 米,有 3 个闸口,闸的西顶部有 1 座碉堡。

古桥梁如句容市茅山镇春城太子岗村破岗渎故道上的斩龙桥,桥下河水自西向东由句容春城流往丹徒宝埝。该桥又称赞龙桥,始建于明洪武年间,现所存桥体建于清光绪三十三年(1907)。东西向,跨经水库支流,单孔石拱桥,桥长 16.8 米,桥宽 4 米,桥孔高 4.2 米,桥孔跨度 6.6—6.8 米。该桥现仍在继续使用,2007 年被公布为镇江市文物保护单位。另外,原秦淮北河尚有二圣义城桥、天王映月桥和后白芦江桥,三座桥梁皆为清代所建,目前前两者为句容市文物保护单位,后者为镇江市文物保护单位。

古村镇如胥河沿线,从上游到下游依次有淳溪镇、固城镇、东坝镇和定埠镇(今属于桠溪镇)等。这些古镇,地理位置优越,水陆交通便利,历来是市廛遍布、商贾云集之地。古村落有胥河村,位于胥河两岸,南岸属于安徽省郎溪县,北岸属于江苏省高淳区桠溪镇(原为定埠镇)。在走访中我们发现,胥河村至今还保留着不少的古民居、古树、古祠堂、古井等。

古建筑如胥河沿线东坝戏台和老街。根据当地居民回忆,原来的东坝连接着两岸的老街,共同构成沿河两岸的繁华,形成运河古镇——东坝镇。今天跨河的东坝和北岸老街已被拆除,尚留存戏台一座和南岸的老街。根据资料记载,东坝戏台位于东坝镇胥河北岸,原为东岳庙内酬神建筑,始建于乾隆五年(1740),光绪三十二年(1906)毁于火。民国六年（1917），由本地名匠李先春设计重建。戏台坐北朝南，上下两层，平面呈"凸"字形。台顶置八角形藻井，绘双龙戏珠图，檐下饰云头昂斗拱数攒，额枋雕戏曲典故，斜撑刻成展翅凤凰和双狮，是研究高淳传统建筑技艺的珍贵遗产。南岸老街名"上上街"，近

东坝老街——上上街

年通过修复近40间门面房和住户房屋，同时复建财神楼，新建牌楼、长廊、阅江亭和市民广场，一定程度上再现了当年东坝两岸的盛景。

二、非物质文化遗产价值

根据《中华人民共和国非物质文化遗产法》，非物质文化遗产是指各族人民世代相传并视为其文化遗产组成部分的各种传统文化表现形式，以及与传统文化表现形式相关的实物和场所，具体可以划分为民间文学、传统音乐、民间舞蹈、传统戏剧与曲艺、传统体育、游艺与杂技、民间美术、传统技艺、传统医药、传统民俗十大类。

我们通过一系列调研发现，南京运河沿线及其周边地区，存在着不少各个级别的非物质文化遗产。这些遗产的价值在于，它们是在长期历史发展过程中形成的独特区域文化，能够反映当地人们的生产、生活经历；非遗中的各类艺术个性鲜明，是当地历代艺人心血的结晶，是传统艺术的宝藏，具有很高的艺术价值和审美价值；而当地人们对于传统知识和实践的积累，往往不见于典籍记载，却大量存活于民间非遗中，这又使得非遗具有很强的科技价值。

相传胥河是春秋时期伍子胥为攻伐楚国而开凿，是中国乃至世界上第一条人工运河，故而千百年来，该河乃至整个高淳的历史文化，都与伍子胥的种种传说紧密相连。伍子胥的故事，现为江苏省非物质文化遗产；而伍子胥与浣纱女的传说、六月六龙舟竞渡，则为南京市非物质文化遗产。

东坝大马灯诞生于东坝镇，起源于唐朝，盛行于宋，至今已有上千年的历史。东坝大马灯是一项模仿真马造型的民间舞蹈，表演人员多为当地村民，年龄不等，上至六七十岁的老人，下至七八岁的孩童，都可以表演。东坝大马灯的舞蹈风格独特，表演时只见“马”，不见演员，通过演员的控制，充分展示出马的昂首、举蹄、展身、奔腾等动作，惟妙惟肖，极富观赏性。大马灯表演的阵法也富有变化，比如在表演三国故事时，七名小演员分别扮演刘备、关羽、张飞、赵云、黄忠、马超等人物，他们身披战袍，手拿刀枪剑戟，在鼓乐声中，跃马出征，令旗指处，阵法不断变化，由跑单穿、双穿、布阵列队、信马由缰，到围阵对敌，再现了三国英雄人物出征的恢宏气势。最后按“天下太平”四字笔画的走势跑阵收场。东坝大马灯马的制作极为讲究，马头、马身、马尾都是本地传承的能工巧匠取新竹扎成骨架，然后用绒布按人物战马所需的颜色制成马皮。马头比真马高大，马颈较大，头、颈、尾的鬃饰较夸张，缀置响铃以壮声威。东坝大马灯在创作上体现了较高的艺术价值，堪称“江南一绝”。2008年，“竹马·东坝大马灯”被列为国家级非物质文化遗产。

胥河村的墙屋里有一座马庙，该庙供奉的小马灯现为南京市非物质文化遗产，闻名于苏皖三县交界地区。小马灯主要由十来岁的孩子表演，骑着纸马，粉彩装扮，与东坝大马灯（现为国家级非物质文化遗产）一道，在内容上体现出了高淳人民崇尚“忠义”的思想和改天换地的龙马精神，生动表达了人民群众对“天下太平”和谐社会的向往，构成了具有浓郁地方色彩的古老文明象征。（汪士延：《东坝大马灯》，南京出版社2012年版）

在胥河村，我们与制作“步步糕”的老手艺人芮国清交谈，得知糕点制作是定埠的传统老手工艺，“步步糕”曾作为贡品进献乾隆皇帝，他的手艺由其爷爷辈传下来，但今天也面临着传统技艺后继无人的局面。

胭脂河的非物质文化遗产，主要是围绕着主持开凿该河的崇山侯李新的死因而产生的诸多传说。《明太祖实录》记载“暨河成，人皆便之”，但李新却在运河开通之后“有罪伏诛”，正史中并未指出其所犯何罪。溧水地方文献认为其死因，一是在开凿过程中役民甚暴，导致民工死伤无数；一是接受了富户的贿赂，更改了胭脂河的走向。以这些传说为线索，今天的京剧《胭脂河》甚至成为一出不畏强暴、反腐廉政的大戏而广受好评。

三、生产与生活基础设施价值

南京历代运河除了便利漕运之外，灌溉、泄洪也是重要的功能。时至今日，其区域城乡生产与生活基础设施的价值，主要体现在作为运输通道的价值，运河的航运功能对于今天区域间的货物往来仍有重要意义；作为工农业水源的价值，今天沿线不少地区的农业生产安全仍依赖于运河的水源，同时运河水源也是部分城市工业和生活用水的重要来源；作为泄洪通道的价值，降低灾害风险的功能对于沿线地区的人身财产安全意义尤大。

直到今天，胥河仍然发挥着重要的航运作用。我们通过在东坝镇的走访得知，1949 年中华人民共和国成立后，政府拆除了东坝，改建公路桥及茅东进水闸，并在下坝以上重建封口坝。后又修建了下坝船闸，并先后拆除了封口坝和下坝，极大地改善了胥河的通航条件。在与当地居民交谈的过程中，我们不时发现有大吨位运输船只向下游驶去，这条延续了 2500 年的古老运河在经过维修整治特别是芜申运河南京段改造后，今天仍然是苏皖之间重要的航运通道。

胭脂河今天同样发挥着重要的作用。根据记载，1966 年，镇江地区根据灌溉、航运、泄洪等需要，动员江宁、句容、溧水三县民工，历时四年，开挖土石方 80 余万方，对胭脂河进行了一次彻底疏浚。工程对胭脂河全程进行了河道拓宽，河底加深，运河因而得以重新投入使用。

下坝船闸不时有运输船只通过

四、旅游价值

南京运河沿线有不少景观，或称旅游资源，它们或是对旅游者具有吸引力的自然存在和历史文化遗产，或是直接用于旅游目的的人工创造物。这些旅游资源因自然禀赋和人为影响的差异，其价值体现也呈现多元化。

就美学价值和科学价值而言，主要针对自然景观，人们游览的主要目的是直观感受自然景观的美丽与奇特；就历史文化价值而言，主要针对人文景观，诸如古建筑、摩崖石刻、书画题记，以及名人活动遗迹、旧址等，人们游览的主要目的是凭吊历史和感受文化。我们认为，南京运河的几种旅游价值兼而有之。

如破岗渎沿线的赤山湖，其水域面积虽然已大为减小，水利调节作用也大为降低，不过其丰富的文化遗产，使其仍具有一定的旅游价值。目前，赤山湖湿地公园正在建设过程中，以"看景点、享美食、品历史"为特色，加上丰富多彩的民俗活动，未来更是以打造世界级旅游度假区为目标。

又如胭脂河，工匠们开凿该河时，在山冈上向下开凿二三十米，形成两崖壁立、险峻如天堑的奇观；同时，巧妙地"在河上以巨石面留为桥，中凿石孔十余丈，以通舟楫，桥因势而成"，此即为著名的天生桥，为国内所仅见。天生桥是溧水境内的一大奇景，也是金陵新四十八景之一。目前，天生桥周围已经建成南京天生桥风景名胜区，是南京近郊的一处旅游胜地。近年来，有关部门正在着力推进胭脂河遗址公园的建设。

活化利用

一、全媒体宣介运河，提高知名度

传统观念上，人们认为"酒香不怕巷子深"。当今社会正处在一个信息爆炸的时代，再好的"酒"也需要进行市场营销。南京历代运河，如胥河、破岗渎、胭脂河等，长期以来的知名度并不高，因此急需采取各种手段，加强对运河的宣传和推广，搭建南京运河文化的展示平台，从而提高其在全社会的知名度。

在传统媒体方面，一是利用报纸，报道与南京运河开发利用相关的新闻，或策划相关报道专题，加强对运河历史文化的宣传；二是利用电视、广播等，拍摄与南京运河相关的宣传片和纪录片，或者以软广告的形式将运河植入到相关影视剧中，有效宣传南京的运河；三是策划出版以南京运河为主题的图书，形成由文献档案、辞典图录、学术研究、大众普及和文创产品组成的"五位一体"的图书体系；四是编排、演出反映南京运河主题的戏曲、舞台剧，将运河文化推向高雅文化的范畴。

在新媒体方面，可利用当下流行的微信、微博，通过各种活泼的形式，对南京历代运河进行包装宣传；也可以通过制作实景地图和运用虚拟现实技术（VR）和增强现实技术（AR），让人们在身临其境中感受南京运河的自然之美和厚重文化。

通过上述传统媒体和新媒体的有效融合，对南京历代运河搭建全方位平台进行展示，相信能够迅速地提升其在国内外的知名度。

二、多层次解读运河，提高感知度

在南京的汽车站、火车站、飞机场等门户地带、城市窗口，以及运河文化生态廊道沿线，设置醒目的指引牌，扩大南京运河的社会知名度，提高人们对南京运河的感知度。

在南京运河的重要河段和关键节点，如水坝、桥梁、津埭、涵闸（或遗址）等位置，制作古朴典雅、风格统一的文化地理标示图及文字标志碑或标识牌、说明牌，进行文化解读。例如，可在胥河的东坝、下坝遗址等相应位置，设立标志碑或标识牌、说明牌；在破岗渎沿线的斩龙桥、义城桥、芦江桥、映月桥等，分别设立标志碑或标识牌、说明牌。这一个个标志碑或标识牌、说明牌，仿佛是镶嵌在运河这条"项链"上的一颗颗珍珠，形成一道"形散而神不散"的运河文化风景线。

在运河沿线重大历史事件的发生地和重要人物活动的场所，除了设立必要的标志外，还应采取模型、雕塑等多种形式加以展现。例如，在运渎沿线，不仅要设立运河的标志碑和河道线路图，还可以考虑竖立主持开凿该河的左台侍御史都俭的雕塑；在破岗渎，不仅要设立标志碑和河道线路图，还可以考虑竖立主持开凿该河的屯田校尉陈勋的雕塑，以及屯田士兵的群雕；在胭脂河，不仅要设立标志碑和河道线路图，还可以竖立主持开凿该河的崇山侯李新的雕塑，以及刻画开凿胭脂河付出艰辛的劳动人民群雕；在朱家山河，不仅要设立标志碑和河道线路图，还可以考虑竖立主持开凿该河的两江总督左宗棠的雕塑，以及参加开凿运河的士兵的群雕。

在南京历代运河沿线遗留下来的地名所在地，如胥河村、方山埭、西北村、小其、掘河、缸窑坝村等，也要设立相应的标志碑、标识牌和说明牌。

一些与大运河有密切关系的南京因素，我们同样需要予以重视。如自永乐元年（1403）起便担任漕运总兵官的陈瑄，是明清漕运制度的确立者，总督漕运三十年，任上颇有成绩。其家族墓位于江宁区秣陵党家村旁静龙山，江宁区博物馆藏有其子陈佐夫妇、陈鞠庄夫妇的四块墓志。这一典型人物及其家族，值得进行深入的解读。

通过上述一系列的竖牌塑像和文化解读，提升南京运河沿线的历史文化含量，烘托运河沿线的历史文化氛围，进而逐步将其塑造成南京历史文化的特色品牌。

三、高站位规划运河，提高美誉度

进入新时代后，我们必须从打造一座全新的富有历史积淀和文化特色的"大南京"的站位上，结合南京"山水城林"四大要素，对南京历代运河进行全局性的统筹，制定切实可行的保护利用规划，确保运河作为一类特殊的文化遗产，在得到全面合理的保护和利用的同时，进一步提高其社会美誉度。

首先，切实加强运河河道管理和岸线综合整治。目前，南京运河（或部分河段）仍然能够起到通航、灌溉、泄洪等方面的作用，但快速城市化过程中造成的破坏与污染，严重制约南京运河在生产和生活方面发挥更大的作用。因此，加强运河河道管理与岸线综合整治，成为亟待解决的问题。具体而言，对尚有通航功能的运河，需要进一步加强水道管理和河岸整治，在合理范围内提升其航运功能；对承担灌溉功能的运河，必须加强水源的保护、监测与整治，坚决杜绝沿线污染给运河带来的生态破坏；对承担泄洪功能的运河，必须严密监测河网系统的水位，加强调配管理和响应机制，提升防灾功能。

其次，努力实现运河沿线遗产保护、生态修复和旅游发展的有机统一。由于受到保护协调机制不健全、快速城市化过程中保护不足、运河沿线盲目开发和城市对运河的污染等影响，南京运河沿

调查发现的胭脂河文化遗存分布示意图（《南京溧水胭脂河考古调查报告》，《南京文物考古新发现》第四辑）

线的不少文化遗产遭到破坏。为此，我们建议有关部门尽快摸清"家底"，开展胥河、破岗渎、运渎等考古调查，修复历史文化遗存遗迹，有条件的应积极申报各级文物保护单位。在加强文化遗产保护的同时，进行运河沿线生态修复和旅游资源开发，三者有机统一，缺一不可，力争将运

河沿线打造成集生态与文化保护、旅游发展、文化产业开发等多种功能于一体的遗产廊道。如有关部门在考虑胭脂河遗址公园建设时，提出针对目前面临的诸如泥沙堵塞、垃圾倾倒、河堤占用、毁旧建新、地质灾害频发等问题，应进一步加强文物保护宣传，提高河道周边居民文物保护意识，加大文物保护工作力度，修复河道沿线的基础生态。与此同时，在胭脂河、天生桥传统旅游资源的基础上，应将与胭脂河关系密切的古镇洪蓝埠纳入，以丰富胭脂河的历史文化资源，甚至可以着眼于胥河、东坝、固城湖、石臼湖、洪蓝埠和胭脂河等整体文化资源的整合，进一步构建这条遗产廊道的丰富内涵。

最后，积极挖掘运河文化价值内涵，延续运河历史文脉。历代运河文化，是南京地域文化的重要组成部分。南京历史文化的丰富多彩，离不开运河文化的点缀。南京城市精神中的兼容并包、开放大度，实际上也是运河文化的真实写照。可以说，运河与南京这座城市的成长、壮大息息相关，运河文化成为南京历史文化的一个侧面或一个维度。长期以来，学界尚未充分认识到南京历代运河的文化价值，这直接影响了人们对于南京历史文化多元性的认知。因此，加强对南京历代运河文化的研究，充分挖掘南京历代运河的文化价值内涵，延续运河的历史文脉，不但能够为文化产业的发展繁荣提供实实在在的收益，也是弘扬南京城市精神与城市文化的重要抓手，更是提高其社会美誉度的一条捷径。

综上所述，南京历代运河作为线性文化遗产，是一条条集景观、生态、文化、旅游等多种功能于一体的遗产廊道，是历史文化名城南京有形的遗产、无形的财富，值得我们倍加呵护和珍视。它既属于南京，属于江苏，属于中国，更属于全世界和全人类。

南京与大运河的关系

从春秋时期伍子胥开凿胥河，至1949年中华人民共和国成立，以南京为中心的运河网，经历了从无到有、从少到多、从主城区到跨地区、从内陆到沿长江地区的一个发展过程。南京运河的萌芽、发展和停滞，不仅是南京近2500年建城史的缩影，而且也折射了南京城与大运河之间休戚与共的关系。南京与大运河之间的关系，可以分为孕育期、磨合期、融合期、患难与共期四个阶段。

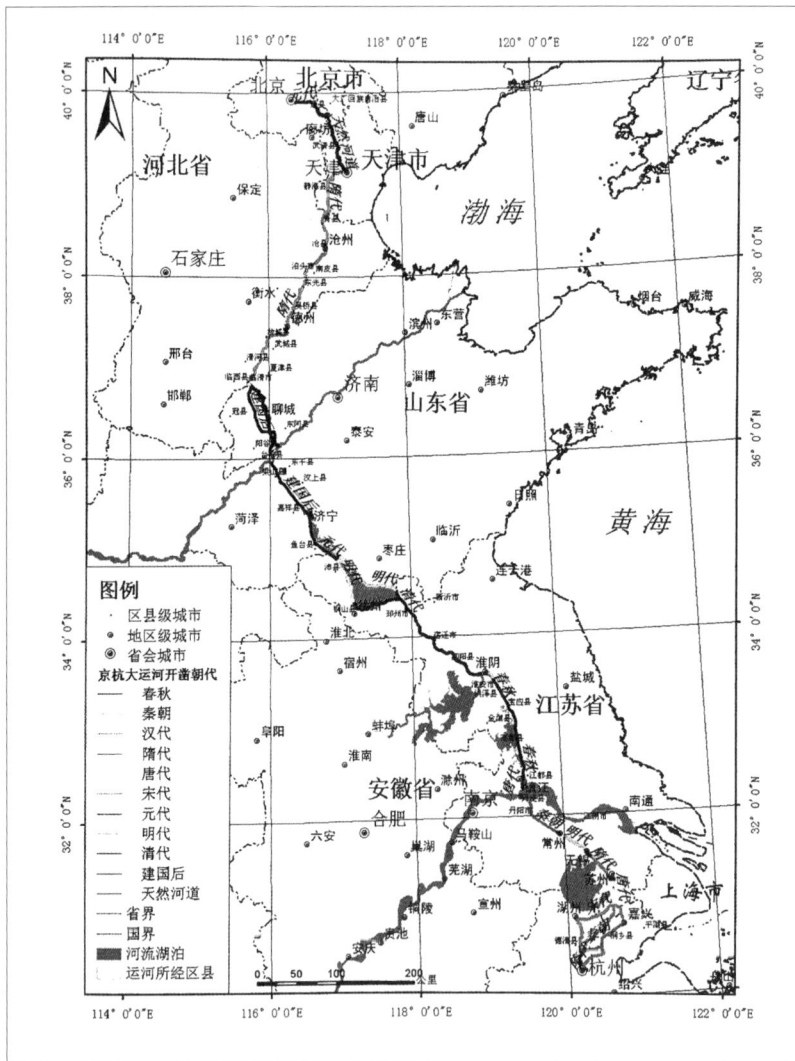

京杭大运河开凿年代图（俞孔坚等著《京杭大运河国家遗产与生态廊道》，北京大学出版社2012年3月版）

孕育期

先秦时期，大运河尚未形成，南京就已经有了开凿运河的传说。相传大禹治水，导淮入江，开凿了禹王河（《清史稿》卷一二八《河渠三》）。这条人工运河由安徽盱眙、天长，流经南京六合八百桥，在仪征境内入江。

春秋时期，吴国以苏州为中心，先后开凿了胥河、邗沟和江南河，构建起了苏州与芜湖，淮安与扬州，苏州与镇江、杭州的水上交通网，连通了江南河、太湖与水阳江、长江，淮河与长江，钱塘江与长江。其中邗沟（山阳渎）、江南河（江南运河）成为隋朝大运河和明清时期京杭大运河的重要组成部分。南京地区通过胥河，建立起与大运河的前身水路——江南河的直接联系。

秦汉时期，中国的政治中心远在咸阳、长安和洛阳，南京被视为蛮荒之地，仍是未开发的处女地，除了传说秦始皇在金陵挖断山脉，开凿秦淮河以泄王气外，南京的运河与大运河一样，尚处于孕育状态。

魏晋南北朝时期，建康（今南京。孙吴时期称建业，东晋南朝称建康）阔步登上历史的舞台，成为孙吴、东晋和南朝宋、齐、梁、陈六个王朝的首都，与同时期的北方政权分庭抗礼，自然而然也就成为我国南方的漕运中心。

定都南京的六朝统治者，为了确保都城的正常运转以及对辖区的有效控制和抵御北方政权的侵扰，先后在南京城东南方开凿了破岗渎和上容渎。破岗渎、上容渎是连接建康城与太湖流域的生命线，承担着东粮西运、商旅交通、军资调配、水利灌溉等作用。六朝建康三百多年的政治稳定、经济发展、文化繁荣和对外交流的频繁，与破岗渎、上容渎的开凿和维护密不可分。破岗渎、上容渎西接秦淮河，与建康城相连；东接江南河，与长江和太湖流域相通。破岗渎和上容渎是继胥河之后，南京开凿的又一条重要的交通线和生命线，它规避了长江运输的自然和军事风险，缩短了南京与太湖流域的距离，将南京与大运河江南段的前身——江南河紧紧地联系在一起。

磨合期

隋唐时期,在中华大地上,发生了两个影响中国历史的巨大变化。

一是经济上的变化。经过六朝三百余年的发展,长江中下游经济区在隋唐时期正式形成,并逐步取代黄河流域,成为中央政府的经济支柱。

二是交通上的变化。隋炀帝在位期间,开凿了举世闻名的大运河,将南方的经济中心与北方的政治中心连为一体,成为此后历代定都北方的王朝的生命线。

从隋唐到五代宋元的近八百年间,中国的政治中心发生了由西向东、由北向南、由南向北的反复摆动。除了五代十国的都城短暂地遍布大江南北之外,其他各个朝代的都城经历了隋朝长安(今西安)——唐朝长安、洛阳——北宋汴京(今开封)——南宋临安(今杭州)——元代大都(今北京)的变化过程,因此,历代漕运中心也随之变化。但是,江南地区作为中国的粮仓这一地位始终未变。

伴随着政治中心的变迁,南京的政治地位也不断变化,与大运河的关系也时疏时密。

隋朝大运河示意图

隋唐时期,中央政府对南京采取贬抑政策,南京的地位一落千丈,由昔日的江南地区政治中心,被人为地降格和边缘化,成为一座不折不扣的地方性城市。但是,由于南京在江南的独特地理位置,所以,到了五代十国时期,南京在沉寂三百多年后再次崭露头角,成为南唐的政治中心。这一时期,五代十国轮番登场,割据一方,兵连祸结，南京与大运河的联系处于历史上的低谷期。

两宋时期，南京或为江宁府（建康府）治所，或为留都（陪都）所在地，是江南的政治、经济、军事和文化重镇。

北宋虽然定都汴京（今开封），但在经济上依赖江南的供给。南宋陆游《重修奔牛闸记》写道："朝廷在故都时，实仰东南财赋，而吴中又为东南根柢。语曰：'苏常熟，天下足。'"建康自然是北宋政府在南方的一个重要粮食发运地和中转站。当时的建康城内有三大著名储粮仓库，即广济仓、常平仓、大军仓，有一百多间房屋，绵亘错峙，蔚为壮观，用于储存粮食，包括漕粮（《景定建康志》卷二三《城阙志四·诸仓》）。

南宋时期，建康府成为留都，地位仅次于都城临安，因此也成为漕运的中心之一。据南宋转运副使赵彦端《仓记》云："惟帝之别都，天下劲兵良马在焉。岁之经入，无虑数十万斛。漕江而下者，舳舻数千里。方其流衍坌集，虽佛庐宾传为之充仞，而阜栈之共有至于露积者。"（《景定建康志》卷二三《城阙志四·诸仓》）在建康府城内外靠近江河地带，兴建有广济仓、平止仓、转般仓、大军仓、平籴仓和制置司仓等，用来储存粮食。其中在城西靠近长江边重新兴建的广济仓，"为屋八十有四楹，度受粟五十万斛，高明旷夷，深厚固严，输者不劳，守者易力"（《景定建康志》卷二三《城阙志四·诸仓》）。由于这一时期北方为金人占领，南宋和金朝处于对峙状态，所以南京与大运河的联系又陷入低谷期。

元朝定都大都（今北京），远离江南经济中心，为解决漕运问题，元朝政府在隋唐大运河的基础上，裁弯取直，开凿了北起大都、南至杭州的大运河。由于黄河含沙量较大，加上工程技术的原因，大运河很快就失去了航运功能，元世祖忽必烈至元二十年（1283），漕粮改由海路运往北京，海运替代大运河运输，成为元帝国的生命线，每年由江南输送的漕粮在300万石至350万石之间（明朝危素：《元海运志》，中华书局1985年第1版）。元朝的南京作为建康路（后改名集庆路）和江南诸道行御史台的治所所在地，由于政治、经济和军事地位的重要，又处于长江中下游的交通要冲，扮演着重要的漕运物资发运地和中转地的作用。当时，在南京城内外设有金陵驿水站、大城港水站和龙湾水站3处水驿，共有船只66艘，其中位于城内青溪坊的金陵驿水站有船只19艘，位于沙州乡的大城港水站有船只25艘，位于金陵乡的龙湾水站有船只22艘（《至正金陵新志》卷四《疆域志·铺驿》）。这些水驿不仅接送执行公务的官员，而且转运朝廷的供物。为了便于漕粮中转，在南京沿江地带专门建立了漕粮转运的仓库，总称为集庆路仓。集庆路仓分为广运仓和大军仓。广运仓建于至治元年（1321），位于龙湾（今南京下关）江边，共有仓库40座、房屋200间，负责"收受江西、湖广二省，饶州路并本路州县官民财赋等粮，逐年都漕运万户府装运，由海道赴都"；大军仓原是宋代的平籴仓，负责"收支本路粮斛，逐年拨装海运"（《至正金陵新志》卷六《官守志·统属官制》）。与此同时，南京本地特产也作为贡物运往北京。当时南京的主要供物有锦缎和秫米。至元十七年（1280），元朝政府在南京设东织染局和西织染局，隶属于资政院管理。两局规模相同，各设"局使二员，局副一员。管人匠三千六户，机一百五十四张，额造段匹四千五百二十七段，荒丝一万一千五百二斤八两"（《至正金陵新志》卷六《官守志·统属官制》）。这些锦缎悉数输往北京，供皇家使用。另据《续资治通鉴》卷一八五"元世祖至元十七年七月乙丑"条记载："割建康民二万户种秫，岁输酿米三万石，官为运至京师。"这些秫米是南京的特产，被运往北京，用于酿酒。

由于元朝的漕运先是通过大运河，迅即改为海路，因此，南京与大运河的联系在经历了短暂的蜜月期后又跌入冰期。

融合期

　　明初，朱元璋定都南京，我国的政治中心与经济中心合而为一。漕运的中心也随之发生重大改变，由元朝的大都转变为南京。朱元璋下令疏浚、拓宽和开凿胥河、胭脂河以及南河、上新河等，沟通了太湖流域、浙东地区和长江中上游地区，成为我国漕运的主要航线。大运河由往日中央政府漕运的主角之一，变成了配角。朱元璋规定，国都金陵的漕粮输纳任务主要由南方各省承担，北部边防的钱粮输纳任务由山西、陕西、河南、山东、北直隶等华北诸省承担（日本寺田隆信：《山西商人研究》，山西人民出版社 1986 年版）。

　　据明朝马文升《革大弊以苏军民疏》记载："洪武年间，建都金陵，一应京储，四方贡献，蜀、楚、江西、两广俱顺利而下，不二三月可至京师，福建、浙江、直隶苏松等府，虽是逆流，地方甚迩，不一二月，可抵皇都。……所以民不受害。"（明朝陈子龙等人编：《明经世文编》卷六三，中华书局 1997 年版）另据《明史》卷八五《河渠志·运河》记载："定都应天，运道通利：江西、湖广之粟，浮江直下；浙西、吴中之粟，由转运河；凤、泗之粟，浮淮；山东、河南之粟，下黄河。"

　　永乐元年（1403），明成祖朱棣在南京登极后，就大运河做出了一系列重要的决策。首先，他任命平江伯陈瑄负责漕运，沿袭元朝的海运路线和河运陆运并用路线。《明史》卷八五《河渠志·运河》云："永乐四年，成祖命平江伯陈瑄督转运，一仍由海，而一则浮淮入河，至阳武，陆挽百七十里抵卫辉，浮于卫，所谓陆海兼运者也。"其次，在黄河边上设置专门粮仓，储存由海路运来的南京粮饷。清朝曹溶《明漕运志》（中华书局 1985 年第 1 版）云："永乐元年三月，沈阳中屯卫军士唐顺言：'……距黄河百步置仓廒，受南京所运粮饷，转致卫河交运，则公私交便也。'上命廷臣议，俟民力稍甦，行之。"紧接着，又命令有关官员对京杭大运河中的淤塞河段会通河等进行疏浚。《明史》卷八五《河渠志·运河》云："九年二月，乃用济宁州同知潘叔正言，命尚书宋礼、侍郎金纯、都督周长浚会通河。"这一系列举措，为迁都北京提前奠定了物质上的基础。

永乐十三年（1415），明成祖罢海运为河运；永乐十九年（1421），将首都由南京迁到北平，更名北平为北京。我国的政治中心与经济中心再一次分离，漕运中心也由南京转变成北京。《明史》卷八五《河渠志·运河》云："明成祖肇建北京，转漕东南，水陆兼挽，仍元人之旧，参用海运。逮会通河开，海陆并罢。南极江口，北尽大通桥，运道三千余里。"从此，长达1794公里、沟通五大水系、跨越十个纬度的大运河迎来了历史上的辉煌期，成为明代都城北京赖以生存的生命线。

明朝时期，各地运往北京的物资，仅粮食一项就达到400万石以上，其中"北粮七十五万五千六百石，南粮三百二十四万四千四百石"（《明史》卷七九《食货志三·漕运·仓库》）。也就是说，漕粮主要是通过大运河运到北京。明代中后期厉行海禁政策，因此大运河成为唯一一条南粮北运的水路大动脉，几乎所有中国南方地区出产的物品都是通过大运河输送至北京。

如果说，明朝迁都北京后，大运河是中国经济主动脉的话，那么，南京的一条条运河，就像一根根血管，一方面通过大运河沟通南北方，通过长江连接东西部，为南京这座城市获取滋养；另一方面，南京作为长江中下游的重要物资集散地和转运地，通过大运河这条主动脉将南方的资源源源不断地输送到北方，为封建王朝的稳定统一和中华文明的发展起到了积极的推动作用，同时，也成就了南京自身的繁荣。诚如明朝丘濬所云："天下财富，出于东南，而金陵为其会；戎马盛于西北，而金台为其枢。并建两京，所以宅中图治，足食足兵，据形势之要，而为四方之极者也。"（明朝顾起元《客座赘语》卷二《两都》）

毋庸讳言，南京不是大运河的沿线城市，然而，作为留都，南京的地位仅次于北京。南北两京之间水运频繁，商旅不绝。长江中下游的物资以及南京本地的物资，必须先通过长江和本地运河在南京集中后，再装上运船或快船，经过仪真（今仪征）继续北上，运抵北京。《明史》卷七九《食货志三·漕运·仓库》云："先是，成化间行长运之法。江南州县运粮至南京，令官军就水次兑支，计省加耗输挽之费，得余米十万石有奇，贮预备仓以资缓急之用。"据《南京港史》称："成化七年（1471），漕运实行'长运法'，令江南州县漕粮解运到南京集中，再由运军直接运往北京。以后长运法成为定制，取消了淮、徐、临、德四仓支运。未实行长运法之前，江南州县的漕粮定为220万石至250万石。可以认为实行长运法以后，南京集中转长运之粮大约与此数相同。"除了粮食之外，运往北京的还有江南的杨梅、枇杷和长江的鲥鱼等，当然少不了南京织染局生产的纺织品。

明初南京至北京的水路、陆路交通线（明官方纂《寰宇通衢》）

明朝时期，南京设有许多漕粮的仓库，其中最著名的有聚宝门（今中华门）外养虎巷秦淮河畔的羽林右卫仓、饮虹桥西南的骁骑右卫仓、上浮桥西的常平仓、驯象门外赛虹桥南的预备仓（又称上仓）、观音门外长江边的水次仓（古代为转运存储漕粮而在河流沿岸设立的粮食仓库，又称下仓），以及浦子口城的浦子口仓等，各州县的粮食先集中于此，然后装上运船，由仪真入大运河北上，运至北京。明朝程春宇《士商类要》

卷三《运粮船数》写道："进京粮船共九千九百九十九只，每船装粮米五百石，共计四百九十九万九千五百石，系南直隶、湖广、江西四省运。但别省俱各水舟不便，故此不设运粮之法。"

明代的南京与北京，合称"南北二京"，两京之间的联系主要是通过大运河（俗称漕河）。明朝顾起元《客座赘语》卷二《南京水陆诸路》云："金陵缟毂两畿，辐辏四海。由京师而至者，其路三：陆从滁阳、浦口截江而抵上河，一也；水从邗沟、瓜洲溯江而抵龙潭，二也，从銮江、瓜埠溯江而抵龙江关，三也。"

明朝余象斗《新刻天下四民便览三台万用正宗》（明万历二十七年余氏双峰堂刊本）卷二《地舆门》载有《两京路程歌》，全文如下：

两京相去几千程，我今逐一为歌唱，

付与诸公作记行。

南京首出龙江驲，舟到龙潭同一日。

过却仪真问广陵，邵伯盂城相继觅。

从兹界首问安平，淮阴乃是驲之名。

前途清口桃源渡，古城驲下舟暂停。

钟吾直河下邳转，新安房村离不远。

仰望高高是吕梁，水势如奔真行险。

彭城渐渐到夹沟，泗亭沙河接鲁桥。

连绵石拂从头上，水至南城分两流。

开河河下安山驲，刑门崇武在咫尺。

清阳清源渡口来，甲马梁家传古昔。

此安安得良店过，连窝新桥及砖河。

扬帆遂至乾宁下，流河奉新名不魔。

辄上杨青杨柳渡，高人道及河西务。

莫言和合与通津，此去金台不多路。

已曰驲名四十六，江水湾湾盘转曲。

诸公于此驲之名，一路往来宜熟记。

《水路捷要歌》（明朝程春宇《士商类要》卷一）

　　无独有偶，明朝天启年间程春宇撰写的《士商类要》卷一《南京由漕河至北京水路程》也详细记载了从南京龙江关启程，经过运河沿线城市至北京崇文门的路程，其中的《水路捷要歌》写道：

试问南京至北京，水程经过几州城？
皇华四十有六处，途远三千三百零。
从此龙江、大江下，龙潭送过仪真坝。
广陵、邵伯达盂城，界首、安平近淮阴。
一出黄河是清口，桃源才过古城临。
钟吾、直河连下邳，辛安、房村、彭城期。
夹沟、泗亭、沙河驿，鲁桥城南夫马齐。
长沟四十到开河，安山水驿近张秋。
崇武北送清阳去，清源水顺卫河流。
渡口相接夹马营，梁家庄住安德行。
良店、连窝、新桥到，砖河驿过又乾宁。

　　流河远望奉新步，杨青、直沽、杨村渡。

　　河西、和合归潞河，只隔京师四十路。

　　逐一编歌记驿名，行人识此无差误。

　　值得一提的是，明朝首任漕运总兵官陈瑄去世后就葬在南京。明朝永乐元年（1403），命平江伯陈瑄充漕运总兵官，总督漕运三十年，任上颇有成绩，去世后被封为平水侯。史称："凡所规画，精密宏远，身理漕河者三十年，举无遗策。"（《明史》卷一五三《陈瑄传》）其家族墓位于江宁区秣陵党家村旁静龙山，江宁区博物馆藏有其子陈佐夫妇、陈鞠庄夫妇的四块墓志（杨李兵：《江宁区博物馆藏明陈瑄家族墓志考》，《东南文化》2010 年第 2 期）。此外，南京的百姓也参与了大运河的疏浚工作。清朝曹溶《明漕运志》（中华书局 1985 年第 1 版）云："九年二月己未，命工部尚书宋礼、都督周长开会通河……于是，遣侍郎金纯发山东、直隶、徐州民丁，及应天、镇江等府民丁，并力开浚。"其中的"应天"指的就是南京。

　　明朝时期，江南至北京漕运路途遥远，百姓苦不堪言。明朝陆容《菽园杂记》（中华书局 1997 年版）卷五记载："洪武间，运粮不远，故耗轻易举。永乐中，建都北平，漕运转输，始倍于耗。由是民不堪命，逋负死亡者多矣。"《明史》卷一五三《陈瑄传》记载："仁宗即位之九月，瑄上疏陈七事。……三曰天下岁运粮饷，湖广、江西、浙江及苏、松诸府并去北京远，往复逾年，上通公租，下妨农事。""宣宗即位，命守淮安，督漕运如故。……六年，瑄言：'岁运粮用军十二万人，频年劳苦。乞于苏、松诸郡及江西、浙江、湖广别金民丁，又于军多卫所金军，通为二十四万人，分番迭运。又江南之民，运粮赴临清、淮安、徐州，往返一年，失误农业，而湖广、江西、浙江及苏、松、安庆军士，每岁以空舟赴淮安载粮。若令江南民拨粮与附近卫所，官军运载至京，量给耗米及道里费，则军民交便。'"

患难与共期

清朝定都北京，我国的政治中心与经济中心依然分离。清朝中央政府的粮食和财税完全依赖江南地区的供给。康熙大帝《示江南大小诸吏》诗云："东南财赋地，江左人文薮。"就是真实的写照。清初大儒陆世仪（1611—1672）称："朝廷岁漕江南四百万石，而江南则岁出一千四百万石。四百万石未必尽归朝廷，而一千万石常供官、旗及诸色蠹恶之口腹。"（《皇朝经世文编》）

清朝时期的大运河经历了由盛而衰的巨变。清朝康熙、雍正、乾隆三朝，大运河畅通无阻。到了嘉庆、道光之后，中国陷入内忧外患之中，致使大运河疏于维护和管理，航运能力大幅下降。到了同治年间（1862—1874），漕粮的运输以海运取代大运河的运输。光绪二十七年（1901），漕粮全部改折，漕运停办，京杭大运河彻底失去其中国经济大动脉的地位。（王忠强：《京杭大运河》，吉林文史出版社2010年1月版）

清代的南京，是"八督十二抚"之一两江总督（地位仅次于直隶总督）的驻地，同时又是江南三织造之一江宁织造的驻地，此外，还是江宁将军、江南布政司、江宁布政司、安徽布政司的驻地，是江南的政治、军事、经济和文化中心。更为重要的是，清代的南京，还是掌管江苏、安徽两省漕粮运输的江安督粮道署（位于今南京瞻园路126号）所在地。江安督粮道署掌管江苏、安徽两省漕运事务。南京汉西门内设有虎贲仓，长江边设有水次仓（又名江宁仓），用来储存各州县解来的粮食。

清朝时期的南京有龙江水驿和大胜水驿，统称为江宁水驿，承担各类物资的运输任务。据《康熙江南通志》卷二二《驿传·船政》记载，康熙年间，江宁水驿配备的各类船只有"黄快座船"78只"专供南北勘合差使及运送上用龙袍"，还有"快中划船16只；江宁府便民船43只；上下两江宣楼船242只"，后者中属于江宁府的有80只。以上各类船只共有217只。其中，还未包括运输漕粮的运船。在清朝政府严厉管控水运的大环境下，江宁府的船只拥有数量应该是一个不小的数字了。

清朝南京与大运河的关系可以用"患难与共"来形容。

一方面，南京通过大运河与北京紧密相连。清朝初期吴中孚《商贾便览》（半舫轩藏板）卷八《天下水陆路程》记载的第一条交通线就是"江南省城由漕河进京水路程"。这条水路，从"江宁府龙江关"（今南京下关）出发，沿着大运河，直达"京城崇文门"。另一方面，南京的得失直接关系到大运河的安危，并影响到清王朝的生死存亡。

在第一次鸦片战争期间，英国侵略者为了使清政府屈服，于1842年6月，以舰船70余艘、陆军1.2万人，溯长江上犯，准备切断中国内陆交通大动脉——京杭大运河。7月21日攻陷镇江。8月4日，英舰进入南京下关江面。两江总督牛鉴大为惊慌，他在给道光皇帝的奏折中写道："该逆据我咽喉之地，若再因循岁月，使我粮艘不能归次，漕米何以兑开？仪征不能捆盐，游徒何所得食？兼之江苏一带，专待川楚之米源源接济，而道路梗塞，商贩不前，其祸患之深，诚有不堪设想者"〔《牛鉴奏现在与璞鼎查往返于行文酌办罢兵折》，《筹备夷务始末》（道光朝）卷五七第五册，中华书局1964年版〕。道光皇帝在接到牛鉴的奏折后，"朝廷廑念漕运重地，敕耆英便宜从事"（姚薇元著：《鸦片战争史实考》，人民出版社1984年7月版）。在英军坚船利炮的威慑之下，为避免英军攻占南京城，控扼中国"漕运咽喉"，清朝钦差大臣耆英、伊里布和两江总督牛鉴妥协退让，委曲求全，于1842年8月29日被迫在南京下关江面签订了中国近代史上第一个不平等条约——中英《南京条约》。英军达到目的后，随即从南京撤军，京杭大运河的运输恢复常态。

综上，南京虽然不是京杭大运河沿线城市，但是，从历史的发展进程来看，南京与大运河既共生共荣，又患难与共；既若即若离，又水乳交融。南京的繁荣兴盛离不开大运河的长年滋养，大运河的辉煌荣光更有南京的无私奉献。

当代运河

金川河（部分）

金川河，六朝时称紫川，明初称漕运河或运粮河，因南京明城墙京城城门金川门而得名。它是流经南京主城北部的长江支流，也是南京城内仅次于秦淮河的第二大河。最初它是一条天然河道，中华人民共和国成立后，其身份由天然河道转变为自然与人工相结合的河道。

一、历史沿革

金川河古名紫川，其名称最早出现在六朝。南朝刘孝威《登覆舟山望湖北》诗中首句写道："紫川通太液，丹岑连少华。"诗中的"紫川"和"太液"分别指的是金川河和玄武湖，"丹岑""少华"分别指紫金山和九华山。此后，金川河几乎在所有的历史典籍中销声匿迹，具体名称也成为历史之谜。到了明朝，因南京京城城墙十三座城门中，有一座朝北开辟的城门叫金川门，故而命名为金川河。金川河是自然河流，其历史远比南京城墙和金川门古老。

金川河与长江南京段、秦淮河、玄武湖等共同构成了南京城市地面的水环境。金川河纵贯南京城区北部，是贯穿南京城区的第二大河。金川河为沿岸驻扎军队和居民的饮用水源，并作为重要运输航道，承载粮草及大量生活物资的运输，可谓南京人的一条"母亲河"。

远古时期，金川河水系不仅与长江、玄武湖是连为一体的，而且与秦淮河水系也是相互连通的。直到六朝时期，金川河水系依然通过南京城市南北的分水岭——鸡笼山和九华山之间的狭窄人工河道潮沟，与秦淮河水系相连。每当江潮上涨，江水由金川河回流至玄武湖，再经过潮沟倒灌到六朝宫城周围的城壕之中。隋唐以后，随着潮沟湮塞，金川河水系与秦淮河水系正式分开，并逐渐形成今天的河道格局。

金川河发源于南京市的鼓楼岗北路和五台山北麓，两源之水汇合于今天的山西路附近，流经倒桥（一作导桥）又分为数支。一支东流至工人新村折向南，沿着新模范马路，通过大树根水闸入玄武湖，并与玄武湖北的十里长沟、西北的护城河相通。另一支至瓜圃桥附近，再分为两支：一支向西北出金川门入西北护城河，另一支穿福建路、建宁路、沪宁铁路、水关桥、宝塔桥，在长江大桥西边流入长江。

在南京城市形成史上，金川河与秦淮河占有同样重要的地位。然而，事实上，秦淮河享有太多太多的荣耀，得到太多太多的呵护，

鼓楼西北的北阴阳营遗址及考古发掘现场

"桨声灯影""十里秦淮"成了称颂秦淮河的名片。秦淮河甚至被世世代代的南京人看作是母亲河。而千百年来，同为南京文明摇篮的金川河却备受冷落，这实在是有点令人费解。

当我们翻开南京历史画卷的时候，我们了解到，距今五六千年前，南京城区迎来了首批原始居民——北阴阳营人。他们生活在市中心鼓楼西北侧的北阴阳营，种植水稻，饲养家畜，从事采集、渔猎等经济活动。令人惊奇的是，在他们的墓中，出土了许多色彩斑斓的雨花石，表明先民们已经具有较高的审美情趣。到了距今3000年前，南京沿江河湖地带广泛分布着青铜时代人类的聚落，现已发现的有200多处，南京的玄武湖、锁金村等地均留下了先民们活动的遗迹。值得注意的是，这些先民均生活在金川河流域内，金川河的水滋养了这些南京先民，

北阴阳营新石器时代遗址出土的雨花石

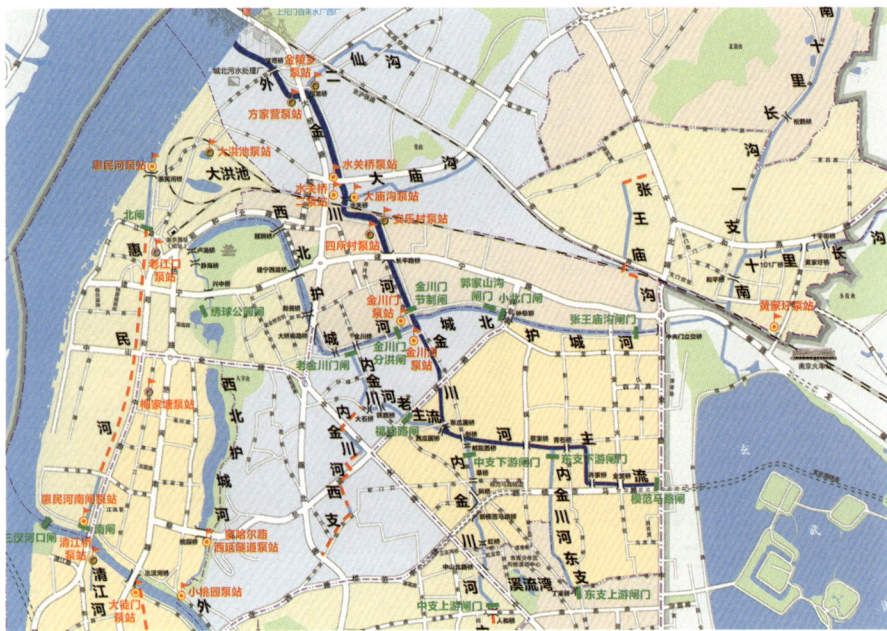

金川河水系图

他们的聪明才智为日后南京城的形成和发展奠定了坚实的基础。

到了六朝时期，金川河是沟通玄武湖与长江的重要水道，六朝军队的北伐多从金川河进入长江，启程北上；六朝水军在玄武湖操练，也多是从长江经由金川河进入玄武湖的。

明初，金川河作为南京的运输航道，河道东达狮子桥，南至阴阳营，西抵古平岗。

然而，由于南京的城市中心集中在城南一带，金川河的地位始终无法与秦淮河相媲美。

二、河流现状

1949 年中华人民共和国成立以来，金川河一直是南京市城北地区的主要水系。金川河水系包括城北护城河、南十里长沟、张王庙沟、大庙沟、老虎山沟等 17 条河道，总长度为 32 公里，其中主要河道有内金川河和外金川河，内金川河长 9.92 公里（一说 9317 米），外金川河长约 2.9 公里。

内金川河（即金川河主流）在中华人民共和国成立后，由于淤塞等原因，进行了人工改道。改道的路径是：从三牌楼导桥以下，经萨家湾、老金川门、四所村、晓街一段，1958 年新开河道总长 2095 米，其中自东瓜圃桥向北至城墙根，新挖河道长 865 米，河底宽 7 米，河底标高 5.5—6.3 米；自老城墙基向北，新挖河道长 1230 米，经安乐村至铁路涵与原河道相接，设计河底宽 12 米，河底标高 5 米。金川门外经晓街到铁路涵的老河道，在新河道竣工后已经填没，主流河段自瓜圃桥至中央路长 776 米。

外金川河出节制闸后，汇聚中央门附近的城北护城河、南十里长沟、玄武湖等来水，流经引水渡槽、长平路桥、沪宁铁路涵、水关桥，受二仙桥沟、老虎山沟来水，过长江大桥回龙桥至宝塔桥入江。长 2898 米，河面宽 36—50 米，河底标高 4—5 米。

金川河

金川河泵站

由于多年来金川河河道污染和两岸违章搭建颇为严重，沿河居民生活环境较差，2003 年，有关部门结合城北污水处理收集系统的建设，对金川河、西北护城河、南十里长沟等总长度 20 余公里的河流两岸进行了全面整治，截流污水、护砌堤岸、清除淤泥，并在两岸建设景观带，使金川河、西北护城河、南十里长沟从此告别"脏、乱、差"。2005 年，内金川河、西北护城河小桃

水关桥南侧的金川河

香格里拉酒店前的金川河

园段通过整治,已开始初现城北内河的秀丽风景。

随着城市化、工业化发展,金川河水系淤塞严重、污染加剧、生态衰退、水质恶化,许多支流因道路、房屋覆盖而成为地下暗河。2010 年 11 月,南京市启动"金川河—玄武湖水系整治"。通过整治,金川河沿岸的环境和水质,确实得到了提升。同时,南京市修建了亲水平台,让市民可以沿河散步。2011 年 6 月整治工程结束后,修建了"清源亭"并刻碑以记录。

在对金川河流域改造的同时,南京市还精心打造了十处景观,分别是:金源秋韵、青石品茶、瓜圃吟月、草桥春晖、神策烟柳、钟阜飞霞、三河听涛、幕府尝鲜、回龙探珠和川底望江。这十个景点成为沿岸居民休闲娱乐的好去处。

2016 年,鼓楼区又对内金川河主流进行了整治,共清淤 5 万多立方米,整治排污口 8 个、排水户 82 个。

2017 年,鼓楼区根据"一河一策"整治方案,启动了内、外金川河等 12 条河道的整治工作,采取河道清淤、控源截污、引流补水等措施,实施全方位整治,以消除河道黑臭,改善河道水质。

2018 年 7 月 8 日实地调研,流经居民区和学校的河段水质较差,但基本无异味,也无垃圾堵塞河道等问题。金川河全河段都是水泥堤岸,周边种植花木,并修建有亲水平台。金川河上修建有泵站,用来调节水流,可见金川河目前还发挥着重要的防汛排涝作用。

三、诗词歌赋

登覆舟山望湖北

（南朝）刘孝威

紫川通太液，丹岑连少华。

堂皇更隐映，松灌杂交加。

荇蒲浮新叶，渔舟绕落花。

浴童竞浅岸，漂女择平沙。

极望伤春目，回车归狭斜。

秦淮河（部分）

　　在南京城市史上，秦淮河被世世代代的南京人看作是母亲河。秦淮河之于南京，就相当于黄浦江之于上海，珠江之于广州，塞纳河之于巴黎，泰晤士河之于伦敦，它已经成为南京城的生命符号，也是南京城的历史符号和文化符号。由秦淮河水孕育而来的秦淮一名是南京的一个重要代名词。

　　秦淮河作为南京的母亲河，哺育了南京城、南京人。南京城从无到有、从小到大，从地方小城成为六朝古都、十朝都会，与秦淮河的滋养密不可分。

　　秦淮河最初是一条天然河流，在历史上因其地位重要，历代王朝不断地进行疏浚、拓宽、延长，使秦淮河变成一条人工与天然相结合的河流。

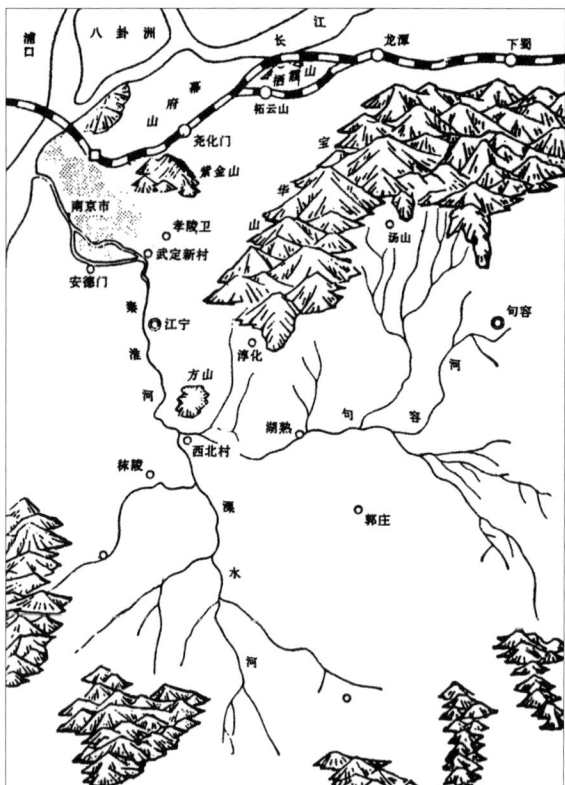

秦淮河流域图（《南京交通志》）

一、历史沿革

　　秦淮河，本名龙藏浦，又名淮水、小江。

　　龙藏浦是秦淮河最早的一个名字。唐朝许嵩《建康实录》记载"其淮本名龙藏浦"。"浦"是"水边"的意思，"龙藏浦"的意思是"藏龙卧虎之水边"。

270

淮水是秦淮河使用时间较长的一个名字。唐朝李白《登瓦官阁》咏道："晨登瓦官阁，极眺金陵城。钟山对北户，淮水入南荣。"刘禹锡《石头城》咏道："山围故国周遭在，潮打空城寂寞回。淮水东边旧时月，夜深还过女墙来。"清朝郑燮《念奴娇·金陵怀古·长干里》写道："淮水秋清，钟山暮紫，老马耕闲地。一丘一壑，吾将终老于此。"其中的淮水，不是淮河，而是秦淮河。说明自唐朝至清朝，淮水作为秦淮河的名字一直在使用。

小江是秦淮河的别称，六朝时期一度使用。《三国志·吴书八·张纮传》中记载吴主孙权在京（今镇江）时曾说："秣陵有小江百余里，可以安大船，吾方理水军，当移据之。"这里的小江是相对于大江（长江）而言，指的就是秦淮河。北魏魏收《魏书》卷九七写道："遥望建康城，小江逆流萦。前见子杀父，后见弟杀兄。"其中的"小江"同样指的是秦淮河。

秦汉时期，民间盛传东南有王气。秦始皇东巡会稽（今浙江绍兴），途经秣陵（今南京）时，听风水先生说秣陵有天子气，因而下令在方山凿长陇以泄王气。唐朝许嵩《建康实录》记载："当始皇三十六年，始皇东巡，自江乘渡，望气者云：'五百年后，金陵有天子气。'因凿钟阜，断金陵长陇以通流，至今呼为秦淮。"秦始皇挖断金陵山脉，目的是将秣陵地区可能产生的对抗势力扼杀在摇篮之中，从而使自己的帝位能够代代相传，但秦始皇并未能达到目的，秦朝二世而终。

秦始皇未能将帝位代代相传，但是"淮水"却因他"泄王气"而得名"秦淮河"。南宋曾极《金陵百咏·秦淮》引东晋孙盛《晋阳秋》云："秦开，故曰秦淮。"北宋李昉《太平御览·地部》引南朝顾野王《舆地志》云："秦始皇巡会稽，凿断山阜，此淮即所凿也，亦名秦淮。"

一般认为秦淮河之名起源于唐朝，并引用杜牧《泊秦淮》一诗为证："烟笼寒水月笼沙，夜泊秦淮近酒家。商女不知亡国恨，隔江犹唱后庭花。"实际上，秦淮

秦始皇

271

河得名于六朝的东晋时期。上述东晋孙盛《晋阳秋》所云可为证明。

南京民间历代相传秦淮河是秦始皇开凿的，史料也不断出现秦始皇开凿秦淮河的记载。但早在唐朝，这一传说就已经引起了人们的质疑。唐朝许嵩《建康实录》写道：秦淮河，"其二源分派屈曲，不类人功，疑非秦始皇所开"。到了20世纪30年代，经过地质学家的调查勘探，证明秦淮河是一条天然河道，但不排除秦始皇曾经拓宽其中某一段河道的可能性。1927年，翁文灏发表《中国东部中生代以来之地壳运动及火山活动》一文指出，大约在一亿年前，以河北燕山为中心的地壳运动——燕山运动，影响了我国东部大部分地区，形成了宁镇山脉。到了大约一千万年前，南京地区地壳抬升，地表受到流水侵蚀，秦淮河与南京段长江、滁河就是在这一时期发育形成的。

六朝时期，秦淮河在今水西门附近入江。当时的秦淮河，其下游从六朝建康城南穿过，河面宽广。当时建在河上的朱雀桥，长90步，宽6丈（《建康实录》卷七）。据吴承洛《中国度量衡史》研究成果，唐朝的90步约相当于今天的139.95米，6丈相当于今天的18.66米。绵延宽阔的秦淮河，既是都城建康（今南京）南面的一道重要军事屏障，同时又是重要的水上交通运输要道。当时的秦淮河上，有24座浮桥。其中著名的有朱雀航（朱雀桥）、骠骑航、竹格航、丹杨郡城后航等。今天的中华门北镇淮桥所跨的内秦淮河，就是六朝秦淮河的孑遗。

五代十国时期，杨吴权臣徐知诰（即后来的南唐开国皇帝李昪）奉国主杨溥之命，筑城掘濠，拓广金陵城，将原来在六朝建康城外流淌的秦淮河包入城中，后来由于居民的不断侵占，河道愈益狭窄，仅通舟楫。杨吴政权在扩大金陵城的同时，开凿护城河，其中城南的护城河和城东、城西的部分护城河成为今天南京外秦淮河的前身。

溧水河与句容河交汇处的秦淮河（从秦淮河大桥向北拍摄）

南京城市的发展与秦淮河息息相关，秦淮灯船甲天下，桨声灯影秦淮河，这是人所共知的秦淮河的魅力所在。1923 年，朱自清、俞平伯畅游秦淮河，写下了脍炙人口的同题作文《桨声灯影里的秦淮河》，至今读来，仍让人回味无穷。

秦淮河畔，曾经产生过南京历史上主城区的第一座城池——越城，诞生过江南第一座寺庙——建初寺，矗立过中世纪世界七大奇观之一——大报恩寺琉璃塔，产生过江南最大的科举考

夫子庙与秦淮河

场——江南贡院以及富有地方特色的秦淮河房，还催生出文学名著《儒林外史》《桃花扇》；2008 年，在长干寺地宫发掘出土释迦牟尼顶骨舍利……秦淮河与建筑文化、科学文化、佛教文化、娱乐文化等密切联系在一起。由秦淮河孕育而来的秦淮一名，无疑是南京当之无愧的代名词之一。

明朝吴兆《秦淮斗草篇》、清朝蓼恤《秦淮竹枝词》、民国吴梅《翠楼吟·秦淮遇京华故人》等诗文中，秦淮都被用作南京的代称。但不可否认的是，秦淮一名含有浓郁的脂粉气。清朝雪樵《秦淮闻见录》、捧花生《秦淮画舫录》《秦淮画舫余谈》、张曦《秦淮艳品》、萍梗《秦淮感旧录》、闲闲山人《秦淮艳史》、栩栩子《秦淮八仙小谱》、缪荃孙《秦淮广纪》，以及张景祁撰、叶衍兰绘《秦淮八艳图咏》等作品，无不与金陵妓女有关。而明末清初诞生的秦淮八艳，更让金陵佳丽名扬天下。甚至在西方人的眼中，"南京的女人不仅是中国最美丽的女人，而且是最风雅的女人"，"在这里，人生的大事就是作诗和恋爱"（法

秦淮渔笛（明朝郭存仁《金陵八景图卷》）

国加勒利、伊凡原著，英国约·鄂克森佛译补，徐健竹译：《太平天国初期纪事》，中华书局 1982 年版）。所以秦淮一名，又是南京所有名称中最阴柔、最容易让人产生无限联想的一个名称。

秦淮河在明代就以"秦淮渔笛"闻名于世，并被画家黄克晦和郭存仁列为"金陵八景"之一。在明代朱之蕃、陆寿柏编绘的《金陵图咏》中，秦淮河以"秦淮渔唱"列为"金陵四十景"之一。清代"金陵八家"之一的高岑应江宁知府陈开虞的邀请，为《江宁府志》绘制《金陵四十景图》，"秦淮"名列其中。此后，"秦淮渔唱"又被清代徐藻和长干里客分别列入"金陵四十八景"之中。

二、河流现状

秦淮河从河源到三汊河入江口，全长约 110 公里，流域面积 2631 平方公里。

内秦淮河（夫子庙前泮池）

秦淮河有两个源头，分别发源于溧水区东庐山和句容市宝华山，在南京的江宁区方山汇合后，自西南向东北流经东山镇，在南京城南通济门外分为两支。

秦淮河的一支经过通济门桥，由东水关入城，纳入杨吴城濠（明朝玉带河）南来之水，

向西一路流经夫子庙的平江桥、
文正桥、文源桥、文德桥、来燕
桥、武定桥、朱雀桥以及中华门
内的镇淮桥等，在水西门附近的
西水关出城，与外秦淮河汇合，
然后向北流，在三汊河汇入长江。
流经南京城内的这支秦淮河，我
们称之为内秦淮河，也就是人们
通常所说的"十里秦淮"。这是
秦淮河天然的河道。

秦淮河的另一支绕通济门
外，沿着城墙向南流，过武定门
外，在南京城的东南角折而西流，
经雨花门、中华门外，在南京城
的西南角折而北流，过集庆门通

内秦淮河（夫子庙段）

道外，至水西门外，与内秦淮河汇合。流经南京城外的这条河，是五代
杨吴时期开凿的环绕在金陵城外的护城河，经过南唐、明代等王朝的不
断疏浚，成为南京城的主要水上交通线，我们称之为外秦淮河。

从水西门往北，秦淮河绕着明城墙，在三汊河附近流入长江。这条
河流，又名新开河，是宋元时期在秦淮河故道基础上疏浚而成，现在也
称为外秦淮河。

外秦淮河（东水关城墙段）

外秦淮河（通济门桥东）

外秦淮河（武定门节制闸西边）

外秦淮河与武定门节制闸

《南京市政建设志》总结道："外秦淮河从中和桥以下经通济门，绕中华门和水西门至三汊河入江。长17公里。"由此可见，外秦淮河特指从南京通济门至三汊河口这一段环绕在南京明城墙外的河道。它是名副其实的人工运河。

1959年，以流域性抗旱和城区防汛排涝为主，对秦淮河下游的主流进行改道。主流改道工程从中和桥下游的象房村附近开始，到武定门止。新挖河道长1公里，原来经过通济门的旧河道仍然保留。在新开的河道上，建钢筋混凝土的节制闸1座，设计行洪流量每秒450万立方米（《南京市政建设志》第三章"城市排水与防汛"）。1969年5月，疏浚三山桥至武定门段外秦淮河，在武定门附近的护城河（外秦淮河）上，建成排灌两用的武定门泵站1座；同时，在泵站上游通济门附近，建成九龙桥三孔闸1座，改建东水关九孔涵闸（《南京市政建设志》第三章"城市排水与防汛"）。武定门涵闸建成后，在引入长江之水补给秦淮河上游的溧水、江宁等地农田灌溉水源的同时，也为南京城区防汛排涝及引水换水发挥了巨大作用。然而，武定门泵站的建成，切断了原来的外秦淮河航道，使外秦淮河成为一条"流而不动"的河，成为今日南京外秦淮河保护利用和旅游开发的瓶颈。

三、文献史料

唐朝许嵩《建康实录》卷一注云："其淮本名龙藏浦，其上有二源：一发自华山，经句容西南流；一发自东庐山，经溧水西北流，入江宁界，二源合，自方山埭西注大江。其二源分派屈曲，不类人功，疑非秦始皇所开。古老相传，方山西渎江土山三十里，是秦始皇开，又凿石硊山，西而疏决此浦，后人因名秦淮也。"

唐朝许嵩《建康实录》卷九注引南朝梁陈年间顾野王《舆地志》："六代自石头东至运署，总二十四所度，皆浮船，往来以税行直。"

宋朝周应合《景定建康志》卷一八《山川志二·江湖》："大抵六朝都邑，以秦淮为固，有事则沿淮拒守。"

元朝张铉《至正金陵新志》卷四《疆域志·桥梁》："长干桥，在城南门外。五代杨溥城金陵，凿濠引秦淮绕城。"

明朝《洪武京城图志》："旧传秦始皇时，望气者言金陵有天子气，东游以厌当之，凿方山，断垄为渎入江，故曰秦淮。"

明末清初张岱《陶庵梦忆》卷四《秦淮河房》："年年端午，京城

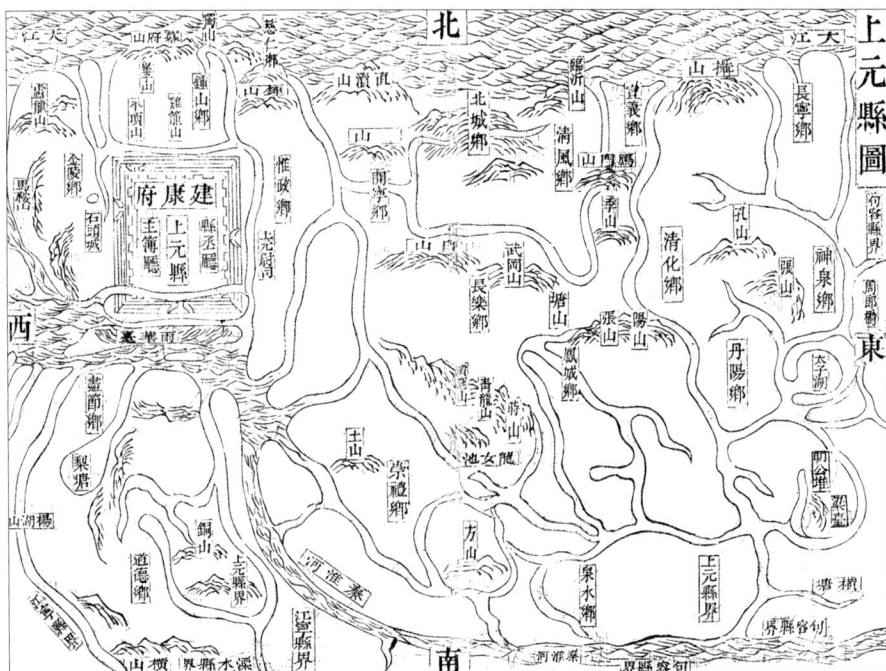

《上元县图》中的秦淮河（宋朝周应合《景定建康志》）

初雪后的内秦淮河与夫子庙

小桃园段城墙与外秦淮河

士女填溢，竞看灯船。好事者集小篷船百什艇，篷上挂羊角灯如联珠，船首尾相衔，有连至十余艇者。船如烛龙火蜃，屈曲连蜷，蟠委旋折，水火激射。舟中镦钹星铙，宴歌弦管，腾腾如沸。士女凭栏轰笑，声光凌乱，耳目不能自主。午夜，曲倦灯残，星星自散。"

清朝《康熙江宁府志》（于成龙本）卷八《山川下》："新开河，宋元凿，自三山桥，历石城桥、定淮诸门，由草鞋夹以达于江，又自三汊河而南，过江东桥，与元运道合。"

清朝《同治上江两县志》卷四《考水》："自晋及陈，阻淮为固，西连石头，东接青溪，浮航往来，总二十四所。一旦有警，辄断舟栅流，号称险隘。"

清朝《同治上江两县志》卷四《考水》："城中淮水，嘉庆九年布政司康基田疏之，并及支河。同治四年，曾文正公督兵勇又疏之。附记前人水利论数则于此。明南京工部尚书丁宾浚河疏云：留都形胜，以水为脉，城中旧有正支各河。自水西门觅渡桥起，进水西关内下浮桥、上浮桥、新桥、南门桥、武定桥、文德桥，至通济水门内东水关、大中桥、复成桥、天津桥、竹桥、珍珠桥、新浮桥、通贤桥、北门桥之西潭止，此为正河；又由斗门桥、红土桥、乾道桥，又由淮清桥、四象桥、内桥、会同桥、笪桥，二水会同，俱从小新桥、仓巷桥、望仙桥、周家桥、铁窗棂出城，是为大支河；又由东西长安门下流水至白虎桥、会同桥、乌蛮桥、柏川桥出城，是为小支河；又由后湖水闸从土桥、浴贤桥、珍珠桥出正河，亦为小支河；又由十庙西门，旧名进香河内新建桥、西仓桥、大石桥、严家桥、莲华桥出正河，亦为小支河。其斗门桥、淮青桥二水总至铁窗棂之大支河，包藏于正河之内，其柏川桥出口者、珍珠桥出口者、莲华桥出口者，三小支河环于大河之外，用以吐纳灵潮，疏流秽恶，通利舟楫，故居不病涉，小民生业有资，譬如人身腹脏居内，有血脉荣卫以周流也，若使血脉一淤，则元气积滞而身必受其病，故河道之开塞所系，良非轻也。"

四、诗词歌赋

泊秦淮
（唐）杜牧

烟笼寒水月笼沙，夜泊秦淮近酒家。
商女不知亡国恨，隔江犹唱后庭花。

望夫歌
（唐）刘采春

不喜秦淮水，生憎江上船。
载儿夫婿去，经岁又经年。

秦淮
（南宋）范成大

不将行人试问关，谁信江湖道路难。
肠断秦淮三百曲，船头终日见方山。

秦淮
（南宋）曾极

凿断山根役万人，祖龙痴绝更东巡。
石城几度更新主，赢得淮流尚系秦。

游秦淮
（清）秦大士

金粉飘零野草新，女墙日夜枕寒津。

兴亡莫漫悲前事，淮水而今尚姓秦。

秦淮灯船歌

（清）汪懋麟

秦淮五月水气薄，榴花乍红柳花落。
新荷半舒菡萏高，对面人家卷帘幕。
晚来列炬何喧阗，鼓吹中流一时作。
火龙一道灯船来，众响喁嘈判清浊。
一人揭鼓扬双锤，宫声坎坎两虎搏。
一人按拍秉乐句，裂帛时闻坠秋箨。
一人小击云锣清，仿佛湘娥曳珠珞。
横笛短箫兼玉笙，芦管呜呜似南龠。
两旁列坐八九人，急羽繁商不相若。
或涩如调素女弦，或溜如啭早春雀。
或缓如咽松下泉，或激如挑战场槊。
有时回帆作数弄，月白沙明叫饥鹤。
六船盘旋系一缆，万点琉璃光灼灼。
牛渚燃犀群怪惊，昆明习战老鱼跃。
众人互奏时一呼，如听宫中上元乐。
吁嗟此声何自来，万历年间逞欢谑。
中山开平盛甲第，富贵熏天凌卫霍。
谢公巷口开画楼，江令宅旁起朱阁。
传宴宾客端阳前，妙舞清歌进金凿。
青溪之南桃叶东，院里名娼好梳掠。
一笑直欲三年留，倒心回肠爱眉角。
珠玉如泥卖歌笑，酒肉成山委溪壑。
流传直到南渡时，万事荒淫付杯杓。
作赋尚留才子名，盘游苦恨宰臣恶。
此时灯船知最奇，此时兵戈已交错。
天心杀运不可回，三十年来莽萧索。

余年童稚不及逢，白头老人说如昨。

今年来游恍梦寐，烽火暗天浑不觉。

纷纷荡子登酒船，岸岸河房动芳酌。

此地有湖名莫愁，我欲言愁恐惊愕。

世人忽忽无远忧，悲歌拔剑地空斫。

嗟我旅人行且归，醉眼迷离石城脚。

秦淮渔唱
（清）汤濂

其源有二，一出自句容华山，一出自溧水庐山。

渔唱亦清丽，犹带六朝习。

朝荡秦淮云，暮宿秦淮月。

八卦洲河流

20 世纪 50 年代，八卦洲乡开挖拓宽自然河道，形成贯通全洲的三道主河道：小江河，从上坝街至下坝街，全长 8.6 公里；跃进河，从临江六组至长江六组，全长 5.8 公里；大沟，即双柳河，从七里四组到中桥七组，全长 5.2 公里。三道河道南北东西贯穿八卦洲。

20 世纪 70 年代中期，结合产业结构调整和农田水利基本建设，先后开挖拓宽自然河沟形成中沟 21 条，完成八卦洲乡农田水网化建设。

一、小江河

全长 8.6 公里，八卦洲母亲河，河道宽阔整洁，是八卦洲上最宽的一条河。最初是一条天然河流，后来经人工不断开凿拓宽。河水清澈，无任何异味，河边钓鱼的村民很多。自跃进河交汇处至下坝一段景色尤其优美，沿河两岸水泥路面，乡间洋房小楼鳞次栉比，不少人家的院墙上装饰有独具特色的花盆，一派浓浓的生活气息。河边建有观赏步道，步道边水生花草繁盛。

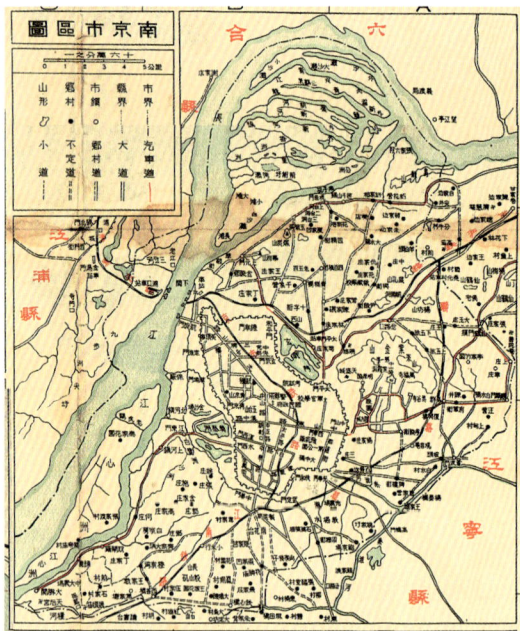

八卦洲河流（20 世纪 40 年代后期的《最新南京道路明细图》）

小江河下坝段有下坝古渡、晴鱼泉、下坝老街等遗迹。

下坝古渡：据《三国志·吴志》记载，孙权迁都建业后，太子孙和与鲁王孙霸之间有一场两宫之争，内斗不断，"太平元年，朱据欲讨孙綝，綝遣孙宪等以舟兵逆据江都，获据于新洲"。后人考证，"新洲"就是现今八卦洲雏形，朱据被俘的地方就是当时的洲尾，即今日下坝村一带。孙宪获胜后，考虑皇城内斗争需要，命舟军就地驻扎，并按八卦图形建营扎寨，成为八卦洲屯兵垦荒的肇始，八卦洲也因此而得名。此后，下坝村也曾是"黄天荡大战"的古战场之一，抗金名将韩世忠、梁红玉曾在此饮马过江。下坝最早在三国时代就已经存在，后消失不见，为了防止江水倒灌毁坏农田，如今的下坝修建于20世纪70年代。

小江河

晴鱼泉：湿热晴日，小江河群鱼跃水，阳光下鱼鳞闪闪发光，就像汩汩泉水一般，故名"晴鱼泉"。相传，明朝开

晴鱼泉

国皇后马娘娘经"下坝古渡"，赴江北佛狸祠进香，遭遇很大风浪，她抛下八卦玉佩而风平浪静后，备受折磨的鱼儿纷纷跃出水面，以涌泉的方式感谢马娘娘，形成了"晴鱼泉"美丽的传说。

下坝老街：老街建筑已经荡然无存，现如今是普通的街道样貌。

据下坝村委会两位年长志愿者口述，关于八卦洲的成因，相传明朝开国皇帝朱元璋和皇后马娘娘要过长江去江北，船行驶至八卦洲一段，突然风急浪高，无法继续行船，朱元璋很不高兴，这时他的军师刘伯温

下坝古渡上的雕塑

就对朱元璋说："陛下，您是真龙天子，这些长江里的龙王都要出来迎接您，所以才会有大风浪。"朱元璋一听顿时变得很高兴，这时马娘娘也把她脖子上带的八卦钱解开扔到长江里，这八卦钱立刻就变成了一座八卦洲，这样江面就变得很窄，朱元璋一行于是顺利过江。

小江河的上坝段还未得到全面整治，整体的环境比下坝段略差，但河道周边依然是整洁干净，没有乱扔垃圾的现象，河水清澈无异味，上坝和下坝一样有一条老街，但也早已经荡然无存了，留下的只是现代化的民居建筑。

二、跃进河

全长 5.8 公里，全河段开阔整洁，基本无果皮、纸屑、枯树枝等废弃杂物，河水清洁无异味，沿河两岸绿树成荫，河边花草繁盛，建有景观步道，可供游人近距离观赏河岸的旖旎风光。沿河村庄村容整洁，铺有沥青公路，有公交车经过，村民时常在河里洗衣服，用空心菜喂鱼，也可见长者在河边垂钓。

跃进河

在跃进河垂钓的长者

三、双柳河

全长 5.2 公里，八卦洲上与跃
进河平行的一条河流，与小江河交
汇于龙塘口。双柳河河道窄小，部
分河段垃圾较多，且河水有异味，
与跃进河、小江河相比，未得到相
应程度的治理。沿河两岸村容村貌
较好，在七里村建有党员志愿者服
务站，双柳河入江处建有七里外圩
泵站。

双柳河上七里外圩泵站

双柳河

驷马山河

驷马山河，古名驻马河。原为自然河道，现为自然和人工合一的河道。

驷马山河起自安徽和县金银浆（金城港），经金城庙至江苏省南京市浦口区石桥乡，在乌江镇注入长江。全长 30 公里，其中流经浦口区境内河段长 11 公里。

1969 年 12 月至 1971 年 6 月，在原来的驻马河上开挖分洪入江水道，因该水道切开苏皖交界处的驷马山山岭（小胡桥至前进桥段，长 5 公里），故以驷马山河取代驻马河之名。

在驷马山河入江口乌江镇，建有枢纽，包括节制闸和电力翻水站各一座。

2018 年 6 月 27 日，我们对驷马山河石桥镇段进行了实地调查，发现河道比较弯曲，河水清澈，据该处水质监测牌显示是国家三类水质。该处河道上有一座单拱桥，名为团结桥，建造时间比较长，桥面比较破旧。该河道一侧正在进行河堤加固，另一侧基本保持自然河岸样貌，植被茂盛。驷马山河上的航运比较繁忙，不时有货船驶过。

驷马山河岸边的村庄

正在驶向团结桥的大型运输船

驷马山河上正在加固的堤岸

马汉河

马汉河，又名马昌河。是一条重要的滁河分洪入江的人工运河。

据史料记载，宋代王安石兴修水利，曾经议开马昌河通滁州，因县令朱定国反对而未果。

现在的马汉河是1949年中华人民共和国成立后，分两期施工完成的。

第一期工程开挖于1972—1973年。同时建成马汉河公路大桥（原名浦清公路桥）、马汉河铁路桥（原名冶南铁路桥）、葛新农桥，完成配套涵、闸、站17处。

第二期工程开挖于1988—1990年。完成配套建筑物41座。

马汉河西自六合区新集乡与浦口区盘城乡交界处的小头李，与滁河接通，向东穿过葛新公路、宁六公路，折向东南，穿冶南小铁路，切郑家山，由周八家至长江边。全长13.915公里。在六合区境内长6.24公里，在浦口区境内长7.675公里。据刘健、黄牛撰写的《两大工程——两大"功臣"》（《中国水利报》1991年8月24日）一文介绍，马汉河在1991年特大洪水中，发挥了重要作用。

据《六合县志》（中华书局1991年版）记载："马汉河分洪道位于本县西南边境，西起长城乡小头李，向东穿葛新、宁六两公路，转东南切郑家山由周八家入江，全长13.915公里（县境内6.24公里），为滁河

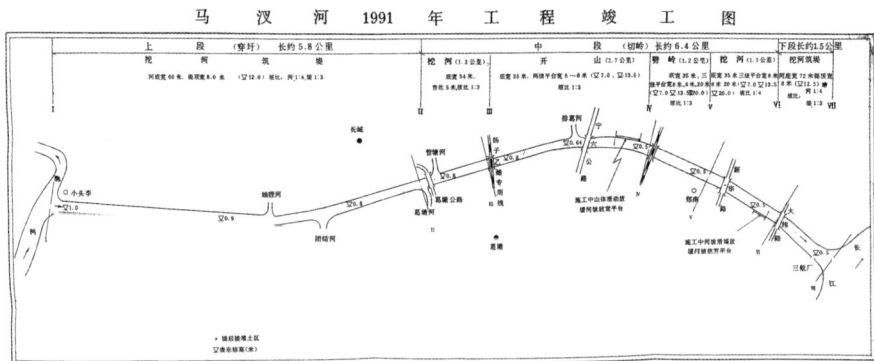

马汉河1991年工程竣工图（《南京水利志》）

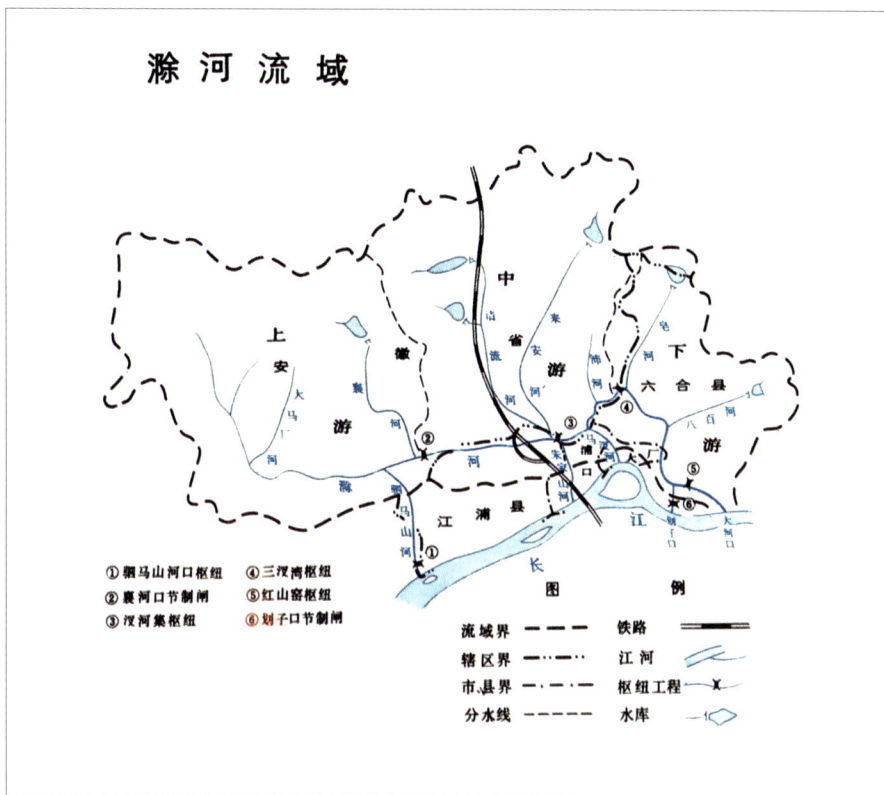

滁河流域图（《南京水利志》）

下游主要入江水道之一。马汉河西段故址原名马昌河，宋代王安石修水利时曾议开凿此河，"以溢滁、来之水入江"，后因六合县令朱定国力阻而未开。1972 年 11 月，国家水电部批准苏皖两省开挖马汉河分洪道。设计行洪流量 1018 秒立方米，河底标高 0.5—1 米，河底宽 35 米，河坡比 1∶3（切岭段 1∶2.5），两边各留青坎 20 米，堤顶高从 12.4 米逐步降到入江口 10.79 米，计划分两期施工。第一期按 500 秒立方米流量开挖，由扬州地区高邮、兴化、宝应、江都、泰兴、靖江、仪征、六合（时属扬州）和南京市江浦、江宁、雨花、栖霞、浦口等 13 个县、区组织 9.5 万民工施工。工程于 1972 年 11 月 23 日开始，至次年 5 月将河道挖通，6 月 5 日炸坝放水，完成土方 724.6 万立方米，石方 16.4 万立方米。河床断面为：河底标高 0.5—1 米；河底宽新桥以上 14 米，新桥以下 11 米，其中郑家山切岭段 27—35 米。除切岭段外，青坎宽 22—45.5 米。马汉河的开挖，使滁河的排洪量增加一倍。据新桥水文站 1985 年 8 月实测，最高洪峰通过流量为 673 秒立方米，不仅缩短了滁河的排洪时间，而且减轻了滁河上中游洪水对六合圩区的压力。"

据《六合县志》（方志出版社 2003 年版）记载："1987 年 10 月，马汉河第二期工程经国家计委批准兴建。11 月 4 日，市政府成立滁河分洪道马汉河二期工程指挥部，负责工程实施。工程拓浚河道土方实行招标承包，主体工程选定水电部第十三工程局及其第一、四分局，承担总工程量的 70%，市水利建筑工程公司、市航道分局、市水利机械工程处、淮阴市水利机械总队承担部分河道拓浚任务。是年 12 月破土开工，1988 年 3 月，全面施工，采用大型机械和综合机械化作业。确定先水上后水下、先坡上后坡下、先排水后开挖的施工程序，有利于导流和在施工期间岸坡稳定。先后出动推土机、铲运机、挖掘机、装载机、自卸车等陆上土方机械 240 台，水下土方机械铰吸式、抓斗式挖泥船 16 艘，在场机械高峰时 120 余台。工程机械施工总台班 7.5 万个，最高月挖浚工程量近 49 万立方米，最高日挖泥量 1.9 万立方米。河道拓浚土方机械化程度占 98%。1990 年 12 月，工程竣工，完成土石方 849.9 万立方米，建配套建筑物 41 座，浆砌块石护坡 3.29 公里。实际使用经费 6216.21 万元，其中国家投资 4970 万元。工程竣工后，马汉河分洪能力达 500 立方米 / 秒，在抗御 1991 年滁河特大洪水中发挥重要作用。"

如今的马汉河，成为南京六合区境内贯穿六合沿江至老城区的中心河道，也是水上交通的要道。近年来，通过综合整治，沿河两岸地区建起了风光带。

马汉河与长江交汇处的界牌

马汉河（从新华路桥向南拍摄）

七乡河

七乡河源于江宁区汤山、孔山诸山，旧时因流经汤山、骆墅、孟塘、孟北、龙泉、东阳、三阳7乡而得名。是江宁区汤山镇的重要泄洪和灌溉河道。

七乡河原是一条天然河流，经过历代的裁弯取直，成为一条人工河。七乡河在江宁区汤山境内先呈东西流向，到墥里与许巷间折而北流，经栖霞区漳桥、西渡后注入便民河。后来，由于江岸不断崩塌，1974年重开新河，将水直接导入长江。全长约18公里。在江宁区境内河道长约11公里，在栖霞区境内河道长约7.5公里。

据《江宁区志》（方志出版社2014年版）记载："七乡河源头在江宁区境汤山、孔山诸山。旧时因河流经汤山、骆墅、孟塘、孟北、龙泉、东阳、三阳7乡，得名七乡河。河在原汤山镇境内，先呈东西流向，到墥里与许巷间折而北流，经市郊栖霞区摄山乡的漳桥、西渡入长江。全长18千米，在区境长12千米，是江宁区汤山街道重要泄洪和灌溉河道。"

七乡河

七乡河（疏港大道桥）

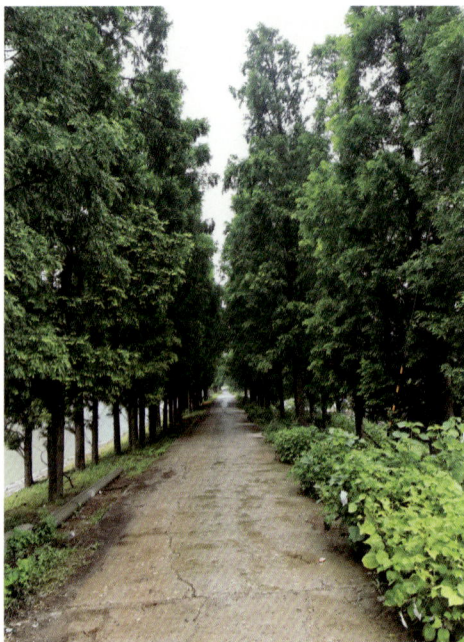

七乡河河堤上的植被

2018 年 6 月 19 日实地调查发现，如今的七乡河，经过综合整治后，河道宽阔整洁，河水较为清澈，无异味，有混凝土和草皮护坡，河堤上有高大的水杉林，环境优良，河道上建有多座大型桥梁。

值得一提的是，在七乡河西侧的江宁区汤山乡西岗桦墅村，1972 年秋发现古人类活动的遗址——点将台文化遗址。经调查确定为一处湖熟文化遗址。1973 年 11 月，江苏省第二期文博干部训练班对其进行了发掘。点将台文化遗址南北长 60 米，东西宽 50 米，高出地面约 2.5 米，属于台形遗址。这一时期的原始居民生产工具仍以石器为主，其中石锛最多；生活用具以陶器为主，纹饰多为篮纹、绳纹、方格纹和弦纹。遗址共分上中下三个文化层，相当于新石器时代文化与青铜文化之间的过渡性阶段，可称之为青铜文化的萌芽期。

横溪河

横溪河，原为天然河道，后改为人工运河。

在江宁区境内。源自横溪镇，横贯横溪、禄口两个街道。1975年，废除老河，开挖新河，从黄桥滩入溧水河。全长12.4公里。

据《江宁区志》（方志出版社2014年版）记载："（该河）在江宁区境，源自横溪街道，横贯横溪、禄口等地。1975—1976年废老河，开新河，从黄桥滩入溧水河，全长11.12千米，流域面积240.40平方千米。"

横溪河（横溪河桥）

经过2018年6月20日的实地调查，横溪河正在进行综合整治，包括疏浚河道、砌筑河堤等。

横溪河（横溪河桥附近）

横溪河（新芬桥附近）

新禹河

新禹河，位于六合区东沟乡境内，是 1975 年开挖的人工运河。因历史上在六合东部曾经有一条禹王河，故名新禹河。

新禹河属于滁河水系，上起峨嵋河，流经新篁、横梁、东沟等乡，在东沟乡的陈摆江汇入滁河。全长 16.7 公里。

1988 年 9 月至 1989 年 12 月，在新禹河下游建长 162 米、高 11.5 米的水闸一座，具有蓄水和阻挡长江洪水的功能。

据《六合县志》（中华书局 1991 年版）记载："新禹河位于县东新篁、横梁、东沟三乡境内，上起峨嵋河，下至滁河，全长 16.721 公里，是一条以撤洪为主，兼有引水、排涝和航运等用途的人工河。因古时六合东部曾有一条禹王河，故此河被命名为新禹河。"

"新禹河工程于 1975 年 12 月 1 日正式开工，至次年底完工，参加施工的有全县 19 个公社的 5 万多名民工，共完成土方 465 立方米。河道标准为：底高（由下游至上游）0—3 米，底宽由 20—8 米不等，设计撤洪流量 200 秒立方米。整个工程共耗资 110 万元，其中县自筹

新禹河

294

新禹河与滁河交汇处

5万元，国家投资105万元，补助粮食250万斤。"

据2018年6月23日实地调查，新禹河河水比较干净，河岸比较整洁，两岸环境优良。

秦淮新河

秦淮新河是一条人工运河。起自江宁区东山西面的河定村河定桥，切铁心桥分水岭，纳入西善桥山沟之水，再穿过双闸镇沙洲圩金胜村注入长江，流经江宁、雨花台和建邺三个区，全长16.88公里（一说18公里），河面宽130—200米不等。

1969年秦淮河流域大洪水后，开辟新河分洪的问题，被提上了江苏省和南京市人民政府的议事日程。江苏省水利厅提交了东线和西线两套方案。最后西线方案被采用。1975年12月20日，开工建设秦淮新河，至1979年11月竣工。1980年建成通水。它集行洪、灌溉、航运等功能于一体，成为南京地区一条重要的内河入江通道。

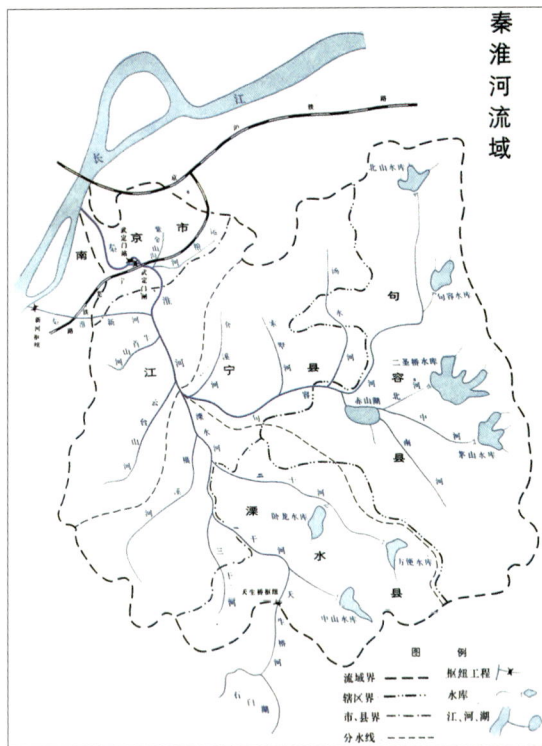

秦淮河流域图（《南京水利志》）

与此同时，从1978年2月开始，在沙洲圩金胜村动工兴建秦淮河船闸，至1985年10月建成通航。秦淮河船闸的建成，结束了秦淮河因建武定门节制闸而造成断航的历史。

据《南京市政建设志》记载："全部工程动用民工20余万人，共完成土方1930万立方米，石方240万立方米，混凝土8.2万立方米，浆砌、干砌块石10.2万立方米，国家投资近8000万元。"整个河道包括上游小龙圩裁

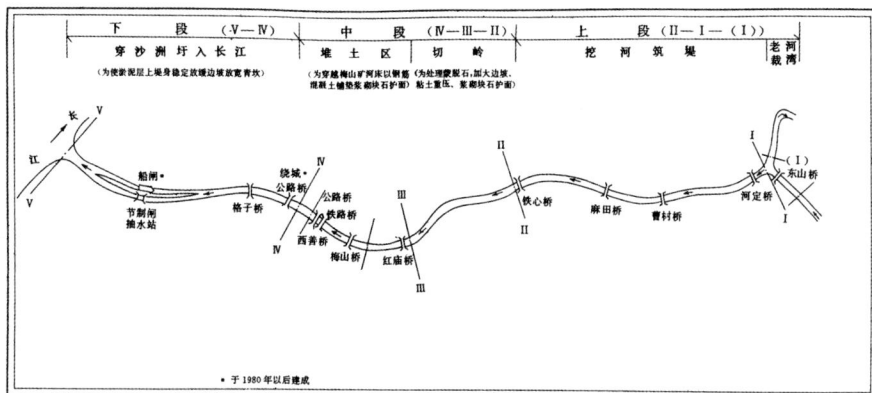

1980年秦淮新河工程竣工图（《南京水利志》）

弯 1.04 公里及铁心桥至红庙之间的切岭段 2.9 公里，新建桥梁 11 座，新建节制闸 2 座，以及随时可以通行千吨轮船的船闸 1 座。

据《江宁区志》（方志出版社 2014 年版）记载："秦淮新河，1975—1980 年，从东山附近的河定桥至南京郊区的金胜村入江处开挖成一条全长 18 千米、河面宽 130 米—200 米，行洪 800 立方米每秒的人工泄洪河，即秦淮新河。并在该河口附近建有节制闸，以适应排洪、抗旱和航运的需要。秦淮新河在区境内长 4.64 千米。"

秦淮新河建成 40 年来，在南京的防汛、抗旱、排涝和航运、旅游等方面发挥了重要作用。

1984 年，在"金陵新四十景"评选中，秦淮新河上十座造型各异的

秦淮新河（从将军大道与花神大道交界处的秦淮新河大桥上拍摄）

秦淮新河（从 G42 沪蓉高速向西拍摄，远处为大胜关大桥）

钢筋混凝土桥梁，以"十虹竞秀"之称名列其中。这十座桥从东到西依次是：河定桥、曹村桥、麻田桥、铁心桥、红庙桥、梅山桥、红梅桥、铁路桥、西善桥、格子桥。当时有文人以楹联赞曰："一水旧秦淮，夜泊何须吟旧韵；十桥新建业，春游只合唱新诗。"

2018年，南京市旅游集团正在以南京明外郭和秦淮新河为核心，打造明外郭—秦淮新河百里风光带。秦淮新河将再一次华丽转身，展现更加绚丽的风采。

大胜关大桥和秦淮新河入江口

附录

南京历代运河一览表

时代	名称	开凿年代	开凿人	现状
先秦—两汉	胥河	春秋时期	伍子胥	存
六朝	青溪（部分河道）	吴赤乌四年（241）	孙权	仅存四象桥至淮清桥一段
	运渎	吴赤乌三年（240）	郗俭	笪桥至鼎新桥
	潮沟	吴赤乌中（238—251）	孙权	市府内
	城北渠	吴宝鼎二年（267）	孙皓	存
	破岗渎	吴赤乌八年（245）	陈勋	废
	上容渎	南朝梁（502—557）	梁武帝	废
	直渎	孙吴	孙皓	废
隋唐—宋元	杨吴城濠	杨吴南唐	徐知诰	存
	护龙河	南唐	徐知诰	仅存内桥左右一段
	长芦河	北宋天禧年间（1017—1021）	范仲淹张纶	废
	靖安河	北宋宣和六年（1124）	卢宗原	存
	芦门河	南宋建炎年间（1127—1130）	金兀术	废
	便民河	南宋，一说是乾隆时期	金兀术	存
	岳子河	南宋绍兴年间（1131—1162）	岳云	存
	南河	元泰定三年（1326）	那怀中顺	存

（续表）

时代	名称	开凿年代	开凿人	现状
明代	明御河	明初		部分留存
	进香河	明初		今为暗沟
	惠民河	明		存
	上新河·中新河·下新河	明初	朱元璋	废
	胭脂河	明初	李新	存
	运粮河	明		存
清代	朱家山河	光绪八年（1882）	左宗棠	存
	会通河	清		废
当代	金川河（部分河道）	1958年		存
	秦淮河（部分河道）	1959年		存
	八卦洲河流	20世纪50年代		存
	驷马山河	1969—1971年		存
	马汊河	第一期：1972—1973年 第二期：1988—1990年		存
	七乡河	1974年		存
	横溪河	1975年		存
	新禹河	1975年		存
	秦淮新河	1975—1980年		存

主要参考资料

一、著作

（唐）许嵩撰：《建康实录》，中华书局 1986 年 10 月版

（北宋）单锷撰：《吴中水利书》，收入清朝《钦定四库全书》

（北宋）曾极撰、（南宋）苏泂撰、（清）王友亮撰、（清）汤濂撰：《金陵百咏·金陵杂兴·金陵杂咏·金陵百咏》，南京出版社 2012 年 6 月版

（南宋）周应合编纂：《景定建康志》，南京出版社 2009 年 9 月版

（元）张铉编纂：《至正金陵新志》，南京出版社 2010 年 12 月版

（明）礼部纂修、（明）陈沂撰：《洪武京城图志·金陵古今图考》，南京出版社 2006 年 9 月版

（明）姚广孝著，乐贵明编：《姚广孝集》，商务印书馆 2016 年 3 月版

（明）顾起元撰：《客座赘语》，南京出版社 2009 年 4 月版

（明）危素撰、（明）崔旦撰、（清）曹溶编：《元海运志·海运编·明漕运志》，中华书局 1985 年版

（清）张廷玉等：《明史》，中华书局 2000 年 1 月版

（清）于成龙等：《康熙江宁府志》，南京出版社 2011 年 4 月版

（清）蓝应袭修，何梦篆、程廷祚等纂：《乾隆上元县志》，南京出版社 2011 年 5 月版

（清）袁枚修纂：《乾隆江宁县新志》，南京出版社 2013 年 1 月版

（清）吕燕昭修，姚鼐纂：《重刊嘉庆江宁府志》，南京出版社 2011 年 5 月版

（清）夏燮编，沈志华主编：《文白对照全译明通鉴》，改革出版社 1994 年 7 月版

（清）顾祖禹撰：《读史方舆纪要》，上海书店出版社 1998 年 1 月版

（清）武念祖、陈道恒修，陈栻、伍光瑜纂：《道光上元县志》，

南京出版社 2011 年 6 月版

（清）莫祥芝、甘绍盘合纂：《同治上江两县志》，南京出版社 2013 年 1 月版

（清）甘熙撰：《白下琐言》，南京出版社 2017 年 8 月版

（清）陈文述撰：《秣陵集》，南京出版社 2009 年 4 月版

（清末民初）陈作霖撰：《运渎桥道小志》，收入《金陵琐志九种》，南京出版社 2008 年 4 月版

（清末民初）刘春堂修、吴寿宽纂，（民国）袁季梅续印，南京市高淳区古籍研究会整理：《民国高淳县志》，南京出版社 2015 年 1 月版

（民国）夏仁虎撰：《秦淮志》，南京出版社 2006 年 9 月版

（民国）朱偰著：《金陵古迹图考》，商务印书馆 1936 年第 1 版，中华书局 2006 年 8 月再版

朱偰编：《中国运河史料选辑》，中华书局 1962 年 7 月第 1 版，江苏人民出版社 2017 年 11 月再版

南京市地方志编纂委员会：《自然地理志》，南京出版社 1992 年 10 月版

南京市地方志编纂委员会：《南京交通志》，海天出版社 1994 年 7 月版

南京市地方志编纂委员会：《南京水利志》，海天出版社 1994 年 9 月版

南京市地方志编纂委员会：《南京市政建设志》，海天出版社 1994 年 9 月版

高淳县地方志编纂委员会编纂：《高淳县志》，江苏古籍出版社 1988 年 8 月版

江宁县地方志编纂委员会编纂：《江宁县志》，档案出版社 1989 年 9 月版

马志义主编：《南京港史》，人民交通出版社 1989 年 1 月版

六合县志编纂委员会编：《六合县志》，中华书局 1991 年 10 月版

南京市栖霞区地方志编纂委员会编：《栖霞区志》，方志出版社 2002 年 9 月版

卢海鸣著：《六朝都城》，南京出版社 2002 年 9 月版

南京市雨花台区地方志编纂委员会编：《雨花台区志》，方志出版社 2002 年 12 月版

下关区地方志编纂委员会：《下关区志》，方志出版社 2005 年 6 月版

杨正泰撰：《明代驿站考》，上海古籍出版社 2006 年 1 月版

王忠强编著：《京杭大运河》，吉林文史出版社 2010 年 1 月版

王凯主编：《南京之水》，河海大学出版社 2011 年 6 月版

〔美〕黄仁宇著：《明代的漕运》，鹭江出版社 2015 年 10 月版

二、论文

（明）韩邦宪：《广通镇坝考》，（明）张国维纂辑《吴中水利全书》卷一九，收入《中国水利志丛刊》，广陵书社 2006 年 7 月版

（清）陈作霖：《续开朱家山河工议》，《可园文存》卷四，宣统己酉四月刻本

丁文江：《扬子江下游地质》，《太湖水利季刊》1917 年 1 卷 3 期

胡焕庸、任美锷、李旭旦：《东坝考察记》，《方志月刊》1933 年第 6 卷 2 期

魏嵩山：《胥溪运河形成的历史过程》，《复旦学报》（社会科学版）1980 年《历史地理专辑》增刊

郭黎安:《试论六朝时期的建业》，载中国古都学会编《中国古都研究》，浙江人民出版社 1985 年 4 月版

石尚群、潘凤英、缪本正：《古代南京河道的变迁》，载中国地理学会历史地理专业委员会《历史地理》编辑委员会编《历史地理》第八辑，上海人民出版社 1990 年 7 月版

魏嵩山：《破岗渎与上容的兴废及其原因》，载《太湖流域开发探源》，江西教育出版社 1993 年版

王引：《六朝时期的方山埭与"破岗渎"》，收入江苏省六朝史研究会编《六朝史论集》，黄山书社 1993 年 9 月版

杨轩：《南京文明的摇篮——金川河》，《江苏地方志》2006 年第

3 期

朱明：《南京现存的南唐遗迹和文物》，《南京史志》2010 年第 1
期

贺云翱、干有成：《南京"南河"的前世今生》，《南京日报》
2014 年 7 月 16 日

张学锋：《六朝建康都城圈的东方——以破冈渎的探讨为中心》，《魏
晋南北朝隋唐史资料》第三十二辑，上海古籍出版社 2015 年 12 月版

南京市考古研究所、南京市溧水区博物馆：《南京溧水胭脂河考古
调查报告》，载南京市博物总馆、南京市考古研究所编著《南京文物考
古新发现》第四辑，文物出版社 2016 年 12 月版

邹逸麟：《运河在中华文明发展过程中的作用》，《浙江学刊》
2017 年第 1 期

卢海鸣等：《关于进香河历史文化的研究报告》，2017 年南京市宣
传思想文化工作重点调研课题

后 记

2018 年春，受中共南京市委宣传部委托，由我负责牵头组织实施"南京运河史研究"课题的调研工作。接受任务后，我立即成立调研团队，拟定调研大纲。在专家学者们的悉心指导和团队成员的密切配合下，经过三个多月紧锣密鼓地查阅文献和实地调研，我们在 6 月份圆满地完成了这一课题的结项工作。

在此，我要感谢中共南京市委宣传部领导和相关处室负责人给我难得的机会，让我尝试并完成一项看似不可能完成的任务；同时，要感谢参与实地调研的刘刚、邹尚、周维林、许长生、翟忠华先生，以及提供资料的翟忠华、张晓峰、濮小南、邓攀等先生。当然，我还要着重感谢朱明娥研究员、徐智博士和崔龙龙硕士三位团队成员，他们任劳任怨，收集资料，不辞劳苦，实地调研，并撰写相关文章，充分显示了团结合作的力量。

目前，大运河文化带江苏段建设工作方兴未艾。有关南京与大运河的关系，南京历代运河在南京城市发展史上的作用，以及如何保护和利用运河这一流动的遗产，等等，已经成为全社会共同关心的话题。有鉴于此，我们以"南京运河史研究"这一课题调研成果为基础，花了将近半年的时间，进行修改、充实和完善，最终形成《南京历代运河》一书，呈现在各位读者朋友的面前。

《南京历代运河》一书由我拟定大纲，具体分工是：文献史料由我和团队成员分头搜集整理；历史图片主要由我搜集，当代图片由我和团队成员实地拍摄；"历代运河的作用"由朱明娥女士和徐智博士共同撰写；"历代运河的遗产价值与活化利用"由徐智博士撰写；附录一"当代运河"由朱明娥撰写；朱明娥和崔龙龙还撰写了部分"遗产资源"的内容；其余章节主要由我撰写。最后，由我通篇审定并进行图文合成。

在编写该书的过程中，我们除了参考大量的历史文献资料和当代方志资料，如《建康实录》《景定建康志》《南京水利志》《南京市政建设志》《南京交通志》《栖霞区志》《高淳县志》《六合县志》《下关区志》等之外，还吸收了历代学者的研究成果，尤其是当代专家学者魏嵩山、郭黎安、杨正泰、王引、王凯、贺云翱、张学锋等人的研究成果，在此表示衷心的感谢。

　　由于运河对我来说是一个全新的研究领域，加上时间的仓促和本人学识的局限，因此，书中可能会存在一些不足之处，恳请读者朋友们不吝赐教。

卢海鸣